Una Luz Para Guiar Tu Vida Diaria

Tomo 2

Devocionales para cada día del año con versículos escogidos de la Biblia

Diana Baker

Índice

Prólogo

Samuel Bagster conoció a Dios desde pequeño. Fue un destacado editor de Londres, conocido por publicar distintas versiones de la Biblia en varios idiomas como también varios comentarios y libros de referencia para facilitar el estudio de la Biblia.

Samuel y su esposa Eunice tuvieron doce hijos y establecieron la tradición de reunirse como familia, todos los días, para leer la Palabra de Dios.

Aunque fue Jonathan, el décimo hijo del matrimonio, quien fue principalmente responsable de idear y dar forma al método de compilar los versículos de este libro. Jonathan elegía un pasaje y en el contexto de la oración en familia, Samuel y los demás miembros de la familia, añadían diversos pasajes relevantes. Luego, después de oración, se comentaban estas compilaciones para ordenar y mejorar, hasta llegar a un acuerdo. De esta manera se fue completando poco a poco un manuscrito con dos lecturas diarias para todo un año. Así, cada entrega diaria sería un conjunto de versículos centrado en un tema. La primera publicación fue en el siglo 19.

Esta obra ha tocado la vida de cientos de miles de cristianos de todas partes del mundo durante más de cien años.

En lo personal, hace mucho, hice el compromiso con Dios de no alimentar mi cuerpo antes de alimentar mi espíritu por medio del mensaje de Dios a mi vida. Durante muchos años Dios me ha hablado a través de Su Palabra mediante esta compilación.

Día tras día Él ha comprobado Su fidelidad al darme la respuesta a mis inquietudes a través de los versículos reunidos en este libro. Dios me ha guiado, me ha consolado, me ha corregido, me ha dado esperanza y nuevas fuerzas y además, me ha dado promesas sin fin, alentándome a seguir adelante, sin desmayar porque en El está el éxito de la vida.

Su Palabra es ¡viva! y no necesita de comentarios para ser eficaz y tocar nuestras vidas.

Todos los días Su Palabra tiene el poder de darte la solución a tus incertidumbres. Mi anhelo y mi oración es de que tu vida también sea transformada mediante la lectura de la eterna Palabra de Dios.

Diana Baker

Mes de Enero

ENERO 1 - El Señor irá delante de ti; El estará contigo, no te dejará ni te desamparará.

Si tu presencia no va con nosotros, no nos hagas partir de aquí. * Yo sé, oh SEÑOR, que no depende del hombre su camino, ni de quien anda el dirigir sus pasos.

Por el Señor son ordenados los pasos del hombre, y el Señor se deleita en su camino. Cuando caiga, no quedará derribado, porque el Señor sostiene su mano. * Sin embargo, yo siempre estoy contigo; tú me has tomado de la mano derecha. Con tu consejo me guiarás, y después me recibirás en gloria.

Porque estoy convencido de que ni la muerte, ni la vida, ni ángeles, ni principados, ni lo presente, ni lo por venir, ni los poderes, ni lo alto, ni lo profundo, ni ninguna otra cosa creada nos podrá separar del amor de Dios que es en Cristo Jesús Señor nuestro.

Dt. 31:8 Ex. 33:15 Jer. 10:23 Sal.37:23,24; 73:23,24 Ro. 8:38,39

ENERO 2 - Sea puesta mi oración delante de ti como incienso, el alzar de mis manos como la ofrenda de la tarde.

Harás también un altar para quemar en él incienso; Pondrás el altar delante del velo que está junto al arca del testimonio, delante del propiciatorio que está sobre el arca del testimonio, donde yo me encontraré contigo. Y Aarón quemará incienso aromático sobre él; lo quemará cada mañana al preparar las lámparas. Y cuando Aarón prepare las lámparas al atardecer, quemará incienso. Habrá incienso perpetuo delante del Señor por todas vuestras generaciones.

Por lo cual El también es poderoso para salvar para siempre a los que por medio de El se acercan a Dios, puesto que vive perpetuamente para interceder por ellos. * Y de la mano del ángel subió ante Dios el humo del incienso con las oraciones de los santos.

También vosotros, como piedras vivas, sed edificados como casa espiritual para un sacerdocio santo, para ofrecer sacrificios espirituales aceptables a Dios por medio de Jesucristo.

Orad sin cesar.

Sal. 141:2 Ex.30:1,6-8 Heb. 7:25 Ap. 8:4 I P. 2:5 I Ts. 5:17

ENERO 3 - ¿Qué deseas que haga por ti? Señor, que recobre la vista. Abre mis ojos, para que vea las maravillas de tu ley.

Entonces les abrió la mente para que comprendieran las Escrituras. * El Consolador, el Espíritu Santo, a quien el Padre enviará en mi nombre, El os enseñará todas las cosas, y os recordará todo lo que os he dicho * Toda buena dádiva y todo don perfecto viene de lo alto, desciende del Padre de las luces, con el cual no hay cambio ni sombra de variación. * El Dios de nuestro Señor Jesucristo, el Padre de gloria, os dé espíritu de sabiduría y de revelación en un mejor conocimiento de El.

Mi oración es que los ojos de vuestro corazón sean iluminados, para que sepáis cuál es la esperanza de su llamamiento, cuáles son las riquezas de la gloria de su herencia en los santos, y cuál es la extraordinaria grandeza de su poder para con nosotros los que creemos, conforme a la eficacia de la fuerza de su poder.

Lc. 18:41 Sal. 199:18 Lc. 24:45 Jn. 14:26 Stg. 1:17 Ef. 1:17-19

ENERO 4 - ¿Dónde está, oh, muerte, tu victoria? ¿Dónde, oh sepulcro, tu aguijón?

El aguijón de la muerte es el pecado, y el poder del pecado es la ley;

De otra manera le hubiera sido necesario sufrir muchas veces desde la fundación del mundo; pero ahora, una sola vez en la consumación de los siglos, se ha manifestado para destruir el pecado por el sacrificio de sí mismo.

Y así como está decretado que los hombres mueran una sola vez, y después de esto, el juicio, así también Cristo, habiendo sido ofrecido una vez para llevar los pecados de muchos, aparecerá por segunda vez, sin relación con el pecado, para salvación de los que ansiosamente le esperan.

Así que, por cuanto los hijos participan de carne y sangre, El igualmente participó también de lo mismo, para anular mediante la muerte el poder de aquel que tenía el poder de la muerte, es decir, el diablo, y librar a los que por el temor a la muerte, estaban sujetos a esclavitud durante toda la vida.

Porque yo ya estoy para ser derramado como una ofrenda de libación, y el tiempo de mi partida ha llegado. He peleado la buena batalla, he terminado la carrera, he guardado la fe. En el futuro me está reservada la corona de justicia que el Señor, el Juez justo, me entregará en aquel día; y no sólo a mí, sino también a todos los que aman su venida.

I Co. 15:55, 56 Heb. 9:26-28; 2:14,15 II Ti. 4:6-8

ENERO 5 - Señor, pon guarda a mi boca; vigila la puerta de mis labios.

Señor, si tú tuvieras en cuenta las iniquidades, ¿quién, oh Señor, podría permanecer? No es lo que entra en la boca lo que contamina al hombre; sino lo que sale de la boca, eso es lo que contamina al hombre.

Hay quien habla sin tino como golpes de espada, pero la lengua de los sabios sana. El hombre perverso provoca contiendas, y el chismoso separa a los mejores amigos.

Ningún hombre puede domar la lengua; es un mal turbulento y lleno de veneno mortal. De la misma boca proceden bendición y maldición. Hermanos míos, esto no debe ser así. Pero ahora desechad también vosotros todas estas cosas: ira, enojo, malicia, maledicencia, lenguaje soez de vuestra boca.

No mintáis los unos a los otros, puesto que habéis desechado al viejo hombre con sus malos hábitos. * Porque esta es la voluntad de Dios: vuestra santificación; es decir, que os abstengáis de inmoralidad sexual.

En su boca no fue hallado engaño; están sin mancha

Sal. 141:3; 130:3; Mt. 15:11 Pr. 16:28; 12:18,19 Stg. 3:8,10 Col. 3:8,9 I Ts. 4:3 Ap. 14:5

ENERO 6 - Los apóstoles se reunieron con Jesús, y le informaron sobre todo lo que habían hecho y enseñado.

Hay amigo más unido que un hermano. * Y acostumbraba hablar el Señor con Moisés cara a cara, como habla un hombre con su amigo.

Vosotros sois mis amigos si hacéis lo que yo os mando.

Así también vosotros, cuando hayáis hecho todo lo que se os ha ordenado, decid: "Siervos inútiles somos; hemos hecho sólo lo que debíamos haber hecho."

Pues no habéis recibido un espíritu de esclavitud para volver otra vez al temor, sino que habéis recibido un espíritu de adopción como hijos, por el cual clamamos: ¡Abba, Padre! Por nada estéis afanosos; antes bien, en todo, mediante oración y súplica con acción de gracias, sean dadas a conocer vuestras peticiones delante de Dios.

La oración de los rectos es su deleite.

Mr. 6:30 Pr. 18:24 Ex. 33:11 Jn. 15:14 Lc. 17:10 Ro.8:15 Fil. 4:6 Pr. 15:8

ENERO 7 - No te dejaré ni te abandonaré.

No faltó ni una palabra de las buenas promesas que el Señor había hecho a la casa de Israel; todas se cumplieron.

Dios no es hombre, para que mienta ni hijo de hombre, para que se arrepienta. ¿Lo ha dicho El, y no lo hará?, ¿ha hablado, y no lo cumplirá?

Reconoce, pues, que el Señor tu Dios es Dios, el Dios fiel, que guarda su pacto y su misericordia hasta mil generaciones con aquellos que le aman y guardan sus mandamientos.

Recordará su pacto para siempre. * ¿Puede una mujer olvidar a su niño de pecho, sin compadecerse del hijo de sus entrañas? Aunque ellas se olvidaran, yo no te olvidaré.

He aquí, en las palmas de mis manos, te he grabado.

El Señor tu Dios está en medio de ti, guerrero victorioso; se gozará en ti con alegría, en su amor guardará silencio, se regocijará por ti con cantos de júbilo.

Jos. 1:5; 21:45 Num. 23:19 Dt. 7:9 Sal.111:5 Is. 49:15,16 Sof. 3:17

ENERO 8 - En su boca no fue hallado engaño; están sin mancha.

¿Qué Dios hay como tú, que perdona la iniquidad y pasa por alto la rebeldía del remanente de su heredad? No persistirá en su ira para siempre, porque se complace en la misericordia.

Volverá a compadecerse de nosotros, hollará nuestras iniquidades. Sí, arrojarás a las profundidades del mar todos sus pecados.

Nos ha hecho aceptos en el Amado.

...a fin de presentaros santos, sin mancha e irreprensibles delante de El,

Y a aquel que es poderoso para guardaros sin caída y para presentaros sin mancha en presencia de su gloria con gran alegría, al único Dios nuestro Salvador, por medio de Jesucristo nuestro Señor, sea gloria, majestad, dominio y autoridad, antes de todo tiempo, y ahora y por todos los siglos. Amén.

Ap. 14:5 Jer. 50:20 Mi. 7:18,19 Ef. 1:6 Col. 1:22 Jud. 24,25

ENERO 9 - Una sola cosa es necesaria.

Muchos dicen: ¿Quién nos mostrará el bien? ¡Alza, oh SEÑOR, sobre nosotros la luz de tu rostro! Alegría pusiste en mi corazón, mayor que la de ellos cuando abundan su grano y su mosto.

Como el ciervo anhela las corrientes de agua, así suspira por ti, oh Dios, el alma mía.

Mi alma tiene sed de Dios, del Dios viviente; ¿cuándo vendré y me presentaré delante de Dios?

Oh Dios, tú eres mi Dios; te buscaré con afán. Mi alma tiene sed de ti, mi carne te anhela cual tierra seca y árida donde no hay agua.

Yo soy el pan de la vida; el que viene a mí no tendrá hambre, y el que cree en mí nunca tendrá sed. * Entonces le dijeron: Señor, danos siempre este pan. * María, que sentada a los pies del Señor, escuchaba su palabra.

Una cosa he pedido al SEÑOR, y ésa buscaré: que habite yo en la casa del Señor todos los días de mi vida, para contemplar la hermosura del SEÑOR, y para meditar en su templo.

Lc. 10:42 Sal. 4:6,7; 42:1,2; 63:1 Jn. 6:35,34 Lc. 10:39 Sal. 27:4

ENERO 10-¿Morará verdaderamente Dios con los hombres en la tierra?

Y que hagan un santuario para mí, para que yo habite entre ellos. Y me encontraré allí con los hijos de Israel, y el lugar será santificado por mi gloria. Y habitaré entre los hijos de Israel, y seré su Dios.

Tú has ascendido a lo alto, has llevado en cautividad a tus cautivos; has recibido dones entre los hombres, y aun entre los rebeldes, para que el Señor Dios habite entre ellos. Porque nosotros somos el templo del Dios vivo, como Dios dijo: Habitaré en ellos, y andaré entre ellos; y seré su Dios, y ellos serán mi pueblo. * Vosotros sois juntamente edificados para morada de Dios en el Espíritu. * ¿O no sabéis que vuestro cuerpo es templo del Espíritu Santo, que está en vosotros, el cual tenéis de Dios, y que no sois vuestros?

Y las naciones sabrán que yo, el SEÑOR, santifico a Israel, cuando mi santuario esté en medio de ellos para siempre

II Cr. 6:18 Ex. 25:8; 29:43,45 Sal. 68:18 II Co.6:16 I Co. 6:19 Ef. 2:22 Eze.37:28

ENERO 11- El que rescata de la fosa tu vida.

Pero su Redentor es fuerte, el Señor de los ejércitos es su nombre. Los libraré del poder del Seol.

Así que, por cuanto los hijos participan de carne y sangre, El igualmente participó también de lo mismo, para anular mediante la muerte el poder de aquel que tenía el poder de la muerte, es decir, el diablo, y librar a los que por el temor a la muerte, estaban sujetos a esclavitud durante toda la vida.

El que cree en el Hijo tiene vida eterna; pero el que no obedece al Hijo no verá la vida, sino que la ira de Dios permanece sobre él.

Porque habéis muerto, y vuestra vida está escondida con Cristo en Dios. Cuando Cristo, nuestra vida, sea manifestado, entonces vosotros también seréis manifestados con El en gloria.

Cuando El venga para ser glorificado en sus santos en aquel día y para ser admirado entre todos los que han creído; porque nuestro testimonio ha sido creído por vosotros.

Sal. 103:4 Jer. 50:34 Os. 13:14 Heb. 2:14,15 Jn. 3:36 Col. 3:3,4 II Ts. 1:10

ENERO 12 -¿Cuándo terminará la noche y me levantare?

Centinela, ¿qué hora es de la noche? El centinela responde: Viene la mañana. Porque dentro de muy poco tiempo, el que ha de venir vendrá y no tardará.

El es como la luz de la mañana cuando se levanta el sol en una mañana sin nubes. Voy a preparar un lugar para vosotros. Y si me voy y preparo un lugar para vosotros, vendré otra vez y os tomaré conmigo; para que donde yo estoy, allí estéis también vosotros.

No se turbe vuestro corazón, ni tenga miedo.

Oísteis que yo os dije: "Me voy, y vendré a vosotros." Si me amarais, os regocijaríais porque voy al Padre, ya que el Padre es mayor que yo.

Así perezcan todos tus enemigos, oh SEÑOR; mas sean los que te aman como la salida del sol en su fuerza.

Todos vosotros sois hijos de luz e hijos del día. No somos de la noche ni de las tinieblas. Allí no habrá noche.

Job. 7:4 Is. 21:11,12 Heb. 10:37 II S. 23:4 Jn. 14:2,3,27,28 Jue. 5:31 I Ts. 5:5 Ap. 21:25

ENERO 13 - No se ponga el sol sobre vuestro enojo.

Y si tu hermano peca, ve y repréndelo a solas; si te escucha, has ganado a tu hermano. Entonces se le acercó Pedro, y le dijo: Señor, ¿cuántas veces pecará mi hermano contra mí que yo haya de perdonarlo? ¿Hasta siete veces? * Jesús le dijo: No te digo hasta siete veces, sino hasta setenta veces siete.

Y cuando estéis orando, perdonad si tenéis algo contra alguien, para que también vuestro * Padre que está en los cielos os perdone vuestras transgresiones.

Entonces, como escogidos de Dios, santos y amados, revestíos de tierna compasión, bondad, humildad, mansedumbre y paciencia; soportándoos unos a otros y perdonándoos unos a otros, si alguno tiene queja contra otro; como Cristo os perdonó, así también hacedlo vosotros. * Sed más bien amables unos con otros, misericordiosos, perdonándoos unos a otros, así como también Dios os perdonó en Cristo. * Y los apóstoles dijeron al Señor: ¡Auméntanos la fe!

Ef. 4:26 Mt. 18:15, 21, 22 Mr. 11:25 Col. 3:12,13 Ef. 4:32 Lc. 17:5

ENERO 14 - (La simiente de la mujer) te herirá en la cabeza, y tú lo herirás en el calcañar.

Fue desfigurada su apariencia más que la de cualquier hombre, y su aspecto más que el de los hijos de los hombres.

Mas El fue herido por nuestras transgresiones, molido por nuestras iniquidades. El castigo, por nuestra paz, cayó sobre El, y por sus heridas hemos sido sanados. * Ninguna autoridad tendrías sobre mí si no te hubiera sido dada de arriba; por eso el que me entregó a ti tiene mayor pecado.

El que practica el pecado es del diablo, porque el diablo ha pecado desde el principio. El Hijo de Dios se manifestó con este propósito: para destruir las obras del diablo.

Expulsó muchos demonios; y no dejaba hablar a los demonios, porque ellos sabían quién era. * Toda autoridad me ha sido dada en el cielo y en la tierra. El. * Y estas señales acompañarán a los que han creído: en mi nombre echarán fuera demonios, hablarán en nuevas lenguas.

Y el Dios de paz aplastará pronto a Satanás debajo de vuestros pies. La gracia de nuestro Señor Jesucristo sea con vosotros.

Gen. 3:15 Is. 52:14; 53:5 Lc. 22:53 Jn. 19:11 I Jn. 3:8 Mr. 1:34 Mt. 28:18 Mr. 16:17 Ro.16:20

ENERO 15 - La medida de fe.

Aceptad al que es débil en la fe. * Se fortaleció en fe, dando gloria a Dios, Hombre de poca fe, ¿por qué dudaste? * Grande es tu fe; que te suceda como deseas. Y su hija quedó sana desde aquel momento. Jesús les dijo: ¿Creéis que puedo hacer esto? Ellos le respondieron Sí, Señor. Entonces les tocó los ojos, diciendo: Hágase en vosotros según vuestra fe. ¡Auméntanos la fe!

Pero vosotros, amados, edificándoos en vuestra santísima fe. y confirmados en vuestra fe, tal como fuisteis instruidos, rebosando de gratitud. Ahora bien, el que nos confirma con vosotros en Cristo, y el que nos ungió, es Dios,

Y después de que hayáis sufrido un poco de tiempo, el Dios de toda gracia, que os llamó a su gloria eterna en Cristo, El mismo os perfeccionará, afirmará, fortalecerá y establecerá. * Así que, nosotros los que somos fuertes, debemos sobrellevar las flaquezas de los débiles y no agradarnos a nosotros mismos * Por consiguiente, ya no nos juzguemos los unos a los otros, sino más bien decidid esto: no poner obstáculo o piedra de tropiezo al hermano.

Ro. 12:3; 14:1; 4:20 Mt. 14:31; 15:28; 9:28,29 Lc. 17:5 Jud.20 Col. 2:7 II Co. 1:21 I P.5:10 Ro. 15:1; 14:13

ENERO 16 - Escribe, pues, las cosas que has visto, y las que son, y las que han de suceder después de éstas.

Hombres inspirados por el Espíritu Santo hablaron de parte de Dios. * Lo que hemos visto y oído, os proclamamos también a vosotros, para que también vosotros tengáis comunión con nosotros; y en verdad nuestra comunión es con el Padre y con su Hijo Jesucristo.

Mirad mis manos y mis pies, que soy yo mismo; palpadme y ved, porque un espíritu no tiene carne ni huesos como veis que yo tengo. * Y cuando dijo esto les mostró las manos y los pies. * Y el que lo ha visto ha dado testimonio, y su testimonio es verdadero; y él sabe que dice la verdad, para que vosotros también creáis.

Porque cuando os dimos a conocer el poder y la venida de nuestro Señor Jesucristo, no seguimos fábulas ingeniosamente inventadas, sino que fuimos testigos oculares de su majestad.

Para que vuestra fe no descanse en la sabiduría de los hombres, sino en el poder de Dios.

Ap. 1:19 II P. 1:21 I Jn. 1:• Lc. 24:39,40 Jn. 19:35 II P. 1:16 I Co. 2:5

ENERO 17 - Las cosas que son.

Ahora vemos por un espejo, veladamente. * Pero ahora no vemos aún todas las cosas sujetas a él.

Y así tenemos la palabra profética más segura, a la cual hacéis bien en prestar atención como a una lámpara que brilla en el lugar oscuro, hasta que el día despunte y el lucero de la mañana aparezca en vuestros corazones. * Lámpara es a mis pies tu palabra, y luz para mi camino.

Pero vosotros, amados, acordaos de las palabras que antes fueron dichas por los apóstoles de nuestro Señor Jesucristo, quienes os decían: En los últimos tiempos habrá burladores que irán tras sus propias pasiones impías.

Pero el Espíritu dice claramente que en los últimos tiempos algunos apostatarán de la fe, prestando atención a espíritus engañadores y a doctrinas de demonios. * Hijitos, es la última hora.

La noche está muy avanzada, y el día está cerca. Por tanto, desechemos las obras de las tinieblas y vistámonos con las armas de la luz.

Ap. 1:19 I Co. 13:12 Heb. 2:8 II P 1:19 Sal.119:105 Judas 17,18 I Ti. 4:1 I Jn. 2:18 Ro.13:12

ENERO 18 - Las cosas... que han de suceder después de éstas.

Está escrito: Cosas que ojo no vio, ni oído oyó, ni han entrado al corazón del hombre, son las cosas que Dios ha preparado para los que le aman. Dios nos las reveló por medio del Espíritu. * El Espíritu de verdad... os hará saber lo que habrá de venir.

He aquí, viene con las nubes y todo ojo le verá, aun los que le traspasaron; y todas las tribus de la tierra harán lamentación por El; sí. Amén.

Pero no queremos, hermanos, que ignoréis acerca de los que duermen, para que no os entristezcáis como lo hacen los demás que no tienen esperanza. Porque si creemos que Jesús murió y resucitó, así también Dios traerá con El a los que durmieron en Jesús. Pues el Señor mismo descenderá del cielo con voz de mando, con voz de arcángel y con la trompeta de Dios, y los muertos en Cristo se levantarán primero. Entonces nosotros, los que estemos vivos y que permanezcamos, seremos arrebatados juntamente con ellos en las nubes al encuentro del Señor en el aire, y así estaremos con el Señor siempre.

Ap. 1:19 I Co. 2:9,10 Jn. 16:13 Ap. 1:7 I Ts. 4:13,14,16,17

ENERO 19 - Todos nosotros nos apartamos cada cual por su camino.

Noé...plantó una viña... y bebió el vino y se embriagó. * Abram dijo a Sarai su mujer... Di, por favor, que eres mi hermana, para que me vaya bien por causa tuya. * Isaac entonces dijo a Jacob... ¿Eres en verdad mi hijo Esaú? Y él respondió: Yo soy. Moisés ...habló precipitadamente con sus labios.

Los hombres de Israel tomaron de sus provisiones, y no pidieron el consejo del SEÑOR. Josué hizo paz con ellos.* David había hecho lo recto ante los ojos del SEÑOR, y no se había apartado de nada de lo que El le había ordenado durante todos los días de su vida, excepto en el caso de Urías heteo. * Todos éstos, obtuvieron aprobación por su fe.

Siendo justificados gratuitamente por su gracia por medio de la redención que es en Cristo Jesús. * El fuera cortado de la tierra de los vivientes por la transgresión de mi pueblo. * 'No hago esto por vosotros'–declara el Señor Dios–'sabedlo bien. Avergonzaos y abochornaos de vuestra conducta, casa de Israel.'

Is. 53:6 Gn. 9:20,21; 12:11,13; 27:21,24 Sal. 106:32,33 Jos. 9:14,15 i R 15:5 Heb. 11:39 Ro. 3:24 Is. 53:8 EZ. 36:32

ENERO 20 - La porción del Señor es su pueblo.

Vosotros sois de Cristo, y Cristo de Dios. * Yo soy de mi amado, y su deseo tiende hacia mí. Yo soy suya. * El Hijo de Dios... me amó y se entregó a sí mismo por mí. * El Señor os ha tomado y os ha sacado del horno de hierro, de Egipto, para que seáis pueblo de su heredad como lo sois ahora.

¿O no sabéis que vuestro cuerpo es templo del Espíritu Santo, que está en vosotros, el cual tenéis de Dios, y que no sois vuestros? Pues por precio habéis sido comprados; por tanto, glorificad a Dios en vuestro cuerpo y en vuestro espíritu, los cuales son de Dios. Vosotros sois labranza de Dios, edificio de Dios.

Cristo fue fiel como Hijo sobre la casa de Dios, cuya casa somos nosotros, si retenemos firme hasta el fin nuestra confianza y la gloria de nuestra esperanza

...una casa espiritual para un sacerdocio santo... * Ellos serán míos–dice el Señor de los ejércitos–el día en que yo prepare mi tesoro especial. * Todo lo mío es tuyo, y lo tuyo, mío; y he sido glorificado en ellos. La gloria de su herencia en los santos.

Dt. 32:9 I Co.3:23 Cant. 7:10; 2:16 Gal. 2:20 I Co. 6:19,20 Dt. 4:20 I Co. 3:9 Heb. 3:6 I P 2:5 Mal. 3:17 Jn. 17:10 Ef. 1:18

ENERO 21 - Ahora llamamos bienaventurados a los soberbios.

Porque así dice el Alto y Sublime que vive para siempre, cuyo nombre es Santo: Habito en lo alto y santo, y también con el contrito y humilde de espíritu, para vivificar el espíritu de los humildes y para vivificar el corazón de los contritos. *Mejor es ser de espíritu humilde con los pobres que dividir el botín con los soberbios. Bienaventurados los pobres en espíritu, pues de ellos es el reino de los cielos. * Seis cosas hay que odia el Señor y siete son abominación para El: ojos soberbios, lengua mentirosa, manos que derraman sangre inocente.

Abominación al Señor es todo el que es altivo de corazón; ciertamente no quedará sin castigo. * Escudríñame, oh Dios, y conoce mi corazón; pruébame y conoce mis inquietudes. Y ve si hay en mí camino malo, y guíame en el camino eterno.

Gracia a vosotros y paz de Dios nuestro Padre y del Señor Jesucristo. Doy gracias a mi. * Dios siempre que me acuerdo de vosotros, * Bienaventurados los humildes, pues ellos heredarán la tierra.

Mal. 3:15 Is. 57:15 Pr.16:19 Mt. 5:3 Pr. 6:16,17,5 Sal.139:23,24 Fil.1:2,3 Mt. 5:5

ENERO 22 - Cuando mis inquietudes se multiplican dentro de mí, tus consuelos deleitan mi alma.

Cuando mi corazón desmaya, condúceme a la roca que es más alta que yo. Oh Señor, estoy oprimido, sé tú mi ayudador. * Echa sobre el Señor tu carga, y El te sustentará; El nunca permitirá que el justo sea sacudido.* Soy un muchacho y no sé cómo salir ni entrar.

Si alguno de vosotros se ve falto de sabiduría, que la pida a Dios...y le será dada. Y para estas cosas ¿quién está capacitado? * Porque yo sé que en mí, es decir, en mi carne, no habita nada bueno; porque el querer está presente en mí, pero el hacer el bien, no. * Te basta mi gracia, pues mi poder se perfecciona en la debilidad. Por tanto, muy gustosamente me gloriaré más bien en mis debilidades, para que el poder de Cristo more en mí.* Anímate, hijo, tus pecados te son perdonados. * Hija, ten ánimo, tu fe te ha sanado. Y al instante la mujer quedó sana.

Como con médula y grosura está saciada mi alma; y con labios jubilosos te alaba mi boca. Cuando en mi lecho me acuerdo de ti, en ti medito durante las vigilias de la noche.

Sal. 94:19,61:2 Is. 38:14 Sal.55:22 I R 3:7 Stg. 1:5 II Co. 2:16 Ro. 7:18 II Co. 12:9 Mt.9:2,22 Sal. 63:5,6

ENERO 23 - El escándalo de la cruz.

Si alguno quiere venir en pos de mí, niéguese a sí mismo, tome su cruz y sígame. - ¿No sabéis que la amistad del mundo es enemistad hacia Dios? Por tanto, el que quiere ser amigo del mundo, se constituye enemigo de Dios.

Es necesario que a través de muchas tribulaciones entremos en el reino de Dios. El que crea en El no será avergonzado. * Este precioso valor es, pues, para vosotros los que creéis; pero para los que no creen la piedra que desecharon los constructores, esa, en piedra angular se ha convertido, piedra de tropiezo y roca de escándalo.

Pero jamás acontezca que yo me gloríe, sino en la cruz de nuestro Señor Jesucristo, por el cual el mundo ha sido crucificado para mí y yo para el mundo. * Con Cristo he sido crucificado

Pues los que son de Cristo Jesús han crucificado la carne con sus pasiones y deseos. Si perseveramos, también reinaremos con El; si le negamos, El también nos negará; Gal. 5:11 Mt. 16:24 Stg. 4:4 Hch.14:22 Ro. 9:33 I P. 2:7,8 Gal. 6:14; 2:20; 5:24 II Ti.2:12

ENERO 24 - La mejor cepa.

Mi bien amado tenía una viña en una fértil colina. La cavó por todas partes, quitó sus piedras, y la plantó de vides escogidas... y esperaba que produjera uvas buenas, pero sólo produjo uvas silvestres.

Pero yo te planté como vid escogida, toda ella de simiente genuina. ¿Cómo, pues, te has vuelto delante de mí sarmiento degenerado de una vid extraña?

Ahora bien, las obras de la carne son evidentes, las cuales son: inmoralidad, impureza, sensualidad, envidias, borracheras, orgías y cosas semejantes... Mas el fruto del Espíritu es amor, gozo, paz, paciencia, benignidad, bondad, fidelidad, mansedumbre, dominio propio.

Yo soy la vid verdadera, y mi Padre es el viñador. Todo sarmiento que en mí no da fruto, lo quita; y todo el que da fruto, lo poda para que dé más fruto.

Permaneced en mí, y yo en vosotros. Como el sarmiento no puede dar fruto por sí mismo si no permanece en la vid, así tampoco vosotros si no permanecéis en mí.

En esto es glorificado mi Padre, en que deis mucho fruto, y así probéis que sois mis discípulos.

Gn. 49:11 Is.5:1,2 Jer. 2:21 Gal. 5:19, 21-23 Jn. 15:1,2,4,8

ENERO 25 - El espíritu de adopción como hijos, por el cual clamamos: ¡Abba, Padre!

Jesús... alzando los ojos al cielo, dijo: Padre. Padre santo. * Padre justo. * Y decía: ¡Abba, Padre! * Y porque sois hijos, Dios ha enviado el Espíritu de su Hijo a nuestros corazones, clamando: ¡Abba! ¡Padre! * Por medio de El los unos y los otros tenemos nuestra entrada al Padre en un mismo Espíritu. Así pues, ya no sois extranjeros ni advenedizos, sino que sois conciudadanos de los santos y sois de la familia de Dios,* Porque tú eres nuestro Padre...Tú, o SEÑOR, eres nuestro Padre, desde la antigüedad tu nombre es Nuestro Redentor.

"Me levantaré e iré a mi padre, y le diré: 'Padre, he pecado contra el cielo y ante ti; ya no soy digno de ser llamado hijo tuyo; hazme como uno de tus trabajadores." Y levantándose, fue a su padre. * Sed, pues, imitadores de Dios como hijos amados.

Ro. 8:15 Jn. 17:1,11,25 Mr. 14:36 Gal. 4:6 Ef. 2:18,19 Is. 63:16 Lc. 15:18-20 Ef. 5:1

ENERO 26 - El Señor Jesucristo, el cual transformará el cuerpo...en conformidad al cuerpo de su gloria.

Y sobre el firmamento que estaba por encima de sus cabezas había algo semejante a un trono, de aspecto como de piedra de zafiro; y en lo que se asemejaba a un trono, sobre él, en lo más alto, había una figura con apariencia de hombre. Entonces vi en lo que parecían sus lomos y hacia arriba, algo como metal refulgente que lucía como fuego dentro de ella en derredor, y en lo que parecían sus lomos y hacia abajo vi algo como fuego, y había un resplandor a su alrededor. Como el aspecto del arco iris que aparece en las nubes en un día lluvioso, así era el aspecto del resplandor en derredor. Tal era el aspecto de la semejanza de la gloria del SEÑOR. Cuando lo vi, caí rostro en tierra y oí una voz que hablaba

Pero nosotros todos, con el rostro descubierto, contemplando como en un espejo la gloria del Señor, estamos siendo transformados en la misma imagen de gloria en gloria, como por el Señor, el Espíritu.

Amados, ahora somos hijos de Dios y aún no se ha manifestado lo que habremos de ser. Pero sabemos que cuando El se manifieste, seremos semejantes a El porque le veremos como El es.

Ya no tendrán hambre ni sed, ni el sol los abatirá, ni calor alguno, * Y cantaban el cántico de Moisés, siervo de Dios, y el cántico del Cordero.

Fil. 3:20,21 Eze. 1:26-28 II Co. 3:18 I Jn. 3:2 Ap. 7:16; 15:3

ENERO 27- He puesto ante ti la vida y la muerte, la bendición y la maldición. Escoge, pues, la vida.

Pues yo no me complazco en la muerte de nadie –declara el Señor Dios –. Arrepentíos y vivid. * Si yo no hubiera venido y no les hubiera hablado, no tendrían pecado, pero ahora no tienen excusa por su pecado.

Y aquel siervo que sabía la voluntad de su señor, y que no se preparó ni obró conforme a su voluntad, recibirá muchos azotes; * Porque la paga del pecado es muerte, pero la dádiva de Dios es vida eterna en Cristo Jesús Señor nuestro.

El que cree en el Hijo tiene vida eterna; pero el que no obedece al Hijo no verá la vida, sino que la ira de Dios permanece sobre él.

¿No sabéis que cuando os presentáis a alguno como esclavos para obedecerle, sois esclavos de aquel a quien obedecéis, ya sea del pecado para muerte, o de la obediencia para justicia?

Si alguno me sirve, que me siga; y donde yo estoy, allí también estará mi servidor; si alguno me sirve, el Padre lo honrará.

Dt. 30:19 Eze. 18:32 Jn. 15:22 Lc. 12:47 Ro. 6:23 Jn. 3:36 Ro. 6:16 Jn. 12:26

ENERO 28 - Despierta, viento del norte...haced que mi huerto exhale fragancia, que se esparzan sus aromas.

Al presente ninguna disciplina parece ser causa de gozo, sino de tristeza; sin embargo, a los que han sido ejercitados por medio de ella, les da después fruto apacible de justicia. El fruto del Espíritu.

Con su soplo violento la echó en el día del viento solano. * Como un padre se compadece de sus hijos, así se compadece el Señor de los que le temen.

Aunque nuestro hombre exterior va decayendo, sin embargo nuestro hombre interior se renueva de día en día. Pues esta aflicción leve y pasajera nos produce un eterno peso de gloria que sobrepasa toda comparación, al no poner nuestra vista en las cosas que se ven, sino en las que no se ven; porque las cosas que se ven son temporales, pero las que no se ven son eternas.

Aunque era Hijo, aprendió obediencia por lo que padeció. Ha sido tentado en todo como nosotros, pero sin pecado.

Cant. 4:16 Heb. 12:11 Gal. 5:22 Is. 27:8 Sal.103:13 II Co. 4:16-18 Heb. 5:8; 4:15

ENERO 29 - Te daré gracias, Señor mi Dios, con todo mi corazón, y glorificaré tu nombre para siempre.

El que ofrece sacrificio de acción de gracias me honra.

Bueno es dar gracias al SEÑOR, y cantar alabanzas a tu nombre, o Altísimo; anunciar por la mañana tu bondad, y tu fidelidad por las noches, * Todo lo que respira alabe al SEÑOR. ¡Aleluya!

Por consiguiente, hermanos, os ruego por las misericordias de Dios que presentéis vuestros cuerpos como sacrificio vivo y santo, aceptable a Dios, que es vuestro culto racional.

Por lo cual también Jesús, para santificar al pueblo mediante su propia sangre, padeció fuera de la puerta. Por tanto, ofrezcamos continuamente mediante El, sacrificio de alabanza a Dios, es decir, el fruto de labios que confiesan su nombre.

Dando siempre gracias por todo, en el nombre de nuestro Señor Jesucristo, a Dios, el Padre. * El Cordero que fue inmolado digno es de recibir el poder, las riquezas, la sabiduría, la fortaleza, el honor, la gloria y la alabanza.

Sal. 86:12; 50:23; 92:1,2; 150:6 Ro. 12:1 Heb. 13:12,15 Ef. 5:20 Ap. 5:12

ENERO 30
Bueno es para el hombre llevar el yugo en su juventud.

Enseña al niño el camino en que debe andar, y aun cuando sea viejo no se apartará de él. Además, tuvimos padres terrenales para disciplinarnos, y los respetábamos, ¿con cuánta más razón no estaremos sujetos al Padre de nuestros espíritus, y viviremos? Porque ellos nos disciplinaban por pocos días como les parecía, pero El nos disciplina para nuestro bien, para que participemos de su santidad.

Antes que fuera afligido, yo me descarrié, mas ahora guardo tu palabra. Bueno es para mí ser afligido, para que aprenda tus estatutos.

"Porque yo sé los planes que tengo para vosotros"–declara el SEÑOR– "planes de bienestar y no de calamidad, para daros un futuro y una esperanza.

Humillaos, pues, bajo la poderosa mano de Dios, para que El os exalte a su debido tiempo,

Lam. 3:27 Pr. 22:6 Heb. 12:9,10 Sal. 119:67,71 Jer. 29:11 I P. 5,6

ENERO 31 - Si un hombre peca contra el Señor, ¿quién intercederá por él?

Y si alguno peca, Abogado tenemos para con el Padre, a Jesucristo el justo. El mismo es la propiciación por nuestros pecados, y no sólo por los nuestros, sino también por los del mundo entero.

...a quien Dios exhibió públicamente como propiciación por su sangre a través de la fe, como demostración de su justicia, porque en su tolerancia, Dios pasó por alto los pecados cometidos anteriormente, para demostrar en este tiempo su justicia, a fin de que El sea justo y sea el que justifica al que tiene fe en Jesús.

Que tenga piedad de él, y diga: "Líbralo de descender a la fosa, he hallado su rescate". Entonces, ¿qué diremos a esto? Si Dios está por nosotros, ¿quién estará contra nosotros? *¿Quién acusará a los escogidos de Dios? Dios es el que justifica. ¿Quién es el que condena? Cristo Jesús es el que murió, sí, más aún, el que resucitó, el que además está a la diestra de Dios, el que también intercede por nosotros.

I S. 2:25 I Jn. 2:1,2 Ro. 3:25,26 Job 33:24 Ro.8:31,33,34

Mes de Febrero

FEBRERO 1 * El Señor, justicia nuestra.

Todos nosotros somos como el inmundo, y como trapo de inmundicia todas nuestras obras justas. * Vendré con los hechos poderosos de Dios el Señor; haré mención de tu justicia, de la tuya sola.

En gran manera me gozaré en el SEÑOR, mi alma se regocijará en mi Dios; porque El me ha vestido de ropas de salvación, me ha envuelto en manto de justicia como el novio se engalana con una corona, como la novia se adorna con sus joyas. * "Pronto; traed la mejor ropa y vestidlo". * Y a ella le fue concedido vestirse de lino fino, resplandeciente y limpio, porque las acciones justas de los santos son el lino fino.

Y aún más, yo estimo como pérdida todas las cosas en vista del incomparable valor de conocer a Cristo Jesús, mi Señor, por quien lo he perdido todo, y lo considero como basura a fin de ganar a Cristo, y ser hallado en El, no teniendo mi propia justicia derivada de la ley, sino la que es por la fe en Cristo, la justicia que procede de Dios sobre la base de la fe.

Jer. 23:6 Is. 64:6 Sal. 71:16 Is. 61:10 Lc. 15:22 Ap- 19:8 Fil.3:8,9

FEBRERO 2 - Una estrella es distinta de otra estrella en gloria.

En el camino habían discutido entre sí quién de ellos era el mayor. Sentándose, llamó a los doce y les dijo: Si alguno desea ser el primero, será el último de todos y el servidor de todos.

Revestíos de humildad en vuestro trato mutuo, porque Dios resiste a los soberbios, pero da gracia a los humildes. * Humillaos, pues, bajo la poderosa mano de Dios, para que El os exalte a su debido tiempo.

Haya, pues, en vosotros esta actitud que hubo también en Cristo Jesús, el cual, aunque existía en forma de Dios, no consideró el ser igual a Dios como algo a qué aferrarse, sino que se despojó a sí mismo tomando forma de siervo, haciéndose semejante a los hombres. Por lo cual Dios también le exaltó hasta lo sumo, y le confirió el nombre que es sobre todo nombre, para que al nombre de Jesús se doble toda rodilla de los que están en el cielo, y en la tierra, y debajo de la tierra.

Los entendidos brillarán como el resplandor del firmamento, y los que guiaron a muchos a la justicia, como las estrellas, por siempre jamás.

I Co. 15:41 Mr. 9:34,35 I P 5:5,6 Fil.2:5-7,9,10 Dan. 12:3

FEBRERO 3- Ni aun las tinieblas son oscuras para ti.

Sus ojos observan los caminos del hombre, y El ve todos sus pasos. * No hay tinieblas ni densa oscuridad donde puedan esconderse los que hacen iniquidad. * ¿Podrá alguno esconderse en escondites de modo que yo no lo vea?–declara el SEÑOR.

¿No lleno yo los cielos y la tierra?–declara el SEÑOR. * No temerás el terror de la noche, ni la flecha que vuela de día, ni la pestilencia que anda en tinieblas, ni la destrucción que hace estragos en medio del día. * Porque has puesto al SEÑOR, que es mi refugio, al Altísimo, por tu habitación. No te sucederá ningún mal, ni plaga se acercará a tu morada.

No permitirá que tu pie resbale; no se adormecerá el que te guarda. El Señor es tu guardador; el Señor es tu sombra a tu mano derecha. El sol no te herirá de día, ni la luna de noche. El Señor te protegerá de todo mal; El guardará tu alma.

Aunque pase por el valle de sombra de muerte, no temeré mal alguno, porque tú estás conmigo; tu vara y tu cayado me infunden aliento.

Sal. 139:12 Job. 34:21,22 Jer. 23:24 Sal. 91:5,6,9,10; 121:3, 5-7; 23:4

FEBRERO 4 - Cuentan del dolor de aquellos que tú has traspasado.

Cuando yo estaba un poco enojado, ellas contribuyeron al mal.

Hermanos, aun si alguno es sorprendido en alguna falta, vosotros que sois espirituales, restauradlo en un espíritu de mansedumbre, mirándote a ti mismo, no sea que tú también seas tentado.

El que hace volver a un pecador del error de su camino salvará su alma de muerte, y cubrirá multitud de pecados * Y os exhortamos... animéis a los desalentados, sostengáis a los débiles y seáis pacientes con todos.

No nos juzguemos los unos a los otros, sino más bien decidid esto: no poner obstáculo o piedra de tropiezo al hermano.

Así que, nosotros los que somos fuertes, debemos sobrellevar las flaquezas de los débiles y no agradarnos a nosotros mismos.

El amor es paciente, es bondadoso; el amor no tiene envidia; el amor no es jactancioso, no es arrogante; no se regocija de la injusticia, sino que se alegra con la verdad;

Por tanto, el que cree que está firme, tenga cuidado, no sea que caiga.

Sal. 69:26 Zac. 1:15 Gal. 6:1 Stg. 5:20 I Ts. 5:14 Ro. 14:13; 15:1 I Co. 13:4,6; 10:12

FEBRERO 5 - El tribunal de Cristo.

Pero cuando el Hijo del Hombre venga en su gloria, y todos los ángeles con El, entonces se sentará en el trono de su gloria; y serán reunidas delante de El todas las naciones; y separará a unos de otros, como el pastor separa las ovejas de los cabritos.

Entonces los justos resplandecerán como el sol en el reino de su Padre.

¿Quién acusará a los escogidos de Dios? Dios es el que justifica. ¿Quién es el que condena? Cristo Jesús es el que murió, sí, más aún, el que resucitó, el que además está a la diestra de Dios, el que también intercede por nosotros

No hay ahora condenación para los que están en Cristo Jesús, los que no andan conforme a la carne sino conforme al Espíritu. * El Señor nos disciplina para que no seamos condenados con el mundo

II Co. 5:10 Mt. 25:31,32; 13:43 Ro. 8:33,34 Ro. 8:1 I Co. 11:32

FEBRERO 6 - Yo soy...el lucero resplandeciente de la mañana.

Una estrella saldrá de Jacob. * La noche está muy avanzada, y el día está cerca. Por tanto, desechemos las obras de las tinieblas y vistámonos con las armas de la luz. * Hasta que sople la brisa del día y huyan las sombras, vuelve, amado mío, y sé semejante a una gacela o a un cervatillo sobre los montes de Beter.

Centinela, ¿qué hora es de la noche? El centinela responde: Viene la mañana y también la noche. Si queréis preguntar, preguntad; volved otra vez.

Yo soy la luz del mundo. * Le daré el lucero de la mañana.

Estad alerta, velad; porque no sabéis cuándo es el tiempo señalado. El Hijo del Hombre es como un hombre que se fue de viaje, y al salir de su casa dejó a sus siervos encargados, asignándole a cada uno su tarea, y ordenó al portero que estuviera alerta. Por tanto, velad, porque no sabéis cuándo viene el Señor de la casa, si al atardecer, o a la medianoche, o al canto del gallo, o al amanecer; no sea que venga de repente y os halle dormidos. Y lo que a vosotros digo, a todos lo digo: ¡Velad!

Ap. 22:16; Nu. 24:17 Ro. 13:12 Can. 2:17 Is. 21:11,12 Jn. 8:12 Ap. 2:28 Mr. 13:33-37

FEBRERO 7 - Jesús...tuvo compasión de ellos.

Jesucristo es el mismo ayer y hoy y por los siglos. * Porque no tenemos un sumo sacerdote que no pueda compadecerse de nuestras flaquezas, sino uno que ha sido tentado en todo como nosotros, pero sin pecado.

...y puede obrar con benignidad para con los ignorantes y extraviados.

Entonces vino y los halló durmiendo, y dijo a Pedro: Simón, ¿duermes? ¿No pudiste velar ni por una hora? Velad y orad para que no entréis en tentación; el espíritu está dispuesto, pero la carne es débil. * Como un padre se compadece de sus hijos, así se compadece el Señor de los que le temen.

Porque El sabe de qué estamos hechos, se acuerda de que somos sólo polvo.

Mas tú, Señor, eres un Dios compasivo y lleno de piedad, lento para la ira y abundante en misericordia y verdad. Vuélvete hacia mí, y tenme piedad; da tu poder a tu siervo, y salva al hijo de tu sierva.

Mt. 14:14 Heb. 13:8; 4:15; 5:2 Mr 14:37,38 Sal.103:13,14; 86:15,16

FEBRERO 8 - Llamarás a tus murallas salvación y a tus puertas alabanza.

El muro de la ciudad tenía doce cimientos, y en ellos estaban los doce nombres de los doce apóstoles del Cordero.

Así pues, ya no sois extranjeros ni advenedizos, sino que sois conciudadanos de los santos y sois de la familia de Dios, edificados sobre el fundamento de los apóstoles y profetas, siendo Cristo Jesús mismo la piedra angular, en quien todo el edificio, bien ajustado, va creciendo para ser un templo santo en el Señor, en quien también vosotros sois juntamente edificados para morada de Dios en el Espíritu.

Si es que habéis probado la benignidad del Señor. Y viniendo a El como a una piedra viva, desechada por los hombres, pero escogida y preciosa delante de Dios, también vosotros, como piedras vivas, sed edificados como casa espiritual para un sacerdocio santo, para ofrecer sacrificios espirituales aceptables a Dios por medio de Jesucristo. Habrá delante de ti, alabanza en Sion, oh Dios.

Is. 60:18 Ap. 21:14 Ef. 2:19-22 I P. 2:3-5 Sal. 65:1

FEBRERO 9 - La noche viene cuando nadie puede trabajar.

"Bienaventurados los muertos que de aquí en adelante mueren en el Señor." Sí, dice el Espíritu, para que descansen de sus trabajos, porque sus obras van con ellos. Allí los impíos cesan de airarse, y allí reposan los cansados.

Todo lo que tu mano halle para hacer, hazlo según tus fuerzas; porque no hay actividad ni propósito ni conocimiento ni sabiduría... adonde vas.

Los muertos no alaban al SEÑOR, ni ninguno de los que descienden al silencio.

Porque yo ya estoy para ser derramado como una ofrenda de libación, y el tiempo de mi partida ha llegado. He peleado la buena batalla, he terminado la carrera, he guardado la fe. En el futuro me está reservada la corona de justicia que el Señor, el Juez justo, me entregará en aquel día; y no sólo a mí, sino también a todos los que aman su venida. Queda, por tanto, un reposo sagrado para el pueblo de Dios. Pues el que ha entrado a su reposo, él mismo ha reposado de sus obras, como Dios reposó de las suyas.

Jn. 9:4 Ap. 14:13 Job. 3:17 Ec. 9:10 Sal. 115:17 II Ti. 4:6-8 He. 4:9,10

FEBRERO 10 - He aquí, hirió la roca y brotaron aguas, y torrentes se desbordaron.

Nuestros padres todos estuvieron bajo la nube, y todos pasaron por el mar; y en Moisés todos fueron bautizados en la nube y en el mar; y todos comieron el mismo alimento espiritual; y todos bebieron la misma bebida espiritual, porque bebían de una roca espiritual que los seguía; y la roca era Cristo.

Uno de los soldados le traspasó el costado con una lanza, y al momento salió sangre y agua. * El fue herido por nuestras transgresiones, molido por nuestras iniquidades. El castigo, por nuestra paz, cayó sobre El, y por sus heridas hemos sido sanados.

No queréis venir a mí para que tengáis vida.

Porque dos males ha hecho mi pueblo: me han abandonado a mí, fuente de aguas vivas, y han cavado para sí cisternas, cisternas agrietadas que no retienen el agua.

Si alguno tiene sed, que venga a mí y beba. * El que desea, que tome gratuitamente del agua de la vida.

Sal. 78:20 I Co. 10:1-4 Jn. 19:34 Is. 53:5 Jn. 5:40 Jer. 2:13 Jn. 7:37 Ap. 22:17

FEBRERO 11 - Los árboles del Señor se sacian.

Seré como rocío para Israel; florecerá como lirio, y extenderá sus raíces como los cedros del Líbano. Brotarán sus renuevos, y será su esplendor como el del olivo, y su fragancia como la de los cedros del Líbano.

Bendito es el hombre que confía en el SEÑOR, cuya confianza es el SEÑOR. Será como árbol plantado junto al agua, que extiende sus raíces junto a la corriente; no temerá cuando venga el calor y sus hojas estarán verdes; en año de sequía no se angustiará ni cesará de dar fruto.

Y todos los árboles del campo sabrán que yo soy el SEÑOR; humillo al árbol elevado y elevo al árbol humilde; seco al árbol verde y hago reverdecer al árbol seco. Yo, el SEÑOR, he hablado y lo haré.

El justo crecerá como cedro en el Líbano. Plantados en la casa del SEÑOR, florecerán en los atrios de nuestro Dios. Aun en la vejez darán fruto; estarán vigorosos y muy verdes.

Sal. 104:16 Os. 14:5,6 Jer.17:7,8 Ez.17:24 Sal.92:12-14

FEBRERO 12 - Te ruego que me muestres tu gloria.

Dios, que dijo que de las tinieblas resplandecerá la luz, es el que ha resplandecido en nuestros corazones, para iluminación del conocimiento de la gloria de Dios en la faz de Cristo.

El Verbo se hizo carne, y habitó entre nosotros, y vimos su gloria, gloria como del unigénito del Padre, lleno de gracia y de verdad. * Nadie ha visto jamás a Dios; el unigénito Dios, que está en el seno del Padre, El le ha dado a conocer.

Mi alma tiene sed de Dios, del Dios viviente; ¿cuándo vendré y me presentaré delante de Dios? * Cuando dijiste: Buscad mi rostro, mi corazón te respondió: Tu rostro, SEÑOR, buscaré. Nosotros todos, con el rostro descubierto, contemplando como en un espejo la gloria del Señor, estamos siendo transformados en la misma imagen de gloria en gloria, como por el Señor, el Espíritu.

Padre, quiero que los que me has dado, estén también conmigo donde yo estoy, para que vean mi gloria, la gloria que me has dado; porque me has amado desde antes de la fundación del mundo.

Ex. 33:18 II Co. 4:6 Jn. 1:14,18 Sal. 42:2; 27:8 II Co. 3:18 Jn. 17:24

FEBRERO 13 - Tu Palabra me ha vivificado.

El primer hombre, Adán, fue hecho alma viviente. El último Adán, espíritu que da vida. Así como el Padre tiene vida en sí mismo, así también le dio al Hijo el tener vida en sí mismo;

Jesús le dijo: Yo soy la resurrección y la vida; el que cree en mí, aunque muera, vivirá, y todo el que vive y cree en mí, no morirá jamás. ¿Crees esto?

En El estaba la vida, y la vida era la luz de los hombres.

A todos los que le recibieron, les dio el derecho de llegar a ser hijos de Dios, es decir, a los que creen en su nombre, que no nacieron de sangre, ni de la voluntad de la carne, ni de la voluntad del hombre, sino de Dios.

El Espíritu es el que da vida; la carne para nada aprovecha; las palabras que yo os he hablado son espíritu y son vida. * La palabra de Dios es viva y eficaz, y más cortante que cualquier espada de dos filos; penetra hasta la división del alma y del espíritu, de las coyunturas y los tuétanos, y es poderosa para discernir los pensamientos y las intenciones del corazón.

Sal. 119:50 I Co. 15:45 Jn. 5:26; 11:25,26; 1:4,12,13, 6:63 Heb. 4:13

FEBRERO 14 - Yo soy tu porción y tu herencia.

¿A quién tengo yo en los cielos, sino a ti? Y fuera de ti, nada deseo en la tierra. Mi carne y mi corazón pueden desfallecer, pero Dios es la fortaleza de mi corazón y mi porción para siempre.

El Señor es la porción de mi herencia y de mi copa; tú sustentas mi suerte. Las cuerdas cayeron para mí en lugares agradables; en verdad mi herencia es hermosa para mí.

El Señor es mi porción–dice mi alma– por eso en El espero.

Tus testimonios he tomado como herencia para siempre, porque son el gozo de mi corazón.

Oh Dios, tú eres mi Dios; te buscaré con afán. Mi alma tiene sed de ti, mi carne te anhela cual tierra seca y árida donde no hay agua. Porque tú has sido mi socorro, y a la sombra de tus alas canto gozoso.

Mi amado es mío, y yo soy suya; él apacienta su rebaño entre los lirios. Num. 18:20 Sal. 73:25,26; 16:5,6 Lam. 3:24 Sal. 119:111; 63:1,7 Can. 2:16

FEBRERO 15 - Los torrentes alzan sus batientes olas.

Más que el fragor de muchas aguas, más que las poderosas olas del mar, es poderoso el Señor en las alturas.

Oh SEÑOR, Dios de los ejércitos, ¿quién como tú, poderoso SEÑOR? Tu fidelidad también te rodea. Tú dominas la soberbia del mar; cuando sus olas se levantan, tú las calmas.

¿No me teméis?–declara el SEÑOR. ¿No tembláis delante de mí, que puse la arena como frontera del mar, límite perpetuo que no traspasará?

Aunque se agiten las olas, no prevalecerán; aunque rujan, no pasarán sobre ella. Cuando pases por las aguas, yo estaré contigo, y si por los ríos, no te anegarán; cuando pases por el fuego, no te quemarás, ni la llama te abrasará.

Y descendiendo Pedro de la barca, caminó sobre las aguas, y fue hacia Jesús. Pero viendo la fuerza del viento tuvo miedo, y empezando a hundirse gritó, diciendo: ¡Señor, sálvame! Y al instante Jesús, extendiendo la mano, lo sostuvo y le dijo: Hombre de poca fe, ¿por qué dudaste?

El día en que temo, yo en ti confío.

Sal. 93:3; 4; 89:8,9 Jer. 5:22 Is. 43:2 Mt. 14:29-31 Sal.56:3

FEBRERO 16 - Los que estamos en este cuerpo, gemimos agobiados.

Señor, todo mi anhelo está delante de ti, y mi suspiro no te es oculto. * Porque mis iniquidades han sobrepasado mi cabeza; como pesada carga, pesan mucho para mí. * ¡Miserable de mí! ¿Quién me libertará de este cuerpo de muerte? * Sabemos que la creación entera a una gime y sufre dolores de parto hasta ahora. Y no sólo ella, sino que también nosotros mismos, que tenemos las primicias del Espíritu, aun nosotros mismos gemimos en nuestro interior, aguardando ansiosamente la adopción como hijos, la redención de nuestro cuerpo. * Ahora, por un poco de tiempo si es necesario, seáis afligidos con diversas pruebas, Sabiendo que mi separación del cuerpo terrenal es inminente.

Porque es necesario que esto corruptible se vista de incorrupción, y esto mortal se vista de inmortalidad. Pero cuando esto corruptible se haya vestido de incorrupción, y esto mortal se haya vestido de inmortalidad, entonces se cumplirá la palabra que está escrita: Devorada ha sido la muerte en victoria.

II Co. 5:4 Sal.38:9,4 Ro. 7:24; 8:23,24 I P.1:6 II P 1:14 I Co. 15:53,54

FEBRERO 17 - Creó, pues, Dios al hombre a imagen suya.

Siendo, pues, linaje de Dios, no debemos pensar que la naturaleza divina sea semejante a oro, plata o piedra, esculpidos por el arte y el pensamiento humano.

Pero Dios, que es rico en misericordia, por causa del gran amor con que nos amó, aun cuando estábamos muertos en nuestros delitos, nos dio vida juntamente con Cristo (por gracia habéis sido salvados). Porque somos hechura suya, creados en Cristo Jesús para hacer buenas obras, las cuales Dios preparó de antemano para que anduviéramos en ellas. Porque a los que de antemano conoció, también los predestinó a ser hechos conforme a la imagen de su Hijo, para que El sea el primogénito entre muchos hermanos;

Amados, ahora somos hijos de Dios y aún no se ha manifestado lo que habremos de ser. Pero sabemos que cuando El se manifieste, seremos semejantes a El porque le veremos como El es.

En cuanto a mí, en justicia contemplaré tu rostro; al despertar, me saciaré cuando contemple tu imagen. * El vencedor heredará estas cosas, y yo seré su Dios y él será mi hijo.

...y si hijos, también herederos; herederos de Dios y coherederos con Cristo.

Gen. 1:27 Hch. 17:29 Ef. 2:45,10 Ro. 8:29 I Jn. 3:2 Sal. 17:15 Ap. 21:7 Ro. 8:17

FEBRERO 18 - Adán... engendró un hijo a su semejanza.

¿Quién hará algo limpio de lo inmundo? * He aquí, yo nací en iniquidad, y en pecado me concibió mi madre. * Y El os dio vida a vosotros, que estabais muertos en vuestros delitos y pecados, entre los cuales también todos nosotros en otro tiempo vivíamos en las pasiones de nuestra carne, satisfaciendo los deseos de la carne y de la mente, y éramos por naturaleza hijos de ira, lo mismo que los demás.

Sabemos que la ley es espiritual, pero yo soy carnal, vendido a la esclavitud del pecado. Porque lo que hago, no lo entiendo; porque no practico lo que quiero hacer, sino que lo que aborrezco, eso hago. Porque yo sé que en mí, es decir, en mi carne, no habita nada bueno; porque el querer está presente en mí, pero el hacer el bien, no. * Por tanto, tal como el pecado entró en el mundo por un hombre, ...por la desobediencia de un hombre los muchos fueron constituidos pecadores.

Porque si por la transgresión de uno murieron los muchos, mucho más, la gracia de Dios y el don por la gracia de un hombre, Jesucristo, abundaron para los muchos. *Porque la ley del Espíritu de vida en Cristo Jesús te ha libertado de la ley del pecado y de la muerte. * -A Dios gracias, que nos da la victoria por medio de nuestro Señor Jesucristo.

Gen. 5:3 Job. 14:4 Sal. 51:5 Ef. 2:1,3 Ro.7:14,15,18; 5:12,19; 5:15; 8:2,1 I Co. 15:57

FEBRERO 19 - El año de mi redención ha llegado.

Así consagraréis el quincuagésimo año y proclamaréis libertad por toda la tierra para sus habitantes. Será de jubileo para vosotros, y cada uno de vosotros volverá a su posesión, ...y de a su familia. * Tus muertos vivirán, sus cadáveres se levantarán. ¡Moradores del polvo, despertad y dad gritos de júbilo!, porque tu rocío es como el rocío del alba, y la tierra dará a luz a los espíritus.

Pues el Señor mismo descenderá del cielo con voz de mando, con voz de arcángel y con la trompeta de Dios, y los muertos en Cristo se levantarán primero. Entonces nosotros, los que estemos vivos y que permanezcamos, seremos arrebatados juntamente con ellos en las nubes al encuentro del Señor en el aire, y así estaremos con el Señor siempre.

Los libraré del poder del Seol. Los redimiré de la muerte. ¿Dónde están, oh muerte, tus espinas? ¿Dónde está, oh Seol, tu aguijón? * Pero su Redentor es fuerte, el Señor de los ejércitos es su nombre.

Is. 63:4 Lev. 25:10 Is. 26:19 I Ts. 4:16,17 Os. 13:14 Jer. 50:34

FEBRERO 20 - El día de la prueba en el desierto.

Que nadie diga cuando es tentado: Soy tentado por Dios; porque Dios no puede ser tentado por el mal y El mismo no tienta a nadie. Sino que cada uno es tentado cuando es llevado y seducido por su propia pasión. Después, cuando la pasión ha concebido, da a luz el pecado; y cuando el pecado es consumado, engendra la muerte.

Tuvieron apetitos desenfrenados en el desierto, y tentaron a Dios en las soledades. Jesús, lleno del Espíritu Santo, ...fue llevado por el Espíritu en el desierto por cuarenta días, siendo tentado por el diablo. Y no comió nada durante esos días, pasados los cuales tuvo hambre. Entonces el diablo le dijo: Si eres Hijo de Dios, di a esta piedra que se convierta en pan.

Por cuanto El mismo fue tentado en el sufrimiento, es poderoso para socorrer a los que son tentados.

Simón, Simón, mira que Satanás os ha reclamado para zarandearos como a trigo; pero yo he rogado por ti para que tu fe no falle; y tú, una vez que hayas regresado, fortalece a tus hermanos.

Heb. 3:8 Stg. 1:13-15 Sal. 106:14 Lc. 4:1-3 Heb. 2:18 Lc. 22:31,32

FEBRERO 21 - Luz se ha sembrado para el justo, y alegría para los rectos de corazón.

Los que siembran con lágrimas, segarán con gritos de júbilo.

El que con lágrimas anda, llevando la semilla de la siembra, en verdad volverá con gritos de alegría, trayendo sus gavillas.

Bendito sea el Dios y Padre de nuestro Señor Jesucristo, quien según su gran misericordia, nos ha hecho nacer de nuevo a una esperanza viva, mediante la resurrección de Jesucristo de entre los muertos, en lo cual os regocijáis grandemente, aunque ahora, por un poco de tiempo si es necesario, seáis afligidos con diversas pruebas, para que la prueba de vuestra fe, más preciosa que el oro que perece, aunque probado por fuego, sea hallada que resulta en alabanza, gloria y honor en la revelación de Jesucristo.

Sal. 97:11; 126:5,6 I P. 1:3,6,7

FEBRERO 22 - Cuando te acuestes no tendrás temor, sí, te acostarás y será dulce tu sueño.

Se levantó una violenta tempestad, y las olas se lanzaban sobre la barca de tal manera que ya se anegaba la barca. El estaba en la popa, durmiendo sobre un cabezal.

Por nada estéis afanosos; antes bien, en todo, mediante oración y súplica con acción de gracias, sean dadas a conocer vuestras peticiones delante de Dios. Y la paz de Dios, que sobrepasa todo entendimiento, guardará vuestros corazones y vuestras mentes en Cristo Jesús.

En paz me acostaré y así también dormiré; porque sólo tú, SEÑOR, me haces habitar seguro. * Pues que a su amado dará Dios el sueño.

Y mientras apedreaban a Esteban, él invocaba al Señor y decía: Señor Jesús, recibe mi espíritu. Y cayendo de rodillas, clamó en alta voz: Señor, no les tomes en cuenta este pecado. Habiendo dicho esto, durmió.

Ausentes del cuerpo, y presentes al Señor.

Pr. 3:24 Mr. 4:37,38 Fil. 4:6,7 Sal. 4:8; 127:2 Hch. 7:59,60 II Co. 5:8

FEBRERO 23 - ¿Quién conoce el poder de tu ira?

Y desde la hora sexta hubo oscuridad sobre toda la tierra hasta la hora novena. Y alrededor de la hora novena, Jesús exclamó a gran voz, diciendo: Elí, Elí, ¿Lema sabactani? esto es: Dios mío, Dios mío, ¿Por qué me has abandonado?

El Señor hizo que cayera sobre El la iniquidad de todos nosotros. * Por consiguiente, no hay ahora condenación para los que están en Cristo Jesús.

Por tanto, habiendo sido justificados por la fe, tenemos paz para con Dios por medio de nuestro Señor Jesucristo.

Cristo nos redimió de la maldición de la ley, habiéndose hecho maldición por nosotros. Dios ha enviado a su Hijo unigénito al mundo para que vivamos por medio de El. En esto consiste el amor: no en que nosotros hayamos amado a Dios, sino en que El nos amó a nosotros y envió a su Hijo como propiciación por nuestros pecados.

...para demostrar en este tiempo su justicia, a fin de que El sea justo y sea el que justifica al que tiene fe en Jesús.

Sal.90:11 Mt. 27:45,46 Is. 53:6 Ro. 8:1; 5:1 Gal. 3:13 I Jn. 4:9,10 Ro. 3:26

FEBRERO 24 - ¿Aceptaremos el bien de Dios y no aceptaremos el mal?

Yo sé, SEÑOR, que tus juicios son justos, y que en tu fidelidad me has afligido. * Mas ahora, oh SEÑOR, tú eres nuestro Padre, nosotros el barro, y tú nuestro alfarero; obra de tus manos somos todos nosotros.

El Señor es; que haga lo que bien le parezca. * Justo eres tú, oh SEÑOR, cuando a ti presento mi causa; en verdad asuntos de justicia voy a discutir contigo. * El se sentará como fundidor y purificador de plata.

Porque el Señor al que ama, disciplina, y azota a todo el que recibe por hijo. Le basta al discípulo llegar a ser como su maestro, y al siervo como su señor. Aunque era Hijo, aprendió obediencia por lo que padeció.*Antes bien, en la medida en que compartís los padecimientos de Cristo, regocijaos, para que también en la revelación de su gloria os regocijéis con gran alegría.

Estos son los que vienen de la gran tribulación, y han lavado sus vestiduras y las han emblanquecido en la sangre del Cordero.

Job 2:10 Sal 119:75 Is. 64:8 I S. 3:18 Jer. 12:1 Mal. 3:3 Heb. 12:6 Mt. 10:25 Heb. 5:8 I P.4:13 Ap. 7:14

FEBRERO 25 - Quién me diera saber dónde encontrarle!

¿Quién hay entre vosotros que tema al SEÑOR, que oiga la voz de su siervo, que ande en tinieblas y no tenga luz? Confíe en el nombre del Señor y apóyese en su Dios.

Me buscaréis y me encontraréis, cuando me busquéis de todo corazón.

Pedid, y se os dará; buscad, y hallaréis; llamad, y se os abrirá. Porque todo el que pide, recibe; y el que busca, halla; y al que llama, se le abrirá.

En verdad nuestra comunión es con el Padre y con su Hijo Jesucristo.

Ahora en Cristo Jesús, vosotros, que en otro tiempo estabais lejos, habéis sido acercados por la sangre de Cristo...porque por medio de El los unos y los otros tenemos nuestra entrada al Padre en un mismo Espíritu.

Si decimos que tenemos comunión con El, pero andamos en tinieblas, mentimos y no practicamos la verdad. * He aquí, yo estoy con vosotros todos los días. Nunca te dejaré ni te desampararé. * El Consolador... mora con vosotros y estará en vosotros.

Job. 23:3 Is. 50:10 Jer. 29:13 Lc. 11:9,10 I Jn. 1:3 Ef. 2:13,18 I Jn. 1:6 Mt. 28:20 Heb.13:5 Jn. 14:16,17

FEBRERO 26 - Alrededor del trono había un arco iris, de aspecto semejante a la esmeralda.

Esta es la señal del pacto que hago entre yo y vosotros y todo ser viviente que está con vosotros, por todas las generaciones: pongo mi arco en las nubes... lo miraré para acordarme del pacto eterno entre Dios y todo ser viviente de toda carne que está sobre la tierra.

Pues El ha hecho conmigo un pacto eterno, ordenado en todo y seguro.

A fin de que por dos cosas inmutables, en las cuales es imposible que Dios mienta, seamos grandemente animados los que hemos huido para refugiarnos, echando mano de la esperanza puesta delante de nosotros,

Nosotros os anunciamos la buena nueva de que la promesa hecha a los padres, Dios la ha cumplido a nuestros hijos al resucitar a Jesús.

Jesucristo es el mismo ayer y hoy y por los siglos.

Ap. 4:3 Gen.9:12,13,16 II S. 23:5 He. 6:18 Hch. 13:32,33 Heb.13:8

FEBRERO 27 -Dios, el cual da a todos abundantemente y sin reproche.

Mujer, ¿dónde están ellos? ¿Ninguno te ha condenado? Y ella respondió: Ninguno,

Señor. Entonces Jesús le dijo: Yo tampoco te condeno. Vete; desde ahora no peques más. La gracia de Dios y el don por la gracia de un hombre, Jesucristo, abundaron para los muchos...pero la dádiva surgió a causa de muchas transgresiones resultando en justificación.

Dios, que es rico en misericordia, por causa del gran amor con que nos amó, aun cuando estábamos muertos en nuestros delitos, nos dio vida juntamente con Cristo (por gracia habéis sido salvados), y con El nos resucitó, y con El nos sentó en los lugares celestiales en Cristo Jesús, a fin de poder mostrar en los siglos venideros las sobreabundantes riquezas de su gracia por su bondad para con nosotros en Cristo Jesús.

El que no eximió ni a su propio Hijo, sino que lo entregó por todos nosotros, ¿cómo no nos concederá también con El todas las cosas?

Stg. 1:5 Jn. 8:10,11 Ro. 5:15,16 Ef. 2:4-7 Ro. 8:32

FEBRERO 28 - Lámpara del Señor es el espíritu del hombre.

El que de vosotros esté sin pecado, sea el primero en tirarle una piedra. Pero al oír ellos esto, se fueron retirando uno a uno comenzando por los de mayor edad. * ¿Quién te ha hecho saber que estabas desnudo? ¿Has comido del árbol del cual te mandé que no comieras?

A aquel, pues, que sabe hacer lo bueno y no lo hace, le es pecado. *En cualquier cosa en que nuestro corazón nos condene; porque Dios es mayor que nuestro corazón y sabe todas las cosas. Amados, si nuestro corazón no nos condena, confianza tenemos delante de Dios.

En realidad, todas las cosas son limpias, pero son malas para el hombre que escandaliza a otro al comer. Dichoso el que no se condena a sí mismo en lo que aprueba.

Escudríñame, oh Dios, y conoce mi corazón; pruébame y conoce mis inquietudes. Y ve si hay en mí camino malo, y guíame en el camino eterno.

Pr. 20:27 Jn. 8:7,9 Gn. 3:11 Stg. 4:17 I Jn. 3:20,21 Ro.14:20,22 Sal. 139:23,24

FEBRERO 29 - Pero tú eres el mismo, y tus años no tendrán fin.

Antes que los montes fueran engendrados, y nacieran la tierra y el mundo, desde la eternidad y hasta la eternidad, tú eres Dios. * Porque yo, el SEÑOR, no cambio; por eso vosotros, oh hijos de Jacob, no habéis sido consumidos. * Jesucristo es el mismo ayer y hoy y por los siglos.

Toda buena dádiva y todo don perfecto viene de lo alto, desciende del Padre de las luces, con el cual no hay cambio ni sombra de variación.

Los dones y el llamamiento de Dios son irrevocables. * Dios no es hombre, para que mienta, ni hijo de hombre, para que se arrepienta.

Que las misericordias del Señor jamás terminan, pues nunca fallan sus bondades. * El conserva su sacerdocio inmutable puesto que permanece para siempre. Por lo cual El también es poderoso para salvar para siempre a los que por medio de El se acercan a Dios, puesto que vive perpetuamente para interceder por ellos.

Cuando lo vi, caí como muerto a sus pies. Y El puso su mano derecha sobre mí, diciendo: No temas, yo soy el primero y el último.

Sal. 102:27; 90:2 Mal. 3:6 Heb 13:8 Stg. 1:17 Ro. 11:29 Num.23:19 Lam. 3:22 Heb.7:24,25 Ap. 1:17

Mes de Marzo

MARZO 1 - Jehová-nisi: El Señor es mi Estandarte.

Si Dios está por nosotros, ¿quién estará contra nosotros? * El Señor está a mi favor; no temeré. ¿Qué puede hacerme el hombre?

Has dado un estandarte a los que te temen, para que sea alzado por causa de la verdad. El Señor es mi luz y mi salvación; ¿a quién temeré? El Señor es la fortaleza de mi vida; ¿de quién tendré temor? Aunque un ejército acampe contra mí, no temerá mi corazón; aunque en mi contra se levante guerra, a pesar de ello, estaré confiado. * Y he aquí, Dios mismo está con nosotros por capitán. * El Señor de los ejércitos está con nosotros; nuestro baluarte es el Dios de Jacob. Estos pelearán contra el Cordero, y el Cordero los vencerá.

¿Por qué se sublevan las naciones, y los pueblos traman cosas vanas? El que se sienta en los cielos se ríe, el Señor se burla de ellos. * Trazad un plan, y será frustrado; proferid una palabra, y no permanecerá, porque Dios está con nosotros.

Ex. 17:15 Ro.8:31 Sal.118:6 Sal.60:4; 27:1,3 II Cr. 13:12 Sal. 46:7 Ap. 17:14 Sal. 2:1,4 Is. 8:10

MARZO 2 - Queda, por tanto, un reposo sagrado para el pueblo de Dios.

Allí los impíos cesan de airarse, y allí reposan los cansados. Juntos reposan los prisioneros; no oyen la voz del capataz.

Bienaventurados los muertos que de aquí en adelante mueren en el Señor. Ellos descansen de sus trabajos, porque sus obras van con ellos.

Nuestro amigo Lázaro se ha dormido; pero voy a despertarlo...Jesús había hablado de la muerte de Lázaro, mas ellos creyeron que hablaba literalmente del sueño.*Los que estamos en esta tienda, gemimos agobiados. * También nosotros mismos, que tenemos las primicias del Espíritu, aun nosotros mismos gemimos en nuestro interior, aguardando ansiosamente la adopción como hijos, la redención de nuestro cuerpo.

Porque en esperanza hemos sido salvos, pero la esperanza que se ve no es esperanza, pues, ¿por qué esperar lo que uno ve? Pero si esperamos lo que no vemos, con paciencia lo aguardamos.

Heb. 4:9 Job 3:17,18 Ap. 14:13 Jn. 11:11,13 II Co. 5:4 Ro. 8:23-25

MARZO 3 - El premio del supremo llamamiento de Dios en Cristo Jesús.

Tendrás tesoro en los cielos... ven, sígueme. Yo soy ... tu recompensa muy grande. * Bien, siervo bueno y fiel; en lo poco fuiste fiel, sobre mucho te pondré; entra en el gozo de tu señor. * Y reinarán por los siglos de los siglos. Recibiréis la corona inmarcesible de gloria.

....La corona de la vida...

...La corona de justicia...

...Una corona corruptible.

Padre, quiero que los que me has dado, estén también conmigo donde yo estoy, para que vean mi gloria, la gloria que me has dado. * Y así estaremos con el Señor siempre. * Pues considero que los sufrimientos de este tiempo presente no son dignos de ser comparados con la gloria que nos ha de ser revelada.

Fil. 3:14 Mt. 19:21 Gn. 15:1 Mt. 25:21 Ap. 22:5 I P. 5:4 Stg. 1:12 II Ti. 4:8 I Co. 9:25 Jn.17:24 I Ts. 4:17 Ro. 8:18

MARZO 4 - Inclinó su hombro para cargar.

Hermanos, tomad como ejemplo de paciencia y aflicción a los profetas que hablaron en el nombre del Señor.

Estas cosas les sucedieron como ejemplo, y fueron escritas como enseñanza para nosotros, para quienes ha llegado el fin de los siglos.

¿Aceptaremos el bien de Dios y no aceptaremos el mal? En todo esto Job no pecó con sus labios. * Aarón guardó silencio. * El Señor es; que haga lo que bien le parezca.

Echa sobre el Señor tu carga, y El te sustentará; El nunca permitirá que el justo sea sacudido. * Ciertamente El llevó nuestras enfermedades, y cargó con nuestros dolores;

Venid a mí, todos los que estáis cansados y cargados, y yo os haré descansar. Tomad mi yugo sobre vosotros y aprended de mí, que soy manso y humilde de corazón, y hallaréis descanso para vuestras almas. Porque mi yugo es fácil y mi carga ligera.

Gn. 49:15 Stg. 5:10 I Co. 10:11 Job. 2:10 Lv. 10:3 I S. 3:18 Sal. 55:22 Is. 53:4 Mt. 11:28-30

MARZO 5 - Pelea la buena batalla de la fe.

Nos vimos atribulados por todos lados: por fuera, conflictos; por dentro, temores. No temas, porque los que están con nosotros son más que los que están con ellos. Por lo demás, fortaleceos en el Señor y en el poder de su fuerza. * Tú vienes a mí con espada, lanza y jabalina, pero yo vengo a ti en el nombre del SEÑOR de los ejércitos, el Dios de los escuadrones de Israel, a quien tú has desafiado. Dios es mi fortaleza poderosa, y el que pone al íntegro en su camino. * El adiestra mis manos para la batalla, y mis brazos para tensar el arco de bronce. Nuestra suficiencia es de Dios,

El ángel del Señor acampa alrededor de los que le temen, y los rescata. * He aquí que el monte estaba lleno de caballos y carros de fuego alrededor de Eliseo.

El tiempo me faltaría para contar de Gedeón, Barac, Sansón, Jefté, David, Samuel y los profetas; quienes por la fe conquistaron reinos, hicieron justicia, obtuvieron promesas, cerraron bocas de leones, apagaron la violencia del fuego, escaparon del filo de la espada; siendo débiles, fueron hechos fuertes, se hicieron poderosos en la guerra, pusieron en fuga a ejércitos extranjeros.

I Ti. 6:12 II Co. 7:5 II R. 6:16 Ef. 6:10 I S. 17:45 II S. 22:33,35 II Co. 3:5 Sal.34:7 II R.6:17 He.11:32-34

MARZO 6 - Dios mío, Dios mío, ¿Por qué me has abandonado?

El fue herido por nuestras transgresiones, molido por nuestras iniquidades... cayó sobre El, y por sus heridas hemos sido sanados....el Señor hizo que cayera sobre El la iniquidad de todos nosotros... El fue cortado de la tierra de los vivientes por la transgresión de mi pueblo...Pero quiso el Señor quebrantarle, sometiéndole a padecimiento.

...Jesús nuestro Señor, el cual fue entregado por causa de nuestras transgresiones y resucitado por causa de nuestra justificación. * Porque también Cristo murió por los pecados una sola vez, el justo por los injustos, para llevarnos a Dios, muerto en la carne pero vivificado en el espíritu;

El mismo llevó nuestros pecados en su cuerpo sobre la cruz, a fin de que muramos al pecado y vivamos a la justicia, porque por sus heridas fuisteis sanados. * Al que no conoció pecado, le hizo pecado por nosotros, para que fuéramos hechos justicia de Dios en El. * Cristo nos redimió de la maldición de la ley, habiéndose hecho maldición por nosotros (porque escrito está: Maldito todo el que cuelga de un madero).

Mt. 27:46 Is. 53:5,6,8,10 Ro. 4:24,25 I P. 3:18 I P. 2:24 II Co. 5:21 Gal. 3:13

MARZO 7- En tu mano están mis tiempos.

Todos tus santos están en tu mano.

Vino a Elías la palabra del SEÑOR, diciendo: Sal de aquí y dirígete hacia el oriente, y escóndete junto al arroyo Querit, que está al oriente del Jordán. Y beberás del arroyo, y he ordenado a los cuervos que te sustenten allí. Vino después a él la palabra del SEÑOR, diciendo: Levántate, ve a Sarepta, que pertenece a Sidón, y quédate allí; he aquí, yo he mandado a una viuda de allí que te sustente.

No os preocupéis por vuestra vida, qué comeréis o qué beberéis; ni por vuestro cuerpo, qué vestiréis. ¿No es la vida más que el alimento y el cuerpo más que la ropa? ...vuestro Padre celestial sabe que necesitáis todas estas cosas.

Confía en el Señor con todo tu corazón, y no te apoyes en tu propio entendimiento. Reconócele en todos tus caminos, y El enderezará tus sendas.

Echando toda vuestra ansiedad sobre El, porque El tiene cuidado de vosotros

Sal. 31:15 Dt. 33:3 I R. 17:2-4,8,9 Mt.6:25,32 Pr. 3:5,6 I P. 5:7

MARZO 8 - Y a aquel que es poderoso para hacer todo mucho más abundantemente de lo que pedimos o entendemos.

Dios puede hacer que toda gracia abunde para vosotros, a fin de que teniendo siempre todo lo suficiente en todas las cosas, abundéis para toda buena obra.

El es poderoso para socorrer a los que son tentados.

El también es poderoso para salvar para siempre a los que por medio de El se acercan aDios, puesto que vive perpetuamente para interceder por ellos.

Y a aquel que es poderoso para guardaros sin caída y para presentaros sin mancha en presencia de su gloria con gran alegría.

El es poderoso para guardar mi depósito hasta aquel día.

...el cual transformará el cuerpo de nuestro estado de humillación en conformidad al cuerpo de su gloria, por el ejercicio del poder que tiene aun para sujetar todas las cosas a sí mismo. * ¿Creéis que puedo hacer esto? Ellos le respondieron: Sí, Señor. Hágase en vosotros según vuestra fe.

II Ti. 1:12 Ef. 3:20 II Co. 9:8 He.2:18; 7:25 Jud. 24 II Ti. 1:12 Fil. 3:21 Mt. 9:28,29

MARZO 9 - Cantaban un cántico nuevo.

....Un camino nuevo y vivo que El inauguró para nosotros.

El nos salvó, no por obras de justicia que nosotros hubiéramos hecho, sino conforme a su misericordia, por medio del lavamiento de la regeneración y la renovación por el Espíritu Santo, que El derramó sobre nosotros abundantemente por medio de Jesucristo nuestro Salvador, * Al que nos ama y nos libertó de nuestros pecados con su sangre, e hizo de nosotros un reino y sacerdotes para su Dios y Padre, a El sea la gloria y el dominio por los siglos de los siglos. Amén. * Por gracia habéis sido salvados por medio de la fe, y esto no de vosotros, sino que es don de Dios; no por obras, para que nadie se gloríe.

No a nosotros, SEÑOR, no a nosotros, sino a tu nombre da gloria. * Tú fuiste inmolado, y con tu sangre compraste para Dios a gente de toda tribu, lengua, pueblo y nación. * Después de esto miré, y vi una gran multitud, que nadie podía contar, de todas las naciones, tribus, pueblos y lenguas, de pie delante del trono y delante del Cordero, vestidos con vestiduras blancas y con palmas en las manos. Y clamaban a gran voz, diciendo: La salvación pertenece a nuestro Dios que está sentado en el trono, y al Cordero.

Ap. 14:3 He.10:20 Tit. 3:5,6 Ef. 2:8,9 Sal. 115:1 Ap. 1:5,6; 5:9; 7:9,10

MARZO 10 - El apacienta su rebaño entre los lirios.

Porque donde están dos o tres reunidos en mi nombre, allí estoy yo en medio de ellos. Si alguno me ama, guardará mi palabra; y mi Padre lo amará, y vendremos a él, y haremos con él morada. * Si guardáis mis mandamientos, permaneceréis en mi amor, así como yo he guardado los mandamientos de mi Padre y permanezco en su amor. * Entre mi amado en su huerto y coma sus mejores frutas.

He entrado en mi huerto, hermana mía, esposa mía; he recogido mi mirra con mi bálsamo. He comido mi panal y mi miel. * El fruto del Espíritu es amor, gozo, paz, paciencia, benignidad, bondad, fidelidad, mansedumbre, dominio propio; contra tales cosas no hay ley. * En esto es glorificado mi Padre, en que deis mucho fruto, y así probéis que sois mis discípulos.* Todo sarmiento que en mí no da fruto, lo quita; y todo el que da fruto, lo poda para que dé más fruto.

....llenos del fruto de justicia que es por medio de Jesucristo, para la gloria y alabanza de Dios.

Cant. 2:16 Mt. 18:20 Jn. 14:23; 15:10 Cant.4:16; 5:1 Gal. 5:22,23 Jn. 15:8, 2 Fil. 1:11

MARZO 11 - Jesús lloró.

Fue despreciado y desechado de los hombres, varón de dolores y experimentado en aflicción; * Porque no tenemos un sumo sacerdote que no pueda compadecerse de nuestras flaquezas, sino uno que ha sido tentado en todo como nosotros, pero sin pecado. * Porque convenía que aquel para quien son todas las cosas y por quien son todas las cosas, llevando muchos hijos a la gloria, hiciera perfecto por medio de los padecimientos al autor de la salvación de ellos. * Aunque era Hijo, aprendió obediencia por lo que padeció; * El Señor Dios me ha abierto el oído; y no fui desobediente, ni me volví atrás. Di mis espaldas a los que me herían, y mis mejillas a los que me arrancaban la barba; no escondí mi rostro de injurias y esputos.

Mirad, cómo lo amaba. * Porque ciertamente no tomó la naturaleza de los ángeles, sino que tomó sobre si la descendencia de Abraham. Por tanto, tenía que ser hecho semejante a sus hermanos en todo, a fin de que llegara a ser un misericordioso y fiel sumo sacerdote en las cosas que a Dios atañen, para hacer propiciación por los pecados del pueblo.

Jn. 11:35 Is. 53:3 Heb. 4:15; 2:10; 5:8 Is. 50:6 Jn. 11:36 Heb. 2:16,17

MARZO 12 - Las cosas que son agradables delante de El.

Sin fe es imposible agradar a Dios.

Los que están en la carne no pueden agradar a Dios. Porque el Señor se deleita en su pueblo.

Porque esto halla gracia, si por causa de la conciencia ante Dios, alguno sobrelleva penalidades sufriendo injustamente. Pues ¿qué mérito hay, si cuando pecáis y sois tratados con severidad lo soportáis con paciencia? Pero si cuando hacéis lo bueno sufrís por ello y lo soportáis con paciencia, esto halla gracia con Dios. * El adorno incorruptible de un espíritu tierno y sereno, lo cual es precioso delante de Dios. El que ofrece sacrificio de acción de gracias me honra, y al que ordena bien su camino, le mostraré la salvación de Dios.

Con cántico alabaré el nombre de Dios, y con acción de gracias le exaltaré. * Y esto agradará al Señor más que el sacrificio de un buey, o de un novillo con cuernos y pezuñas. * Por consiguiente, hermanos, os ruego por las misericordias de Dios que presentéis vuestros cuerpos como sacrificio vivo y santo, aceptable a Dios, que es vuestro culto racional.

I Jn. 3:22 Heb. 11:36 Ro. 8:8 Sal. 149:4 I P. 2:19,20; 3:4 Sal. 50:23; 69:30,31 Ro.12:1

MARZO 13 - Dios mío, mi alma está en mí deprimida.

Tú guardarás en completa paz a aquel cuyo pensamiento en ti persevera; porque en ti ha confiado. Confiad en Jehová perpetuamente, porque en Jehová el Señor está la fortaleza de los siglos.*Confiad en el Señor para siempre, porque en Dios el SEÑOR, tenemos una Roca eterna. * Echa sobre el Señor tu carga, y El te sustentará; El nunca permitirá que el justo sea sacudido. * Porque El no ha despreciado ni aborrecido la aflicción del angustiado, ni le ha escondido su rostro; sino que cuando clamó al SEÑOR, lo escuchó.

¿Sufre alguno entre vosotros? Que haga oración. No se turbe vuestro corazón, ni tenga miedo. * No os preocupéis por vuestra vida, qué comeréis o qué beberéis; ni por vuestro cuerpo, qué vestiréis. ¿No es la vida más que el alimento y el cuerpo más que la ropa? Mirad las aves del cielo, que no siembran, ni siegan, ni recogen en graneros, y sin embargo, vuestro Padre celestial las alimenta. ¿No sois vosotros de mucho más valor que ellas?

No seas incrédulo, sino creyente. * He aquí, yo estoy con vosotros todos los días, hasta el fin del mundo.

Sal. 42:6 Is. 26:3,4 Sal. 55:22; 22:24 Stg. 5:13 Jn. 14:27 Mt. 6:25,26 Jn. 20:27 Mt. 28:20

MARZO 14 - Las palabras que yo os he hablado son espíritu y son vida.

El nos hizo nacer por la palabra de verdad. La letra mata, pero el Espíritu da vida.* Cristo amó a la iglesia y se dio a sí mismo por ella para santificarla, habiéndola purificado por el lavamiento del agua con la palabra, a fin de presentársela a sí mismo, una iglesia en toda su gloria, sin que tenga mancha ni arruga ni cosa semejante, sino que fuera santa e inmaculada.

¿Cómo puede el joven guardar puro su camino? Guardando tu palabra. Tu palabra me ha vivificado. *En mi corazón he atesorado tu palabra, para no pecar contra ti. Me deleitaré en tus estatutos, y no olvidaré tu palabra. * Confío en tu palabra.

Mejor es para mí la ley de tu boca que millares de piezas de oro y de plata. Jamás me olvidaré de tus preceptos, porque por ellos me has vivificado. * ¡Cuán dulces son a mi paladar tus palabras!, más que la miel a mi boca.

De tus preceptos recibo entendimiento, por tanto aborrezco todo camino de mentira.

Jn. 6:63 Stg. 1:18 II Co. 3:6 Ef. 5:25-27 Sal. 119:9, 50, 11, 16, 42, 72, 93, 103,14

MARZO 15 - Hizo el Señor los cielos y la tierra, el mar y todo lo que en ellos hay.

Los cielos proclaman la gloria de Dios, y la expansión anuncia la obra de sus manos.

Por la palabra del Señor fueron hechos los cielos, y todo su ejército por el aliento de su boca. Porque El habló, y fue hecho; El mandó, y todo se confirmó.

He aquí, las naciones son como gota en un cubo, y son estimadas como grano de polvo en la balanza; he aquí, El levanta las islas como al polvo fino.

Por la fe entendemos que el universo fue preparado por la palabra de Dios, de modo que lo que se ve no fue hecho de cosas visibles.

Cuando veo tus cielos, obra de tus dedos, la luna y las estrellas que tú has establecido, digo: ¿Qué es el hombre para que de él te acuerdes, y el hijo del hombre para que lo cuides?

Ex. 20:11 Sal. 19:1 Sal. 33:6,9 Is. 40:15 Heb. 11:3 Sal. 8:3,4

MARZO 16 - Cantaré con el espíritu, pero también cantaré con el entendimiento.

Sed llenos del Espíritu, hablando entre vosotros con salmos, himnos y cantos espirituales, cantando y alabando con vuestro corazón al Señor;

Que la palabra de Cristo habite en abundancia en vosotros, con toda sabiduría enseñándoos y amonestándoos unos a otros con salmos, himnos y canciones espirituales, cantando a Dios con acción de gracias en vuestros corazones.

Mi boca proclamará la alabanza del SEÑOR; y toda carne bendecirá su santo nombre eternamente y para siempre.

¡Aleluya! Porque bueno es cantar alabanzas a nuestro Dios, porque agradable y apropiada es la alabanza.

Cantad al Señor con acción de gracias; cantad alabanzas con la lira a nuestro Dios. * Y oí una voz del cielo, como el estruendo de muchas aguas y como el sonido de un gran trueno; y la voz que oí era como el sonido de arpistas tocando sus arpas.

I Co. 14:15 Ef. 5:18,19 Col. 3:16 Sal. 145:21: 147:1,7 Ap. 14:2

MARZO 17 - Tentado en todo como nosotros, pero sin pecado.

Cuando la mujer vio que el árbol era bueno para comer, y que era agradable a los ojos, y que el árbol era deseable para alcanzar sabiduría, tomó de su fruto y comió; y dio también a su marido que estaba con ella, y él comió. * Porque todo lo que hay en el mundo, la pasión de la carne, la pasión de los ojos y la arrogancia de la vida, no proviene del Padre, sino del mundo.* Y acercándose el tentador, le dijo: Si eres Hijo de Dios, di que estas piedras se conviertan en pan. Pero El respondiendo, dijo: Escrito está: "No sólo de pan vivirá el hombre, sino de toda palabra que sale de la boca de Dios." Otra vez el diablo le llevó a un monte muy alto, y le mostró todos los reinos del mundo y la gloria de ellos, y le dijo: Todo esto te daré, si postrándote me adoras. Entonces Jesús le dijo: ¡Vete, Satanás! Porque escrito está: "Al Señor tu Dios adorarás, y sólo a El servirás." * Pues por cuanto El mismo fue tentado en el sufrimiento, es poderoso para socorrer a los que son tentados. * Bienaventurado el hombre que persevera bajo la prueba.

Heb. 4:15 Gen.3:6 I Jn. 2:16 Mt. 4:3,4,8-10 I Jn. 2:16 Heb. 2:18 Stg. 1:12

MARZO 18 - Su nombre estará en sus frentes.

Yo soy el buen pastor, y conozco mis ovejas y las mías me conocen * El sólido fundamento de Dios permanece firme, teniendo este sello: El Señor conoce a los que son suyos, y: Que se aparte de la iniquidad todo aquel que menciona el nombre del Señor.

Bueno es el SEÑOR, una fortaleza en el día de la angustia, y conoce a los que en El se refugian. * No hagáis daño, ni a la tierra ni al mar ni a los árboles, hasta que hayamos puesto un sello en la frente a los siervos de nuestro Dios. * Habiendo creído, fuisteis sellados en El con el Espíritu Santo de la promesa, que nos es dado como garantía de nuestra herencia, con miras a la redención de la posesión adquirida de Dios, para alabanza de su gloria.

Porque ya que en la sabiduría de Dios el mundo no conoció a Dios por medio de su propia sabiduría, agradó a Dios, mediante la necedad de la predicación, salvar a los que creen.

Al vencedor le haré una columna en el templo de mi Dios, y nunca más saldrá de allí; escribiré sobre él el nombre de mi Dios, y el nombre de la ciudad de mi Dios, la nueva Jerusalén, que desciende del cielo de mi Dios, y mi nombre nuevo.

Este es el nombre con el cual será llamada: el SEÑOR, justicia nuestra.

Ap. 22:4 Jn. 10:14 IITi. 2:19 Nah.1:7 Ap. 7:3 Ef. 1:13,14 II Co. 1:21,22 Ap. 3:12 Jer.33:16

MARZO 19 - Fortaléceme conforme a tu palabra.

Acuérdate de la palabra dada a tu siervo, en la cual me has hecho esperar. Oh Señor, estoy oprimido, sé tú mi ayudador * El cielo y la tierra pasarán, mas mis palabras no pasarán. * Vosotros sabéis con todo vuestro corazón y con toda vuestra alma que ninguna de las buenas palabras que el Señor vuestro Dios habló acerca de vosotros ha faltado; todas os han sido cumplidas, ninguna de ellas ha faltado.

No temas, hombre muy estimado. La paz sea contigo; sé fuerte y esfuérzate. Cuando habló conmigo, recobré las fuerzas, y dije: Hable mi señor, porque me has fortalecido. Pero ahora, esfuérzate... y trabajad, porque yo estoy con vosotros–declara el Señor de los ejércitos.

No por el poder ni por la fuerza, sino por mi Espíritu–dice el Señor de los ejércitos * Fortaleceos en el Señor y en el poder de su fuerza.

Sal. 119:28, 49 Is. 38:14 Lc. 21:33 Jos. 23:14 Dan. 10:19 Hag. 2:4 Zac. 4:6 Ef. 6:10

MARZO 20 - Noé era un hombre justo.

El justo vivirá por la fe. * Y edificó Noé un altar al SEÑOR, y tomó de todo animal limpio y de toda ave limpia, y ofreció holocaustos en el altar. Y el Señor percibió el aroma agradable.

...el Cordero inmolado...desde la fundación del mundo.

Habiendo sido justificados por la fe, tenemos paz para con Dios por medio de nuestro Señor Jesucristo.

 Por las obras de la ley ningún ser humano será justificado delante de El; pues por medio de la ley viene el conocimiento del pecado. Pero ahora, aparte de la ley, la justicia de Dios ha sido manifestada, atestiguada por la ley y los profetas; es decir, la justicia de

Dios por medio de la fe en Jesucristo, para todos los que creen; porque no hay distinción; Nos gloriamos en Dios por medio de nuestro Señor Jesucristo, por quien ahora hemos recibido la reconciliación. * ¿Quién acusará a los escogidos de Dios? Dios es el que justifica.

A los que predestinó, a ésos también llamó; y a los que llamó, a ésos también justificó; y a los que justificó, a ésos también glorificó.

Gn. 6:9 Gal. 3:11 Gn. 8:20,21 Ap. 13:8 Ro. 5:1; 3:20-22; 5:11; 8:33,30

MARZO 21 - ¿Ha cesado para siempre su misericordia?

Para siempre es su misericordia, *"El Señor es lento para la ira y abundante en misericordia.

¿Qué Dios hay como tú, que perdona la iniquidad y pasa por alto la rebeldía del remanente de su heredad? No persistirá en su ira para siempre, porque se complace en la misericordia. * Volverá a compadecerse de nosotros, hollará nuestras iniquidades. Sí, arrojarás a las profundidades del mar todos sus pecados.

El nos salvó, no por obras de justicia que nosotros hubiéramos hecho, sino conforme a su misericordia, por medio del lavamiento de la regeneración y la renovación por el Espíritu Santo, * Bendito sea el Dios y Padre de nuestro Señor Jesucristo, Padre de misericordias y Dios de toda consolación, el cual nos consuela en toda tribulación nuestra, para que nosotros podamos consolar a los que están en cualquier aflicción con el consuelo con que nosotros mismos somos consolados por Dios.

Por tanto, tenía que ser hecho semejante a sus hermanos en todo, a fin de que llegara a ser un misericordioso y fiel sumo sacerdote en las cosas que a Dios atañen, para hacer propiciación por los pecados del pueblo. * Pues por cuanto El mismo fue tentado en el sufrimiento, es poderoso para socorrer a los que son tentados.

Sal. 77:8; 136:23 Num. 14:18 Mi.7:18,19 Tit. 3:5 II Co. 1:3,4 Heb. 2:17,18

MARZO 22 - El Señor está conmigo y los expulsaré como el Señor ha dicho.

El mismo ha dicho: Nunca te dejaré ni te desampararé, de manera que decimos confiadamente: el Señor es el que me ayuda; no temeré. ¿Qué podrá hacerme el hombre? * Vendré con los hechos poderosos de Dios el Señor; haré mención de tu justicia, de la tuya sola. * La obra de la justicia será paz, y el servicio de la justicia, tranquilidad y confianza para siempre.

Estad, pues, firmes, ceñida vuestra cintura con la verdad, revestidos con la coraza de la justicia. Porque nuestra lucha no es contra sangre y carne, sino contra principados, contra potestades, contra los poderes de este mundo de tinieblas, contra las huestes espirituales de maldad en las regiones celestes. Por tanto, tomad toda la armadura de Dios, para que podáis resistir en el día malo, y habiéndolo hecho todo, estar firmes. * El Señor está contigo... Ve con esta tu fuerza.

Jos. 14:12 He. 13:5,6 Sal.71:16 Is. 32:17 Ef. 6:14, 12, 13 Jue. 6:12,14

MARZO 23 - Y ellos le instaron, diciendo: Quédate con nosotros.

'He aquí, yo estoy a la puerta y llamo; si alguno oye mi voz y abre la puerta, entraré a él, y cenaré con él y él conmigo. * Dime, amado de mi alma: ¿Dónde apacientas tu rebaño? ¿Dónde lo haces descansar al mediodía? ¿Por qué he de ser yo como una que se cubre con velo junto a los rebaños de tus compañeros?

Hallé al que ama mi alma; lo agarré y no quise soltarlo. Entre mi amado en su huerto y coma sus mejores frutas. He entrado en mi huerto.

No dije a la descendencia de Jacob: En vano me buscáis.

He aquí, yo estoy con vosotros todos los días, hasta el fin del mundo. Nunca te dejaré ni te desampararé.

Porque donde están dos o tres reunidos en mi nombre, allí estoy yo en medio de ellos. El mundo no me verá más, pero vosotros me veréis.

Lu. 24:29 Ap. 3:20 Cant. 1:7; 3:4; 4:16; 5:1 Is. 45:19 Mt. 28:20 Heb. 13:5 Mt. 18:20 Jn.14:19

MARZO 24 - Os ha llamado a su reino y a su gloria.

Mi reino no es de este mundo. Si mi reino fuera de este mundo, entonces mis servidores pelearían ... mas ahora mi reino no es de aquí.

...esperando de ahí en adelante hasta que sus enemigos sean puestos por estrado de sus pies. * El reino del mundo ha venido a ser el reino de nuestro Señor y de su Cristo; y El reinará por los siglos de los siglos. * Y los has hecho un reino y sacerdotes para nuestro Dios; y reinarán sobre la tierra. También vi tronos, y se sentaron sobre ellos, y se les concedió autoridad para juzgar...y volvieron a la vida y reinaron con Cristo por mil años.

Los justos resplandecerán como el sol en el reino de su Padre. El que tiene oídos, que oiga.

No temas, rebaño pequeño, porque vuestro Padre ha decidido daros el reino.

Así como mi Padre me ha otorgado un reino, yo os otorgo que comáis y bebáis a mi mesa en mi reino; y os sentaréis en tronos juzgando a las doce tribus de Israel. Venga tu reino.

I Ts. 2:12 Jn. 18:36 He. 10:13 Ap. 11:15; 5:10; 20:4 Mt. 13:43 Lc. 12:32; 22:29,30 Mt.6:10

MARZO 25 - Maestro, hemos estado trabajando toda la noche y no hemos pescado nada, pero porque tú lo pides, echaré las redes.

Toda autoridad me ha sido dada en el cielo y en la tierra. Id, pues, y haced discípulos de todas las naciones, bautizándolos en el nombre del Padre y del Hijo y del Espíritu Santo, enseñándoles a guardar todo lo que os he mandado; y he aquí, yo estoy con vosotros todos los días, hasta el fin del mundo.

El reino de los cielos también es semejante a una red que se echó en el mar.

Porque si predico el evangelio, no tengo nada de qué gloriarme, pues estoy bajo el deber de hacerlo; pues ¡ay de mí si no predico el evangelio!

A los débiles me hice débil, para ganar a los débiles; a todos me he hecho todo, para que por todos los medios salve a algunos.

Y no nos cansemos de hacer el bien, pues a su tiempo, si no nos cansamos, segaremos. Así será mi palabra que sale de mi boca, no volverá a mí vacía sin haber realizado lo que deseo, y logrado el propósito para el cual la envié.

Así que ni el que planta ni el que riega es algo, sino Dios que da el crecimiento. Lc. 5:5 Mt. 28:18-20; 13:47 I Co. 9:16,22 Gal. 6:9 Is. 55:11 I Co. 3:7

MARZO 26 - Contribuyendo para las necesidades de los santos.

Dijo David: ¿Hay todavía alguno que haya quedado de la casa de Saúl, para que yo le muestre bondad por amor a Jonatán?

Venid, benditos de mi Padre, heredad el reino preparado para vosotros desde la fundación del mundo. Porque tuve hambre, y me disteis de comer; tuve sed, y me disteis de beber; fui forastero, y me recibisteis; estaba desnudo, y me vestisteis; enfermo, y me visitasteis; en la cárcel, y vinisteis a mí. Respondiendo el Rey, les dirá: "En verdad os digo que en cuanto lo hicisteis a uno de estos hermanos míos, aun a los más pequeños, a mí lo hicisteis.

Y cualquiera que como discípulo dé de beber aunque sólo sea un vaso de agua fría a uno de estos pequeños, en verdad os digo que no perderá su recompensa * Y no os olvidéis de hacer el bien y de la ayuda mutua, porque de tales sacrificios se agrada Dios.

Dios no es injusto como para olvidarse de vuestra obra y del amor que habéis mostrado hacia su nombre, habiendo servido, y sirviendo aún, a los santos.

Ro.12:13 II S. 9:1 Mt. 25:34-36,40; 10:42 He. 13:16; 6:10

MARZO 27 - Fiel es Dios.

Dios no es hombre, para que mienta, ni hijo de hombre, para que se arrepienta. ¿Lo ha dicho El, y no lo hará?, ¿ha hablado, y no lo cumplirá? * El Señor ha jurado y no cambiará. * Dios, deseando mostrar más plenamente a los herederos de la promesa la inmutabilidad de su propósito, interpuso un juramento, a fin de que por dos cosas inmutables, en las cuales es imposible que Dios mienta, seamos grandemente animados los que hemos huido para refugiarnos, echando mano de la esperanza puesta delante de nosotros, * Por consiguiente, los que sufren conforme a la voluntad de Dios, encomienden sus almas al fiel Creador, haciendo el bien. * Yo sé en quién he creído, y estoy convencido de que es poderoso para guardar mi depósito hasta aquel día. * Fiel es el que os llama, el cual también lo hará. * Pues tantas como sean las promesas de Dios, en El todas son sí; por eso también por medio de El, Amén, para la gloria de Dios por medio de nosotros.

I Co. 10:13 Num. 23:19 He. 7:21; 6:17,18 I P. 4:19 II Ti. 1:12 I Ts. 5:24 II Co. 1:20

MARZO 28 - Nuestro amigo duerme.

No queremos, hermanos, que ignoréis acerca de los que duermen, para que no os entristezcáis como lo hacen los demás que no tienen esperanza. * Porque si creemos que Jesús murió y resucitó, así también Dios traerá con El a los que durmieron en Jesús.

Si los muertos no resucitan, entonces ni siquiera Cristo ha resucitado; y si Cristo no ha resucitado, vuestra fe es falsa; todavía estáis en vuestros pecados. Entonces también los que han dormido en Cristo han perecido. Mas ahora Cristo ha resucitado de entre los muertos, primicias de los que durmieron.

Y sucedió que cuando todo el pueblo acabó de pasar el Jordán, el Señor habló a Josué, diciendo: "Tomad doce piedras de aquí, de en medio del Jordán, del lugar donde los pies de los sacerdotes están firmes, y llevadlas con vosotros y colocadlas en el alojamiento donde habéis de pasar la noche." Así que estas piedras servirán como recuerdo a los hijos de Israel para siempre.

A este Jesús resucitó Dios, de lo cual todos nosotros somos testigos.

.....sino a los testigos que fueron escogidos de antemano por Dios, es decir, a nosotros que comimos y bebimos con El después que resucitó de los muertos.

Jn. 11:11 I Th.4:13,14 I Co. 15:16-18,20 Jos. 4:1,3,7 Hch. 2:32; 10:41

MARZO 29 - Las riquezas no son eternas, ni perdurará la corona por todas las generaciones.

Sí, como una sombra anda el hombre; ciertamente en vano se afana; acumula riquezas, y no sabe quién las recogerá.

Poned la mira en las cosas de arriba, no en las de la tierra.

No os acumuléis tesoros en la tierra, donde la polilla y la herrumbre destruyen, y donde ladrones penetran y roban; sino acumulaos tesoros en el cielo, donde ni la polilla ni la herrumbre destruyen, y donde ladrones no penetran ni roban; porque donde esté tu tesoro, allí estará también tu corazón.

Ellos lo hacen para recibir una corona corruptible, pero nosotros, una incorruptible.

No ponemos nuestra vista en las cosas que se ven, sino en las que no se ven; porque las cosas que se ven son temporales, pero las que no se ven son eternas. * El que siembra justicia recibe verdadera recompensa. * Me está reservada la corona de justicia que el Señor, el Juez justo, me entregará en aquel día; y no sólo a mí, sino también a todos los que aman su venida.

La corona inmarcesible de gloria.

Pr. 27:24 Sal. 39:6 Col.3:2 Mt. 6:19-21 I Co. 9:25 II Co. 4:18 Pr. 11:18 II Ti. 4:8 I P. 5:4

MARZO 30 - ¿Hasta cuándo, oh Señor? ¿Me olvidarás para siempre? ¿Hasta cuándo esconderás de mí tu rostro?

Toda buena dádiva y todo don perfecto viene de lo alto, desciende del Padre de las luces, con el cual no hay cambio ni sombra de variación.

Pero Sion dijo: El Señor me ha abandonado, el Señor se ha olvidado de mí.

¿Puede una mujer olvidar a su niño de pecho, sin compadecerse del hijo de sus entrañas? Aunque ellas se olvidaran, yo no te olvidaré. * No me olvidaré de ti. * He disipado como una densa nube tus transgresiones, y como espesa niebla tus pecados. Jesús amaba a Marta, a su hermana y a Lázaro. Cuando oyó, pues, que Lázaro estaba enfermo, entonces se quedó dos días más en el lugar donde estaba. * Y he aquí, una mujer, comenzó a gritar, diciendo: Señor, Hijo de David, ten misericordia de mí; Pero El no le respondió palabra. * La prueba de vuestra fe, más preciosa que el oro que perece.

Sal. 13:1 Stg. 1:17 Is. 49:14,15; 44:21,22 Jn. 11;5,6 Mt. 15:22,23 I P. 1:7

MARZO 31 - ¿O qué comunión la luz con las tinieblas?

Los hombres amaron más las tinieblas que la luz, pues sus acciones eran malas. * Todos vosotros sois hijos de luz e hijos del día. No somos de la noche ni de las tinieblas. Las tinieblas han cegado sus ojos.

Lámpara es a mis pies tu palabra, y luz para mi camino. * Los lugares tenebrosos de la tierra están llenos de moradas de violencia. * Amados, amémonos unos a otros, porque el amor es de Dios, y todo el que ama es nacido de Dios y conoce a Dios. * El que no ama no conoce a Dios, porque Dios es amor. * El camino de los impíos es como las tinieblas, no saben en qué tropiezan. Mas la senda de los justos es como la luz de la aurora, que va aumentando en resplandor hasta que es pleno día.

Yo, la luz, he venido al mundo, para que todo el que cree en mí no permanezca en tinieblas. * Antes erais tinieblas, pero ahora sois luz en el Señor; andad como hijos de luz

II Co. 6:14 Jn. 3:19 I Ts. 5:5 I Jn. 2:11 Sal. 119:105 Sal. 74:20 I Jn. 4:7,8 Pr. 4:19,18 Jn.12:46 Ef. 5:8

Mes de Abril

ABRIL 1 - Jehovah-shalom (El Señor es Paz)

He aquí, te nacerá un hijo, que será hombre de paz; yo le daré paz de todos sus enemigos en derredor, pues Salomón será su nombre y en sus días daré paz y reposo a Israel. Mirad, algo más grande que Salomón está aquí.

Un niño nos ha nacido, un hijo nos ha sido dado, y la soberanía reposará sobre sus hombros; y se llamará su nombre Admirable Consejero, Dios Poderoso, Padre Eterno, Príncipe de Paz.

Entonces habitará mi pueblo en albergue de paz, en mansiones seguras y en moradas de reposo; aunque caiga granizo cuando el bosque caiga, y la ciudad sea derribada por completo.

Porque El mismo es nuestra paz. * El será nuestra paz cuando el asirio invada nuestra tierra. * Estos pelearán contra el Cordero, y el Cordero los vencerá, porque El es Señor de señores y Rey de reyes. * La paz os dejo, mi paz os doy.

Jue. 6:24 I Cr. 22:9 Mt. 12:42 Is. 9:6; 32:18,19 Ef. 2:14 Miq. 5:5 Ap. 17:14 Jn. 14:27

ABRIL 2 - Cuando el Hijo del Hombre venga, ¿hallará fe en la tierra?

A lo suyo vino, y los suyos no le recibieron. * El Espíritu dice claramente que en los últimos tiempos algunos apostatarán de la fe. Predica la palabra; insiste a tiempo y fuera de tiempo; redarguye, reprende, exhorta con mucha paciencia e instrucción. Porque vendrá tiempo cuando no soportarán la sana doctrina, sino que teniendo comezón de oídos, acumularán para sí maestros conforme a sus propios deseos; y apartarán sus oídos de la verdad, y se volverán a mitos. * Pero de aquel día o de aquella hora nadie sabe, ni siquiera los ángeles en el cielo, ni el Hijo, sino sólo el Padre.

Estad alerta, velad; porque no sabéis cuándo es el tiempo señalado. Dichosos aquellos siervos a quienes el señor, al venir, halle velando.

...aguardando la esperanza bienaventurada y la manifestación de la gloria de nuestro gran * Dios y Salvador Cristo Jesús.

Lc. 18:8 Jn. 1:11 I Ti. 4:1 II Ti. 4:2-4 Mr. 13:32,33 Lc. 12:37 Tit. 2:13

ABRIL 3 - Fuisteis como tizón arrebatado de la hoguera.

Aterrados están los pecadores en Sión, el temblor se ha apoderado de los impíos. ¿Quién de nosotros habitará con el fuego consumidor? ¿Quién de nosotros habitará con las llamas eternas?

De hecho, dentro de nosotros mismos ya teníamos la sentencia de muerte, a fin de que no confiáramos en nosotros mismos, sino en Dios que resucita a los muertos, el cual nos libró de tan gran peligro de muerte y nos librará, y en quien hemos puesto nuestra esperanza de que El aún nos ha de librar, * La paga del pecado es muerte, pero la dádiva de Dios es vida eterna en Cristo Jesús Señor nuestro.

¡Horrenda cosa es caer en las manos del Dios vivo!* Por tanto, conociendo el temor del Señor, persuadimos a los hombres.* Predica la palabra; insiste a tiempo y fuera de tiempo; redarguye, reprende, exhorta con mucha paciencia e instrucción. * A otros, salvad, arrebatándolos del fuego.

No por el poder ni por la fuerza, sino por mi Espíritu, dice el Señor de los ejércitos.

...el cual quiere que todos los hombres sean salvos y vengan al pleno conocimiento de la verdad.

Am. 4:11 Is. 33:14 II Co.1:9,10 Ro. 6:23 He. 10:31 II Co. 5:11 II Ti. 4:2 Judas 23 Zac.4:6 I Ti. 2:4

ABRIL 4 - Condúceme a la roca que es más alta que yo.

Por nada estéis afanosos; antes bien, en todo, mediante oración y súplica con acción de gracias, sean dadas a conocer vuestras peticiones delante de Dios. * Y la paz de Dios, que sobrepasa todo entendimiento, guardará vuestros corazones y vuestras mentes en Cristo Jesús.

Cuando mi espíritu desmayaba dentro de mí, tú conociste mi senda.

El sabe el camino que tomo; cuando me haya probado, saldré como el oro. SEÑOR, tú has sido un refugio para nosotros de generación en generación.

Porque tú has sido baluarte para el desvalido, baluarte para el necesitado en su angustia, refugio contra la tormenta, sombra contra el calor. * Pues, ¿quién es Dios, fuera del SEÑOR? ¿Y quién es roca, sino sólo nuestro Dios, Yo les doy vida eterna y jamás perecerán, y nadie las arrebatará de mi mano. Sostenme conforme a tu promesa, para que viva, y no dejes que me avergüence de mi esperanza.

...la cual tenemos como ancla del alma, una esperanza segura y firme, y que penetra hasta detrás del velo.

Sal. 61:2 Fil. 4:6,7 Sal. 142:3 Job. 23:10 Sal. 90:1 Is. 25:4 Sal. 18:31 Jn. 10:28 Sal.119:116 He. 6:19

ABRIL 5 - Jesús, el autor y consumador de la fe.

Yo soy el Alfa y la Omega–dice el Señor Dios–el que es y que era y que ha de venir, el Todopoderoso.

¿Quién lo ha hecho y lo ha realizado, llamando a las generaciones desde el principio? Yo, el SEÑOR, soy el primero, y con los postreros soy. * Amados en Dios Padre y guardados para Jesucristo. * Y que el mismo Dios de paz os santifique por completo; y que todo vuestro ser, espíritu, alma y cuerpo, sea preservado irreprensible para la venida de nuestro Señor Jesucristo. Fiel es el que os llama, el cual también lo hará.

El que comenzó en vosotros la buena obra, la perfeccionará hasta el día de Cristo Jesús. * ¿Tan insensatos sois? Habiendo comenzado por el Espíritu, ¿vais a terminar ahora por la carne?

El Señor cumplirá su propósito en mí. * Dios es quien obra en vosotros tanto el querer como el hacer, para su beneplácito.

Heb. 12:2 Ap. 1:8 Is. 41:4 Jud. 1 I Ts. 5:23,24 Fil. 1:6 Gal. 3:3 Sal. 138:8 Fil. 2:13

ABRIL 6 - En ti pondrán su confianza los que conocen tu nombre.

Este es su nombre por el cual será llamado: "El SEÑOR, justicia nuestra."

Vendré con los hechos poderosos de Dios el Señor; haré mención de tu justicia, de la tuya sola. Se llamará su nombre Admirable, Consejero, Yo sé, oh SEÑOR, que no depende del hombre su camino, ni de quien anda el dirigir sus pasos. Dios Poderoso, Padre Eterno. Yo sé en quién he creído, y estoy convencido de que es poderoso para guardar mi depósito hasta aquel día. Príncipe de Paz.

El mismo es nuestra paz. * Por tanto, habiendo sido justificados por la fe, tenemos paz para con Dios por medio de nuestro Señor Jesucristo. * El nombre del Señor es torre fuerte, a ella corre el justo y está a salvo. *¡Ay de los que descienden a Egipto por ayuda! * Como aves que vuelan, así protegerá el Señor de los ejércitos a Jerusalén; la protegerá y la librará, la perdonará y la rescatará.

Sal. 9:10 Jer. 23:6 Sal. 71:16 Is. 9:6 Jer. 10:23 Is. 9:6 II Ti 1:12 Is. 9:6 Ef. 2:14 Ro. 5:1 Pr. 18:10 Is. 31:1, 5

ABRIL 7 - El Señor lo sostendrá en su lecho de enfermo; en su enfermedad, restaurarás su salud.

En todas sus angustias El fue afligido, y el ángel de su presencia los salvó; en su amor y en su compasión los redimió, los levantó y los sostuvo todos los días de antaño. * Señor, mira, el que tú amas está enfermo.

Te basta mi gracia, pues mi poder se perfecciona en la debilidad. Por tanto, muy gustosamente me gloriaré más bien en mis debilidades, para que el poder de Cristo more en mí.

Todo lo puedo en Cristo que me fortalece. * Por tanto no desfallecemos, antes bien, aunque nuestro hombre exterior va decayendo, sin embargo nuestro hombre interior se renueva de día en día. * En El vivimos, nos movemos y existimos.

El da fuerzas al fatigado, y al que no tiene fuerzas, aumenta el vigor. Aun los mancebos se fatigan y se cansan, y los jóvenes tropiezan y vacilan, pero los que esperan en el Señor renovarán sus fuerzas; se remontarán con alas como las águilas, correrán y no se cansarán, caminarán y no se fatigarán.

El eterno Dios es tu refugio, y debajo están los brazos eternos.

Psalm 41:3 Is. 63:9 Jn. 11:3 II Co. 12:9 Fil. 4:13 II Co. 4:16 Hch. 17:28 Is. 40:29-31 Dt.33:27

ABRIL 8 - Ellos verán su rostro.

Te ruego que me muestres tu gloria. Y añadió: No puedes ver mi rostro; porque nadie puede verme, y vivir.

Nadie ha visto jamás a Dios; el unigénito Dios, que está en el seno del Padre, El le ha dado a conocer. * He aquí, viene con las nubes y todo ojo le verá, aun los que le traspasaron; y todas las tribus de la tierra harán lamentación por El. * Lo veré, pero no ahora; lo contemplaré, pero no cerca. *Yo sé que mi Redentor vive, y al final se levantará sobre el polvo. Y después de deshecha mi piel, aun en mi carne veré a Dios.

En cuanto a mí, en justicia contemplaré tu rostro; al despertar, me saciaré cuando contemple tu imagen. * Sabemos que cuando El se manifieste, seremos semejantes a El porque le veremos como El es. * Pues el Señor mismo descenderá del cielo con voz de mando, con voz de arcángel y con la trompeta de Dios, y los muertos en Cristo se levantarán primero. Entonces nosotros, los que estemos vivos y que permanezcamos, seremos arrebatados juntamente con ellos en las nubes al encuentro del Señor en el aire, y así estaremos con el Señor siempre.

Ap. 22:4 Ex. 33:18,20 Jn. 1:18 Ap. 1:7 Num.24:17 Job 19:25,26 Sal. 17:15 I Jn. 3:2 I Ts.4:16,17

ABRIL 9 - Las misericordias del Señor recordaré, las alabanzas del Señor, conforme a todo lo que nos ha otorgado el Señor.

Me sacó del hoyo de la destrucción, del lodo cenagoso; asentó mis pies sobre una roca y afirmó mis pasos. * El Hijo de Dios, el cual me amó y se entregó a sí mismo por mí. * El que no eximió ni a su propio Hijo, sino que lo entregó por todos nosotros, ¿cómo no nos concederá también con El todas las cosas? * Dios demuestra su amor para con nosotros, en que siendo aún pecadores, Cristo murió por nosotros.

...quien también nos selló y nos dio el Espíritu en nuestro corazón como garantía.

...que nos es dado como garantía de nuestra herencia, con miras a la redención de la posesión adquirida de Dios, para alabanza de su gloria.

Dios, que es rico en misericordia, por causa del gran amor con que nos amó, aun cuando estábamos muertos en nuestros delitos, nos dio vida juntamente con Cristo (por gracia habéis sido salvados), y con El nos resucitó, y con El nos sentó en los lugares celestiales en Cristo Jesús,

Is. 63:7 Sal. 40:2 Gal. 2:20 Ro. 8:32; 5:8 II Co. 1:22 Ef. 1:14; 2:4-6

ABRIL 10 - Todos los que quieren vivir piadosamente en Cristo Jesús, serán perseguidos.

Porque vine a poner al hombre contra su padre, a la hija contra su madre, y a la nuera contra su suegra; y los enemigos del hombre serán los de su misma casa. * El que quiere ser amigo del mundo, se constituye enemigo de Dios.

No améis al mundo ni las cosas que están en el mundo. Si alguno ama al mundo, el amor del Padre no está en él. Porque todo lo que hay en el mundo, la pasión de la carne, la pasión de los ojos y la arrogancia de la vida, no proviene del Padre, sino del mundo.

Si el mundo os odia, sabéis que me ha odiado a mí antes que a vosotros. Si fuerais del mundo, el mundo amaría lo suyo; pero como no sois del mundo, sino que yo os escogí de entre el mundo, por eso el mundo os odia. Acordaos de la palabra que yo os dije: "Un siervo no es mayor que su señor." Si me persiguieron a mí, también os perseguirán a vosotros; si guardaron mi palabra, también guardarán la vuestra. * Yo les he dado tu palabra y el mundo los ha odiado, porque no son del mundo, como tampoco yo soy del mundo.

II Ti. 3:12 Mt. 10:35,36 Stg. 4:4 I Jn. 2:15,16 Jn. 15:18-20; 17:14

ABRIL 11 - Señor, enséñame tu camino.

Yo te haré saber y te enseñaré el camino en que debes andar; te aconsejaré con mis ojos puestos en ti. * Bueno y recto es el SEÑOR; por tanto, El muestra a los pecadores el camino. Dirige a los humildes en la justicia, y enseña a los humildes su camino.

Yo soy la puerta; si alguno entra por mí, será salvo; y entrará y saldrá y hallará pasto. Jesús le dijo: Yo soy el camino, y la verdad, y la vida; nadie viene al Padre sino por mí. Entonces, hermanos, puesto que tenemos confianza para entrar al Lugar Santísimo por la sangre de Jesús, por un camino nuevo y vivo que El inauguró para nosotros por medio del velo, es decir, su carne, y puesto que tenemos un gran sacerdote sobre la casa de Dios, acerquémonos con corazón sincero, en plena certidumbre de fe, teniendo nuestro corazón purificado de mala conciencia y nuestro cuerpo lavado con agua pura.

Conozcamos, pues, esforcémonos por conocer al SEÑOR. * Todas las sendas del Señor son misericordia y verdad para aquellos que guardan su pacto y sus testimonios.

Sal. 27:11; 32:8; 25:8,9 Jn. 10:9; 14:6 Heb. 10:19-22 Os. 6:3 Sal. 25:10

ABRIL 12 - Por cuanto todos pecaron y no alcanzan la gloria de Dios.

No hay justo, ni aun uno; todos se han desviado, a una se hicieron inútiles; no hay quien haga lo bueno, no hay ni siquiera uno. * Ciertamente no hay hombre justo en la tierra que haga el bien y nunca peque. * ¿O cómo puede ser limpio el que nace de mujer? * Por tanto, temamos, no sea que permaneciendo aún la promesa de entrar en su reposo, alguno de vosotros parezca no haberlo alcanzado. * Porque yo reconozco mis transgresiones, y mi pecado está siempre delante de mí. He aquí, yo nací en iniquidad, y en pecado me concibió mi madre. * El Señor ha quitado tu pecado; no morirás. * A los que llamó, a ésos también justificó; y a los que justificó, a ésos también glorificó. Nosotros todos, con el rostro descubierto, contemplando como en un espejo la gloria del Señor, estamos siendo transformados en la misma imagen de gloria en gloria, como por el Señor, el Espíritu.

...si en verdad permanecéis en la fe bien cimentados y constantes, sin moveros de la esperanza del evangelio que habéis oído, que fue proclamado a toda la creación debajo del cielo, y del cual yo, Pablo, fui hecho ministro.

...para que anduvierais como es digno del Dios que os ha llamado a su reino y a su gloria.

Ro. 3:23; 10,12 Ec. 7:20 Job 25:4 Heb. 4:1 Sal. 51:3,5 II S. 12:13 Ro. 8:30 II Co. 3:18 Col. 1:23 I Ts. 2:12

ABRIL 13 - Allí no habrá noche.

Tendrás al Señor por luz eterna, y a tu Dios por tu gloria. * La ciudad no tiene necesidad de sol ni de luna que la iluminen, porque la gloria de Dios la ilumina, y el Cordero es su lumbrera. * Y ya no habrá más noche, y no tendrán necesidad de luz de lámpara ni de luz del sol, porque el Señor Dios los iluminará, y reinarán por los siglos de los siglos. * Pero vosotros sois linaje escogido, real sacerdocio, nación santa, pueblo adquirido para posesión de Dios, a fin de que anunciéis las virtudes de aquel que os llamó de las tinieblas a su luz admirable.

...dando gracias al Padre que nos ha capacitado para compartir la herencia de los santos en luz. * El nos libró del dominio de las tinieblas y nos trasladó al reino de su Hijo amado, porque antes erais tinieblas, pero ahora sois luz en el Señor; andad como hijos de luz * Todos vosotros sois hijos de luz e hijos del día. No somos de la noche ni de las tinieblas. Mas la senda de los justos es como la luz de la aurora, que va aumentando en resplandor hasta que es pleno día.

Ap. 21:25 Is. 60:19 Ap. 21:24; 22:5 I P. 2:9 Col.1:12,13 Ef. 5:8 I Ts. 5:5 Pr. 4:18

ABRIL 14 - Restitúyeme el gozo de tu salvación.

He visto sus caminos, pero lo sanaré; lo guiaré y le daré consuelo a él y a los que con él lloran. * Venid ahora, y razonemos –dice el SEÑOR- aunque vuestros pecados sean como la grana, como la nieve serán emblanquecidos; aunque sean rojos como el carmesí, como blanca lana quedarán.

Yo, yo soy el que borro tus transgresiones por amor a mí mismo, y no recordaré tus pecados.

Volved, hijos infieles, yo sanaré vuestra infidelidad. Aquí estamos, venimos a ti, porque tú, el SEÑOR, eres nuestro Dios. * Escucharé lo que dirá Dios el SEÑOR, porque hablará paz a su pueblo, a sus santos; pero que no vuelvan ellos a la insensatez.

Bendice, alma mía, al SEÑOR, y no olvides ninguno de sus beneficios. El es el que perdona todas tus iniquidades, el que sana todas tus enfermedades. * El restaura mi alma; * A ti doy gracias, oh SEÑOR, porque aunque estabas airado conmigo, se ha apartado tu ira, y me has consolado. * Sostenme, para estar seguro. * Yo, yo soy el que borro tus transgresiones por amor a mí mismo, y no recordaré tus pecados.

Sal. 51:12 Is. 57:18; 1:18 Jer. 3:22 Sal.85:8; 103:2,3; 23:3 Is. 12:1 Sal. 119:117 Is. 43:25

ABRIL 15 - ¿Buscas para ti grandes cosas? No las busques.

Tomad mi yugo sobre vosotros y aprended de mí, que soy manso y humilde de corazón, y hallareis descanso para vuestras almas.

Haya, pues, en vosotros esta actitud que hubo también en Cristo Jesús, el cual, aunque existía en forma de Dios, no consideró el ser igual a Dios como algo a qué aferrarse, sino que se despojó a sí mismo tomando forma de siervo, haciéndose semejante a los hombres. Y hallándose en forma de hombre, se humilló a sí mismo, haciéndose obediente hasta la muerte, y muerte de cruz.

El que no toma su cruz y sigue en pos de mí, no es digno de mí. * Para este propósito habéis sido llamados, pues también Cristo sufrió por vosotros, dejándoos ejemplo para que sigáis sus pisadas. * Pero la piedad, en efecto, es un medio de gran ganancia cuando va acompañada de contentamiento. Porque nada hemos traído al mundo, así que nada podemos sacar de él. Y si tenemos qué comer y con qué cubrirnos, con eso estaremos contentos. * He aprendido a contentarme cualquiera que sea mi situación.

Jer. 45:5 Mt. 11:29 Fil.2:5-8 Mt. 10:38 I P 2:21 I Ti. 6:6-8 Fil. 4:11

ABRIL 16 - Me invocará, y le responderé; yo estaré con él en la angustia; lo rescataré.

Jabes invocó al Dios de Israel, diciendo: ¡Oh, si en verdad me bendijeras, ensancharas mi territorio, y tu mano estuviera conmigo y me guardaras del mal para que no me causara dolor! Y Dios le concedió lo que pidió.

Pide lo que quieras que yo te dé. Entonces Salomón dijo a Dios: Tú has mostrado gran misericordia con mi padre David, y me has hecho rey en su lugar. Dame ahora sabiduría y conocimiento, para que pueda salir y entrar delante de este pueblo; porque, ¿quién podrá juzgar a este pueblo tuyo tan grande? * Dios dio a Salomón sabiduría, gran discernimiento y amplitud de corazón como la arena que está a la orilla del mar.

Asa invocó al Señor su Dios, y dijo: SEÑOR, no hay nadie más que tú para ayudar en la batalla entre el poderoso y los que no tienen fuerza; ayúdanos, oh Señor Dios nuestro, porque en ti nos apoyamos y en tu nombre hemos venido contra esta multitud. Oh SEÑOR, tú eres nuestro Dios; que no prevalezca hombre alguno contra ti. Y el Señor derrotó a los etíopes delante de Asa y delante de Judá, y los etíopes huyeron.

¡Oh tú, que escuchas la oración! Hasta ti viene todo hombre.

Sal. 91:15 I Cr. 4:10 II Cr. 1:7,8,10 I R. 4:29 II Cr. 14:11,12 Sal: 65:2

ABRIL 17 - Llévame en pos de ti y corramos juntos.

Con amor eterno te he amado, por eso te he atraído con misericordia. Con cuerdas humanas los conduje, con lazos de amor. * Y yo, si soy levantado de la tierra, atraeré a todos a mí mismo. He ahí el Cordero de Dios.

Y como Moisés levantó la serpiente en el desierto, así es necesario que sea levantado el * Hijo del Hombre, para que todo aquel que cree, tenga en El vida eterna.

¿A quién tengo yo en los cielos, sino a ti? Y fuera de ti, nada deseo en la tierra. Nosotros amamos, porque El nos amó primero. * Mi amado habló, y me dijo: "Levántate, amada mía, hermosa mía, y ven conmigo. Pues mira, ha pasado el invierno, ha cesado la lluvia y se ha ido. Han aparecido las flores en la tierra; ha llegado el tiempo de la poda, y se oye la voz de la tórtola en nuestra tierra. La higuera ha madurado sus higos, y las vides en flor han esparcido su fragancia. Levántate amada mía, hermosa mía, y ven conmigo."

Cant.1:4 Jer. 31:3 Os. 11:4 Jn. 12:32; 1:36; 3:14,15 Sal. 73:25 I Jn. 4:19 Cant. 2:10-13

ABRIL 18 - Consuelo eterno.

Yo recordaré sin embargo mi pacto contigo en los días de tu juventud, y estableceré para ti un pacto eterno. * Porque por una ofrenda El ha hecho perfectos para siempre a los que son santificados. Por lo cual El también es poderoso para salvar para siempre a los que por medio de El se acercan a Dios, puesto que vive perpetuamente para interceder por ellos.

Por lo cual también sufro estas cosas, pero no me avergüenzo; porque yo sé en quién he creído, y estoy convencido de que es poderoso para guardar mi depósito hasta aquel día. Los dones y el llamamiento de Dios son irrevocables. * ¿Quién nos separará del amor de Cristo? ¿Tribulación, o angustia, o persecución, o hambre, o desnudez, o peligro, o espada?* El Cordero en medio del trono los pastoreará y los guiará a manantiales de aguas de vida, y Dios enjugará toda lágrima de sus ojos.

Entonces nosotros, los que estemos vivos y que permanezcamos, seremos arrebatados juntamente con ellos en las nubes al encuentro del Señor en el aire, y así estaremos con el Señor siempre. Por tanto, confortaos unos a otros con estas palabras.* Este no es lugar de descanso.* Porque no tenemos aquí una ciudad permanente, sino que buscamos la que está por venir.

II Ts. 2:16 Ez. 16:60 He. 10:14; 7:25 II Ti. 1:12 Ro. 11:29; 8:35 Ap. 7:17 I Ts. 4:17,18 Mi. 2:10

ABRIL 19 - Había en mi corazón como un fuego ardiente metido en mis huesos; traté de contenerlo, y no pude.

Porque si predico el evangelio, no tengo nada de qué gloriarme, pues estoy bajo el deber de hacerlo; pues ¡ay de mí si no predico el evangelio! ¿Cuál es, entonces, mi recompensa? Que al predicar el evangelio, pueda ofrecerlo gratuitamente sin hacer pleno uso de mi derecho en el evangelio.

Cuando los llamaron, les ordenaron no hablar ni enseñar en el nombre de Jesús. Mas respondiendo Pedro y Juan, les dijeron: Vosotros mismos juzgad si es justo delante de Dios obedecer a vosotros antes que a Dios; porque nosotros no podemos dejar de decir lo que hemos visto y oído.* El amor de Cristo nos constriñe. * Tuve miedo, y fui y escondí tu talento en la tierra... Pero su Señor respondió, y le dijo: Siervo malo y perezoso...Debías entonces haber puesto mi dinero en el banco, y al llegar yo hubiera recibido mi dinero con intereses.

Vete a tu casa, a los tuyos, y cuéntales cuán grandes cosas el Señor ha hecho por ti, y cómo tuvo misericordia de ti.

Jer. 20:9 I Co.9:16,18 Hch. 4:18-20 II Co. 5:14 Mt. 25:25-27 Mr. 5:19

ABRIL 20 - ¿Quién eres, Señor? Yo soy Jesús.

Tened ánimo, soy yo; no temáis.

Cuando pases por las aguas, yo estaré contigo, y si por los ríos, no te anegarán; cuando pases por el fuego, no te quemarás, ni la llama te abrasará. Yo soy el Señor tu Dios,... tu Salvador.

Aunque pase por el valle de sombra de muerte, no temeré mal alguno, porque tú estás conmigo; tu vara y tu cayado me infunden aliento.

Emanuel, Dios con nosotros.

Le pondrás por nombre Jesús, porque El salvará a su pueblo de sus pecados. Y si alguno peca, Abogado tenemos para con el Padre, a Jesucristo el justo.

¿Quién es el que condena? Cristo Jesús es el que murió, sí, más aún, el que resucitó, el que además está a la diestra de Dios, el que también intercede por nosotros. ¿Quién nos separará del amor de Cristo? ¿Tribulación, o angustia, o persecución, o hambre, o desnudez, o peligro, o espada?

Acts. 26:15 Mt. 14:27 Is. 43:2,3 Sal. 23:4 Mt.1:23, Jn. 2:1 Ro. 8:34,35

ABRIL 21 - Enoc anduvo con Dios.

¿Andan dos hombres juntos si no se han puesto de acuerdo?

...habiendo hecho la paz por medio de la sangre de su cruz, por medio de El...Y aunque vosotros antes estabais alejados y erais de ánimo hostil, ocupados en malas obras, sin embargo, ahora El os ha reconciliado en su cuerpo de carne, mediante su muerte, a fin de presentaros santos, sin mancha e irreprensibles delante de El,

Pero ahora en Cristo Jesús, vosotros, que en otro tiempo estabais lejos, habéis sido acercados por la sangre de Cristo.

Porque si cuando éramos enemigos fuimos reconciliados con Dios por la muerte de su Hijo, mucho más, habiendo sido reconciliados, seremos salvos por su vida. Y no sólo esto, sino que también nos gloriamos en Dios por medio de nuestro Señor Jesucristo, por quien ahora hemos recibido la reconciliación. * Nuestra comunión es con el Padre y con su Hijo Jesucristo.

La gracia del Señor Jesucristo, el amor de Dios y la comunión del Espíritu Santo sean con todos vosotros.

Gen. 5:22 Am.3:3 Col. 1:20-22 Ef. 2:13 Ro.5:10,11 I Jn. 1:3 II Co. 13:14

ABRIL 22 - Grande es tu misericordia para conmigo, y has librado mi alma de las profundidades del Seol.

Más bien temed a aquel que puede hacer perecer tanto el alma como el cuerpo en el infierno. * No temas, porque yo te he redimido, te he llamado por tu nombre; mío eres tú. Yo, yo soy el SEÑOR, y fuera de mí no hay salvador.

Yo, yo soy el que borro tus transgresiones por amor a mí mismo, y no recordaré tus pecados.* Los que confían en sus bienes, y de la muchedumbre de sus riquezas se jactan, ninguno de ellos podrá en manera alguna redimir al hermano, ni dar a Dios su rescate (Porque la redención de su vida es de gran precio, y no se logrará jamás),

He hallado su rescate. * Dios, que es rico en misericordia, por causa del gran amor con que nos amó, aun cuando estábamos muertos en nuestros delitos, nos dio vida juntamente con Cristo. * En ningún otro hay salvación, porque no hay otro nombre bajo el cielo dado a los hombres, en el cual podamos ser salvos.

Sal. 86:13 Mt. 10:28 Is. 43:1, 11, 25 Sal. 49:6-8 Job. 33:24 Ef. 2:4,5 Hch. 4:12

ABRIL 23 - Todos nosotros nos descarriamos como ovejas.

Si decimos que no tenemos pecado, nos engañamos a nosotros mismos y la verdad no está en nosotros. * No hay justo, ni aun uno; no hay quien entienda, no hay quien busque a Dios; todos se han desviado, a una se hicieron inútiles; no hay quien haga lo bueno, no hay ni siquiera uno.

Pues vosotros andabais descarriados como ovejas, pero ahora habéis vuelto al Pastor y Guardián de vuestras almas. * Me he descarriado como oveja perdida; busca a tu siervo, porque no me olvido de tus mandamientos.

El restaura mi alma; me guía por senderos de justicia por amor de su nombre.

Mis ovejas oyen mi voz, y yo las conozco y me siguen; y yo les doy vida eterna y jamás perecerán, y nadie las arrebatará de mi mano.

¿Qué hombre de vosotros, si tiene cien ovejas y una de ellas se pierde, no deja las noventa y nueve en el campo y va tras la que está perdida hasta que la halla?

Is. 53:6 I Jn. 1:8 Ro. 3:10-12 I P. 2:25 Sal. 119:176; 23:3 Jn. 10:27,28 Lc. 15:4

ABRIL 24 - A ti miran los ojos de todos.

El da a todos vida y aliento y todas las cosas. * El Señor es bueno para con todos, y su compasión, sobre todas sus obras.

Mirad las aves del cielo, que no siembran, ni siegan, ni recogen en graneros, y sin embargo, vuestro Padre celestial las alimenta. ¿No sois vosotros de mucho más valor que ellas?

El mismo Señor es Señor de todos, abundando en riquezas para todos los que le invocan. Levantaré mis ojos a los montes; ¿de dónde vendrá mi socorro? * He aquí, como los ojos de los siervos miran a la mano de su señor, como los ojos de la sierva a la mano de su señora, así nuestros ojos miran al Señor nuestro Dios.

Porque el Señor es un Dios de justicia; ¡cuán bienaventurados son todos los que en El esperan! * Y en aquel día se dirá: He aquí, éste es nuestro Dios a quien hemos esperado para que nos salvara; éste es el Señor a quien hemos esperado; regocijémonos y alegrémonos en su salvación.

Si esperamos lo que no vemos, con paciencia lo aguardamos.

Sal. 145:15 Hch. 17:25 Sal. 145:9 Mt. 6:26 Ro. 10:12 Sal. 121:1; 123:2 Is. 30:18; 25:9 Ro. 8:25

ABRIL 25 - Nuestro Señor Jesucristo, que siendo rico, sin embargo por amor a vosotros se hizo pobre, para que vosotros por medio de su pobreza llegarais a ser ricos.

Porque agradó al Padre que en El habitara toda la plenitud, * El es el resplandor de su gloria y la expresión exacta de su naturaleza, y sostiene todas las cosas por la palabra de su poder. Después de llevar a cabo la purificación de los pecados, se sentó a la diestra de la Majestad en las alturas, siendo mucho mejor que los ángeles, por cuanto ha heredado un nombre más excelente que ellos.

...el cual, aunque existía en forma de Dios, no consideró el ser igual a Dios como algo a qué aferrarse, sino que se despojó a sí mismo tomando forma de siervo, haciéndose semejante a los hombres.

Las zorras tienen madrigueras y las aves del cielo nidos, pero el Hijo del Hombre no tiene dónde recostar la cabeza. *Todo es vuestro: ya sea Pablo, o Apolos, o Cefas, o el mundo, o la vida, o la muerte, o lo presente, o lo por venir, todo es vuestro, y vosotros de Cristo, y Cristo de Dios.

II Co. 8:9 Col. 1:19 Heb. 1:3,4 Fil. 2:6,7 Mt. 8:20 I Co. 3:21-23

ABRIL 26 - ¿Quién es ésta que se asoma como el alba, hermosa como la luna llena, refulgente como el sol, imponente como escuadrones abanderados?

...la iglesia de Dios, la cual El compró con su propia sangre.

Cristo amó a la iglesia y se dio a sí mismo por ella, para santificarla, habiéndola purificado por el lavamiento del agua con la palabra, a fin de presentársela a sí mismo, una iglesia en toda su gloria, sin que tenga mancha ni arruga ni cosa semejante, sino que fuera santa e inmaculada.

Y una gran señal apareció en el cielo: una mujer vestida del sol.

Las bodas del Cordero han llegado y su esposa se ha preparado. Y a ella le fue concedido vestirse de lino fino, resplandeciente y limpio.

La justicia de Dios por medio de la fe en Jesucristo, para todos los que creen. La gloria que me diste les he dado.

Cant. 6:10 Hch. 20:28 Ef. 5:25-27 Ap. 12:1; 19:7,8 Ro. 3:22 Jn.17:22

ABRIL 27 - Un nombre nuevo.

Se les llamó cristianos por primera vez en Antioquía.

Que se aparte de la iniquidad todo aquel que menciona el nombre del Señor.

Pues los que son de Cristo Jesús han crucificado la carne con sus pasiones y deseos. Pues por precio habéis sido comprados; por tanto, glorificad a Dios en vuestro cuerpo y en vuestro espíritu, los cuales son de Dios.

Pero jamás acontezca que yo me gloríe, sino en la cruz de nuestro Señor Jesucristo, por el cual el mundo ha sido crucificado para mí y yo para el mundo. Porque ni la circuncisión es nada, ni la incircuncisión, sino una nueva creación. Pues por precio habéis sido comprados; por tanto, glorificad a Dios en vuestro cuerpo y en vuestro espíritu, los cuales son de Dios.

Sed, pues, imitadores de Dios como hijos amados; y andad en amor, así como también Cristo os amó y se dio a sí mismo por nosotros, ofrenda y sacrificio a Dios, como fragante aroma. Pero que la inmoralidad, y toda impureza o avaricia, ni siquiera se mencionen entre vosotros, como corresponde a los santos; porque antes erais tinieblas, pero ahora sois luz en el Señor; andad como hijos de luz

Ap. 2:17 Hch.11:26 II Ti. 2:19 Gal. 5:24 I Co. 6:20 Gal. 6:14,15 Ef. 5:1-3,8

ABRIL 28 - Mas yo esperaré continuamente, y aún te alabaré más y más.

No que ya lo haya alcanzado o que ya haya llegado a ser perfecto. * Por tanto, dejando las enseñanzas elementales acerca de Cristo, avancemos hacia la madurez, no echando otra vez el fundamento del arrepentimiento de obras muertas y de la fe hacia Dios. * La senda de los justos es como la luz de la aurora, que va aumentando en resplandor hasta que es pleno día. * Amo al SEÑOR, porque oye mi voz y mis súplicas.

Porque a mí ha inclinado su oído; por tanto le invocaré mientras yo viva. * Bendeciré al Señor en todo tiempo; continuamente estará su alabanza en mi boca. Día y noche no cesaban de decir: Santo, santo, santo, es el Señor Dios, el todopoderoso. * El que ofrece sacrificio de acción de gracias me honra. Tuya es la alabanza en Sión, oh Dios. * Estad siempre gozosos; Orad sin cesar; * Dad gracias en todo, porque esta es la voluntad de Dios para vosotros en Cristo Jesús. Regocijaos en el Señor siempre. Otra vez lo diré: ¡Regocijaos!

Sal. 71:14 Fil. 3:12 Heb. 6:1 Pr. 4:18 Sal. 116:1,2 Sal. 34:1; 65:1 Ap. 4:8 Sal. 50:23 I Ts.5:16-18 Fil. 4:4

ABRIL 29 - Aguardando la esperanza bienaventurada y la manifestación de la gloria de nuestro gran Dios y Salvador Cristo Jesús.

.... la esperanza...la cual tenemos como ancla del alma, una esperanza segura y firme, y que penetra hasta detrás del velo, donde Jesús entró por nosotros como precursor. ...a quien el cielo debe recibir hasta el día de la restauración de todas las cosas, acerca de lo cual Dios habló por boca de sus santos profetas desde tiempos antiguos.

...cuando El venga para ser glorificado en sus santos en aquel día y para ser admirado entre todos los que han creído. * Sabemos que la creación entera a una gime y sufre dolores de parto hasta ahora. Y no sólo ella, sino que también nosotros mismos, que tenemos las primicias del Espíritu, aun nosotros mismos gemimos en nuestro interior, aguardando ansiosamente la adopción como hijos, la redención de nuestro cuerpo. * Amados, ahora somos hijos de Dios y aún no se ha manifestado lo que habremos de ser. Pero sabemos que cuando El se manifieste, seremos semejantes a El porque le veremos como El es. * Cuando Cristo, nuestra vida, sea manifestado, entonces vosotros también seréis manifestados con El en gloria. * El que testifica de estas cosas dice: Sí, vengo pronto. Amén. Ven, Señor Jesús.

Tito 2:13 Heb. 6:19,20 Hch. 3:21 II Ts. 1:10 Ro. 8:22,23 I Jn. 3:2 Col. 3:4 Ap. 22:20

ABRIL 30 - El lento para la ira tiene gran prudencia.

Entonces pasó el Señor por delante de él y proclamó: El SEÑOR, el SEÑOR, Dios compasivo y clemente, lento para la ira y abundante en misericordia y verdad. *El Señor no se tarda en cumplir su promesa, según algunos entienden la tardanza, sino que es paciente para con vosotros, no queriendo que nadie perezca, sino que todos vengan al arrepentimiento. * Sed, pues, imitadores de Dios como hijos amados. * Mas el fruto del Espíritu es amor, gozo, paz, paciencia, benignidad, bondad, fidelidad, mansedumbre, dominio propio; contra tales cosas no hay ley.

Porque esto halla gracia, si por causa de la conciencia ante Dios, alguno sobrelleva penalidades sufriendo injustamente. Pues ¿qué mérito hay, si cuando pecáis y sois tratados con severidad lo soportáis con paciencia? Pero si cuando hacéis lo bueno sufrís por ello y lo soportáis con paciencia, esto halla gracia con Dios. Porque para este propósito habéis sido llamados, pues también Cristo sufrió por vosotros, dejándoos ejemplo para que sigáis sus pisadas, y quien cuando le ultrajaban, no respondía ultrajando; cuando padecía, no amenazaba, sino que se encomendaba a aquel que juzga con justicia; * Airaos, pero no pequéis.

Pr. 14:29 Ex. 34:6 II P. 3:9 Ef. 5:1 Gal. 5:22,23 I P. 2:19-21,23 Ef. 4:26

Mes de Mayo

MAYO 1 - Jehová-Sama (El Señor está allí)

He aquí, el tabernáculo de Dios está entre los hombres, y El habitará entre ellos y ellos serán su pueblo, y Dios mismo estará entre ellos. * Las doce puertas eran doce perlas; cada una de las puertas era de una sola perla; y la calle de la ciudad era de oro puro, como cristal transparente. Y no vi en ella templo alguno, porque su templo es el Señor, el Dios Todopoderoso, y el Cordero. La ciudad no tiene necesidad de sol ni de luna que la iluminen, porque la gloria de Dios la ilumina, y el Cordero es su lumbrera. * En cuanto a mí, en justicia contemplaré tu rostro; al despertar, me saciaré cuando contemple tu imagen. * ¿A quién tengo yo en los cielos, sino a ti? Y fuera de ti, nada deseo en la tierra. * Judá será habitada para siempre, y Jerusalén por todas las generaciones. yo vengaré su sangre, que aún no he vengado, pues el Señor habita en Sión. * Canta de júbilo y alégrate, oh hija de Sión; porque he aquí, vengo, y habitaré en medio de ti–declara el SEÑOR. * Y ya no habrá más maldición; y el trono de Dios y del Cordero estará allí, y sus siervos le servirán.

Ez. 48:35 Ap. 21:3; 22,23 Sal.17:15; 73:25 Joel 3:20,21 Zac. 2:10 Ap. 22:3

MAYO 2 - Hijos, guardaos de los ídolos.

Dame, hijo mío, tu corazón. * Poned la mira en las cosas de arriba, no en las de la tierra.*Hijo de hombre, estos hombres han erigido sus ídolos en su corazón, y han puesto delante de su rostro lo que los hace caer en su iniquidad. ¿Me dejaré yo consultar por ellos?

Por tanto, considerad los miembros de vuestro cuerpo terrenal como muertos a la fornicación, la impureza, las pasiones, los malos deseos y la avaricia, que es idolatría. Pero los que quieren enriquecerse caen en tentación y lazo y en muchos deseos necios y dañosos que hunden a los hombres en la ruina y en la perdición. *La raíz de todos los males es el amor al dinero, por el cual, codiciándolo algunos, se extraviaron de la fe y se torturaron con muchos dolores. * Pero tú, oh hombre de Dios, huye de estas cosas, y sigue la justicia, la piedad, la fe, el amor, la perseverancia y la amabilidad.

Si las riquezas aumentan, no pongáis el corazón en ellas. * Mi fruto es mejor que el oro, que el oro puro, y mi ganancia es mejor que la plata escogida. * Donde esté tu tesoro, allí estará también tu corazón. El Señor mira el corazón.

I Jn. 5:21 Pr. 23:26 Col. 3:2 Ez.14:3 Col. 3:5 I Ti. 6:9-11 Sal. 62:10 Pr. 8:19 Mt. 6:21 I S.16:7

MAYO 3 - Perfeccionando la santidad en el temor de Dios.

Por tanto, amados, teniendo estas promesas, limpiémonos de toda inmundicia de la carne y del espíritu. * He aquí, tú deseas la verdad en lo más íntimo, y en lo secreto me harás conocer sabiduría.

...enseñándonos, que negando la impiedad y los deseos mundanos, vivamos en este mundo sobria, justa y piadosamente. * Así brille vuestra luz delante de los hombres, para que vean vuestras buenas acciones y glorifiquen a vuestro Padre que está en los cielos. * No que ya lo haya alcanzado o que ya haya llegado a ser perfecto, sino que sigo adelante, a fin de poder alcanzar aquello para lo cual también fui alcanzado por Cristo Jesús. * Y todo el que tiene esta esperanza puesta en El, se purifica, así como El es puro. * Y el que nos preparó para esto mismo es Dios, quien nos dio el Espíritu como garantía.

...a fin de capacitar a los santos para la obra del ministerio, para la edificación del cuerpo de Cristo; hasta que todos lleguemos a la unidad de la fe y del conocimiento pleno del Hijo de Dios, a la condición de un hombre maduro, a la medida de la estatura de la plenitud de Cristo.

II Co. 7:1, Sal. 51:6 Tit. 2:12 Mt. 5:16 Fil.3:12 I Jn. 3:3 II Co. 5:5 Ef. 4:12,13

MAYO 4 -Yo te glorifiqué en la tierra.

Mi comida es hacer la voluntad del que me envió y llevar a cabo su obra.

Nosotros debemos hacer las obras del que me envió mientras es de día; la noche viene cuando nadie puede trabajar.

¿Por qué me buscabais? ¿Acaso no sabíais que me era necesario estar en la casa de mi Padre? Pero ellos no entendieron las palabras que El les había dicho.

Esta enfermedad no es para muerte, sino para la gloria de Dios, para que el Hijo de Dios sea glorificado por medio de ella. Jesús le dijo: ¿No te dije que si crees, verás la gloria de Dios? * Jesús crecía en sabiduría, en estatura y en gracia para con Dios y los hombres. Tú eres mi Hijo amado, en ti me he complacido.

Y todos hablaban bien de El y se maravillaban de las palabras llenas de gracia que salían de su boca.

Digno eres...porque tú fuiste inmolado, y con tu sangre compraste para Dios a gente de toda tribu, lengua, pueblo y nación. Y los has hecho un reino y sacerdotes para nuestro Dios; y reinarán sobre la tierra.

Jn. 17:4; 4:34; 9:4 Lc. 2:49,50 Jn. 11:4,40 Lc. 2:52; 3:22; 4:22 Ap. 5:9,10

MAYO 5 - Extendió una nube para cubrirlos, y fuego para iluminarlos de noche.

Como un padre se compadece de sus hijos, así se compadece el Señor de los que le temen. Porque El sabe de qué estamos hechos, se acuerda de que somos sólo polvo.

El sol no te herirá de día, ni la luna de noche. * Será un cobertizo para dar sombra contra el calor del día, y refugio y protección contra la tormenta y la lluvia. * El Señor es tu guardador; el Señor es tu sombra a tu mano derecha. El Señor guardará tu salida y tu entrada desde ahora y para siempre.

El Señor iba delante de ellos, de día en una columna de nube para guiarlos por el camino, y de noche en una columna de fuego para alumbrarlos, a fin de que anduvieran de día y de noche. * No quitó de delante del pueblo la columna de nube durante el día, ni la columna de fuego durante la noche.

Jesucristo es el mismo ayer y hoy y por los siglos.

Sal. 105:39; 103:13,14; 121:6 Is. 4:6 Sal. 121:5,8 Ex. 13:21,22 Heb. 13:8

MAYO 6 - ¿Cómo resucitan los muertos? ¿Y con qué clase de cuerpo vienen?

Amados, ahora somos hijos de Dios y aún no se ha manifestado lo que habremos de ser. Pero sabemos que cuando El se manifieste, seremos semejantes a El porque le veremos como El es.* Y tal como hemos traído la imagen del terrenal, traeremos también la imagen del celestial.

Nuestra ciudadanía está en los cielos, de donde también ansiosamente esperamos a un Salvador, el Señor Jesucristo, el cual transformará el cuerpo de nuestro estado de humillación en conformidad al cuerpo de su gloria, por el ejercicio del poder que tiene aun para sujetar todas las cosas a sí mismo.

Jesús se puso en medio de ellos, y les dijo: Paz a vosotros. Pero ellos, aterrorizados y asustados, pensaron que veían un espíritu. * Se apareció a Cefas y después a los doce; luego se apareció a más de quinientos hermanos a la vez, la mayoría de los cuales viven aún, pero algunos ya duermen;

Si el Espíritu de aquel que resucitó a Jesús de entre los muertos habita en vosotros, el mismo que resucitó a Cristo Jesús de entre los muertos, también dará vida a vuestros cuerpos mortales por medio de su Espíritu que habita en vosotros.

I Co. 15:35 I Jn. 3:2 I Co.15:49 Fil. 3:20,21 Lc. 24:36,37 I Co. 15:5,6 Ro. 8:11

MAYO 7 - Han perseguido al que ya tú has herido.

Es inevitable que vengan tropiezos, pero ¡ay de aquel por quien vienen!

...a éste, entregado por el plan predeterminado y el previo conocimiento de Dios, clavasteis en una cruz por manos de impíos y le matasteis. * Entonces le escupieron en el rostro y le dieron de puñetazos; y otros le abofeteaban, diciendo: Adivina, Cristo, ¿quién es el que te ha golpeado?

De igual manera, también los principales sacerdotes, junto con los escribas y los ancianos, burlándose de El, decían: A otros salvó; a sí mismo no puede salvarse. Rey de Israel es; que baje ahora de la cruz, y creeremos en El.* Porque en verdad, en esta ciudad se unieron tanto Herodes como Poncio Pilato, juntamente con los gentiles y los pueblos de Israel, contra tu santo siervo Jesús, a quien tú ungiste, para hacer cuanto tu mano y tu propósito habían predestinado que sucediera. Ciertamente El llevó nuestras enfermedades, y cargó con nuestros dolores; con todo, nosotros le tuvimos por azotado, por herido de Dios y afligido.

Sal. 69:26 Lc. 17:1 Hch. 2:23 Mt. 26:67,68; 27:41,2 Hch. 4:27,28 Is. 53:4

MAYO 8 - Los que hacéis que el Señor recuerde, no os deis descanso.

Tú... los has hecho un reino y sacerdotes. * Los hijos de Aarón, los sacerdotes, tocarán las trompetas; y os será por estatuto perpetuo por vuestras generaciones. Cuando vayáis a la guerra en vuestra tierra contra el adversario que os ataque, tocaréis alarma con las trompetas a fin de que el Señor vuestro Dios se acuerde de vosotros, y seáis salvados de vuestros enemigos.

No dije a la descendencia de Jacob: "Buscadme en lugar desolado."

Se oyó su voz, y su oración llegó hasta su santa morada, hasta los cielos. Los ojos del Señor están sobre los justos, y sus oídos atentos a su clamor. * Confesaos vuestros pecados unos a otros, y orad unos por otros para que seáis sanados. La oración eficaz del justo puede lograr mucho.

Ven, Señor Jesús. * Dios mío, no te tardes.

...esperando y apresurando la venida del día de Dios.

Is. 62:6 Ap. 5:9,10 Num. 10:8,9 Is. 45:19 II Cr. 30:27 Sal. 34:15 Stg. 5:16 Ap. 22:20 Sal.40:17 II P. 3:12

MAYO 9 -Soy yo; no temáis.

Cuando lo vi, caí como muerto a sus pies. Y El puso su mano derecha sobre mí, diciendo: No temas, yo soy el primero y el último, y el que vive, y estuve muerto; y he aquí, estoy vivo por los siglos de los siglos, y tengo las llaves de la muerte y del Hades. *

Yo, yo soy el que borro tus transgresiones por amor a mí mismo, y no recordaré tus pecados.

¡Ay de mí! Porque perdido estoy... porque han visto mis ojos al Rey, el Señor de los ejércitos. Entonces voló hacia mí uno de los serafines con un carbón encendido en su mano, que había tomado del altar con las tenazas; y con él tocó mi boca, y dijo: He aquí, esto ha tocado tus labios, y es quitada tu iniquidad y perdonado tu pecado.

He disipado como una densa nube tus transgresiones, y como espesa niebla tus pecados. Vuélvete a mí, porque yo te he redimido.

Hijitos míos, os escribo estas cosas para que no pequéis. Y si alguno peca, Abogado tenemos para con el Padre, a Jesucristo el justo.

Jn. 6:20 Ap. 1:17,18 Is. 43:25; 6:5-7; 44:22 I Jn. 2:1

MAYO 10 -Vanidad de vanidades, todo es vanidad.

Acabamos nuestros años como un suspiro. Los días de nuestra vida llegan a setenta años; y en caso de mayor vigor, a ochenta años. Con todo, su orgullo es sólo trabajo y pesar, porque pronto pasa, y volamos.

Si hemos esperado en Cristo para esta vida solamente, somos, de todos los hombres, los más dignos de lástima.

No tenemos aquí una ciudad permanente, sino que buscamos la que está por venir. Porque yo, el SEÑOR, no cambio.

Nuestra ciudadanía está en los cielos, de donde también ansiosamente esperamos a un Salvador, el Señor Jesucristo, el cual transformará el cuerpo de nuestro estado de humillación en conformidad al cuerpo de su gloria, por el ejercicio del poder que tiene aun para sujetar todas las cosas a sí mismo.

La creación fue sometida a vanidad, no de su propia voluntad, sino por causa de aquel que la sometió, en la esperanza.

Jesucristo es el mismo ayer y hoy y por los siglos. * Santo, santo, santo, es el Señor Dios, el todopoderoso, el que era, el que es y el que ha de venir.

Ec. 1:2 Sal. 90:9,10 I Co. 15:19 He.13:14 Mal. 3:6 Fil. 3:20,21 Ro. 8:20 He. 13:8 Ap. 4:8

MAYO 11 - Mis ovejas oyen mi voz.

He aquí, yo estoy a la puerta y llamo; si alguno oye mi voz y abre la puerta, entraré a él, y cenaré con él y él conmigo.

Yo dormía, pero mi corazón velaba, ¡Una voz! ¡Mi amado toca a la puerta "Abreme, hermana mía, amada mía, paloma mía, perfecta mía, pues mi cabeza está empapada de rocío, mis cabellos empapados de la humedad de la noche." Abrí yo a mi amado, pero mi amado se había retirado, se había ido. Tras su hablar salió mi alma. Lo busqué, y no lo hallé; lo llamé, y no me respondió. * Habla, que tu siervo escucha.

Cuando Jesús llegó al lugar, miró hacia arriba y le dijo: Zaqueo, date prisa y desciende, porque hoy debo quedarme en tu casa. Entonces él se apresuró a descender y le recibió con gozo. * Escucharé lo que dirá Dios el SEÑOR, porque hablará paz a su pueblo, a sus santos; pero que no vuelvan ellos a la insensatez.

Jn. 10:27 Ap. 3:20 Cant. 5:2,6 I S. 3:10 Lc. 19:5,6 Sal.85:8

MAYO 12 - La afrenta ha quebrantado mi corazón.

¿No es éste el hijo del carpintero? * ¿Puede algo bueno salir de Nazaret? *¿No decimos con razón que tú eres samaritano y que tienes un demonio? El echa fuera los demonios por el príncipe de los demonios. * Nosotros sabemos que este hombre es un pecador.* Unos decían: El es bueno. Otros decían: No, al contrario, extravía a la gente. Este blasfema.* Mirad, un hombre glotón y bebedor de vino, amigo de recaudadores de impuestos y de pecadores. * Pero la sabiduría se justifica por sus hechos. * Le basta al discípulo llegar a ser como su maestro, y al siervo como su señor. Si al dueño de la casa lo han llamado Beelzebú, ¡cuánto más a los de su casa!

Porque esto halla gracia, si por causa de la conciencia ante Dios, alguno sobrelleva penalidades sufriendo injustamente. Pues ¿qué mérito hay, si cuando pecáis y sois tratados con severidad lo soportáis con paciencia? Pero si cuando hacéis lo bueno sufrís por ello y lo soportáis con paciencia, esto halla gracia con Dios. Porque para este propósito habéis sido llamados, pues también Cristo sufrió por vosotros, dejándoos ejemplo para que sigáis sus pisadas, el cual no cometió pecado, ni engaño alguno se halló en su boca; y quien cuando le ultrajaban, no respondía ultrajando; cuando padecía, no amenazaba, sino que se encomendaba a aquel que juzga con justicia; * Si sois vituperados por el nombre de Cristo, dichosos sois.

Sal. 69:20 Mt. 13:55 Jn. 1:46; 8:48 Mt. 9:34 Jn. 9:24; 7:12 Mt. 9:3; Mt. 11:19; 10:25 I P 2:19-23; 4:14

MAYO 13 - Palpita mi corazón, mis fuerzas me abandonan.

Oye, oh Dios, mi clamor; atiende a mi oración. Desde los confines de la tierra te invoco, cuando mi corazón desmaya. Condúceme a la roca que es más alta que yo. * Y El me ha dicho: Te basta mi gracia, pues mi poder se perfecciona en la debilidad. Por tanto, muy gustosamente me gloriaré más bien en mis debilidades, para que el poder de Cristo more en mí. Por eso me complazco en las debilidades, en insultos, en privaciones, en persecuciones y en angustias por amor a Cristo; porque cuando soy débil, entonces soy fuerte.* Pero viendo la fuerza del viento tuvo miedo, y empezando a hundirse gritó, diciendo: * ¡Señor, sálvame! Y al instante Jesús, extendiendo la mano, lo sostuvo y le dijo: Hombre de poca fe, ¿por qué dudaste? * Si eres débil en día de angustia, tu fuerza es limitada.

El da fuerzas al fatigado, y al que no tiene fuerzas, aumenta el vigor. El eterno Dios es tu refugio, y debajo están los brazos eternos. Fortalecidos con todo poder según la potencia de su gloria.

Sal. 38:10; 61:1,2 II Co. 12:9,10 Mt. 14:30,31 Pr. 24:10 Is. 40:29 Dt. 33:27 Col. 1:11

MAYO 14 - Ellos vencieron por medio de la sangre del Cordero.

¿Quién acusará a los escogidos de Dios? Dios es el que justifica. ¿Quién es el que condena? Cristo Jesús es el que murió, sí, más aún, el que resucitó, el que además está a la diestra de Dios, el que también intercede por nosotros. * Es la sangre, por razón de la vida, la que hace expiación.

Yo, el SEÑOR. Y la sangre os será por señal en las casas donde estéis; y cuando yo vea la sangre pasaré sobre vosotros. *No hay ahora condenación para los que están en Cristo Jesús.

Y uno de los ancianos habló diciéndome: Estos que están vestidos con vestiduras blancas, ¿quiénes son y de dónde han venido? Y yo le respondí: Señor mío, tú lo sabes. Y él me dijo: Estos son los que vienen de la gran tribulación, y han lavado sus vestiduras y las han emblanquecido en la sangre del Cordero.

Al que nos ama y nos libertó de nuestros pecados con su sangre, e hizo de nosotros un reino y sacerdotes para su Dios y Padre, a El sea la gloria y el dominio por los siglos de los siglos. Amén.

Ap. 12:11 Ro. 8:33,34 Lev. 17:11 Ex. 12:12,13 Ro. 8:1 Ap. 7:13,14; 1:5,6

MAYO 15 - Nos sentó en los lugares celestiales en Cristo Jesús.

No temas... yo soy ...el que vive.

Padre, quiero que los que me has dado, estén también conmigo donde yo estoy. Somos miembros de su cuerpo, de su carne y de sus huesos.

El es también la cabeza del cuerpo que es la iglesia; y El es el principio, el primogénito de entre los muertos, a fin de que El tenga en todo la primacía. * Habéis sido hechos completos en El, que es la cabeza.

Así que, por cuanto los hijos participan de carne y sangre, El igualmente participó también de lo mismo, para anular mediante la muerte el poder de aquel que tenía el poder de la muerte, es decir, el diablo, y librar a los que por el temor a la muerte, estaban sujetos a esclavitud durante toda la vida.

Porque es necesario que esto corruptible se vista de incorrupción, y esto mortal se vista de inmortalidad. Pero cuando esto corruptible se haya vestido de incorrupción, y esto mortal se haya vestido de inmortalidad, entonces se cumplirá la palabra que está escrita: devorada ha sido la muerte en victoria.

Ef. 2:6 Ap. 1:17,18 Jn. 17:24 Ef. 5:30 Col. 1:18; 2:10 He. 2:14,15 I Co. 15:53,54

MAYO 16 - Bendeciré al Señor que me aconseja.

Se llamará su nombre Admirable Consejero. * Mío es el consejo y la prudencia yo soy la inteligencia, el poder es mío. Lámpara es a mis pies tu palabra y luz para mi camino.* Confía en el Señor con todo tu corazón, y no te apoyes en tu propio entendimiento. Reconócele en todos tus caminos, y El enderezará tus sendas. * Yo sé, oh SEÑOR, que no depende del hombre su camino, ni de quien anda el dirigir sus pasos. *Tus oídos oirán detrás de ti una palabra: Este es el camino, andad en él, ya sea que vayáis a la derecha o a la izquierda. Encomienda tus obras al SEÑOR, y tus propósitos se afianzarán.

Pero El sabe el camino que tomo; cuando me haya probado, saldré como el oro. * Por el Señor son ordenados los pasos del hombre, ¿cómo puede, pues, el hombre entender su camino? * Con tu consejo me guiarás, y después me recibirás en gloria. *Porque este es Dios, nuestro Dios por siempre jamás; El nos guiará hasta la muerte. Sal. 16:7 Is. 9:6 Pr. 8:14 Sal. 119:105 Pr. 3:5,6 Jer. 10:23 Is. 30:21 Pr. 16:3 Job. 23:10 Pr. 20:24 Sal. 73:24; 48:14

MAYO 17 - He exaltado a uno escogido de entre el pueblo.

Queda claro que Jesús no vino para ayudar a los ángeles, sino a todos los descendientes de Abraham. Y para poder ayudarlos tenía que hacerse igual a ellos. Por eso, por hacerse igual a todos nosotros, pudo ser un Jefe de Sacerdotes en quien se puede confiar, lleno de amor para servir a Dios. Además, por medio de su muerte logró que Dios nos perdonara nuestros pecados.

Y sobre el firmamento que estaba por encima de sus cabezas había algo semejante a un trono, de aspecto como de piedra de zafiro; y en lo que se asemejaba a un trono, sobre él, en lo más alto, había una figura con apariencia de hombre.

...el Hijo del Hombre que está en el cielo. * Mirad mis manos y mis pies, que soy yo mismo; palpadme y ved, porque un espíritu no tiene carne ni huesos como veis que yo tengo. *Se despojó a sí mismo tomando forma de siervo, haciéndose semejante a los hombres. Y hallándose en forma de hombre, se humilló a sí mismo, haciéndose obediente hasta la muerte, y muerte de cruz. Por lo cual Dios también le exaltó hasta lo sumo, y le confirió el nombre que es sobre todo nombre, para que al nombre de Jesús se doble toda rodilla de los que están en el cielo, y en la tierra, y debajo de la tierra.Así que levántate y esfuérzate por mejorar las cosas que aún haces bien, pero que estás a punto de no seguir haciendo, pues he visto que no obedeces a mi Dios.

Sal.89:19 Heb. 2:16,17 Eze. 1:26 Jn. 3:13 Lc. 24:39 Fil.2:7-10 Ap. 3:2

MAYO 18 - No nos hagamos vanagloriosos.

Les dijo también Gedeón: Quisiera pediros que cada uno de vosotros me dé un zarcillo de su botín (pues tenían zarcillos de oro, porque eran ismaelitas). Y ellos dijeron: De cierto te los daremos. Y tendieron un manto, y cada uno de ellos echó allí un zarcillo de su botín. Y Gedeón hizo de ello un efod, y lo colocó en Ofra, su ciudad, con el cual todo Israel se prostituyó allí, y esto vino a ser ruina para Gedeón y su casa.

Pero tú, ¿buscas para ti grandes cosas? No las busques. * Y dada la extraordinaria grandeza de las revelaciones, por esta razón, para impedir que me enalteciera, me fue dada una espina en la carne.

Nada hagáis por egoísmo o por vanagloria, sino que con actitud humilde cada uno de vosotros considere al otro como más importante que a sí mismo. * El amor es paciente, es bondadoso; el amor no tiene envidia; el amor no es jactancioso, no es arrogante; no se porta indecorosamente; no busca lo suyo, no se irrita, no toma en cuenta el mal recibido. * Tomad mi yugo sobre vosotros y aprended de mí.

Gal. 5:26 Jn. 8:24,25,27 Jer. 45:5 II Co. 12:7 Fil. 2:3 I Co. 13:4,5 Mt. 11:29

MAYO 19- Participación en el evangelio.

Así como el cuerpo es uno, y tiene muchos miembros, pero todos los miembros del cuerpo, aunque son muchos, constituyen un solo cuerpo, así también es Cristo. Pues por un mismo Espíritu todos fuimos bautizados en un solo cuerpo, ya judíos o griegos, ya esclavos o libres, y a todos se nos dio a beber del mismo Espíritu. * Fiel es Dios, por medio de quien fuisteis llamados a la comunión con su Hijo Jesucristo, Señor nuestro. * Lo que hemos visto y oído, os proclamamos también a vosotros, para que también vosotros tengáis comunión con nosotros; y en verdad nuestra comunión es con el Padre y con su Hijo Jesucristo.

Si andamos en la luz, como El está en la luz, tenemos comunión los unos con los otros, y la sangre de Jesús su Hijo nos limpia de todo pecado.

Estas cosas habló Jesús, y alzando los ojos al cielo, dijo: Padre, la hora ha llegado; glorifica a tu Hijo, para que el Hijo te glorifique a ti,

Mas no ruego sólo por éstos, sino también por los que han de creer en mí por la palabra de ellos, para que todos sean uno. Como tú, oh Padre, estás en mí y yo en ti, que también ellos estén en nosotros, para que el mundo crea que tú me enviaste.

Fil. 1:5 I Co. 12:12,13; 1:9 I Jn. 1:3; 1:7 Jn. 17:1,20,21

MAYO 20 - Jesús le dijo: ¡María!

No temas, porque yo te he redimido, te he llamado por tu nombre; mío eres tú. * Las ovejas oyen su voz; llama a sus ovejas por nombre y las conduce afuera. Cuando saca todas las suyas, va delante de ellas, y las ovejas lo siguen porque conocen su voz.

He aquí, en las palmas de mis manos, te he grabado; tus muros están constantemente delante de mí. * No obstante, el sólido fundamento de Dios permanece firme, teniendo este sello: El Señor conoce a los que son suyos. * Teniendo, pues, un gran sumo sacerdote que trascendió los cielos, Jesús, el Hijo de Dios, retengamos nuestra fe. * Y tomarás dos piedras de ónice, y grabarás en ellas los nombres de los hijos de Israel: Y pondrás las dos piedras en las hombreras del efod, como piedras memoriales para los hijos de Israel, y Aarón llevará sus nombres delante del Señor sobre sus dos hombros por memorial. Y harás el pectoral del juicio... Y montarás en él cuatro hileras de piedras. La primera hilera será una hilera de un rubí, un topacio y una esmeralda; Las piedras serán doce, según los nombres de los hijos de Israel, conforme a sus nombres...y estarán sobre el corazón de Aarón cuando entre a la presencia del SEÑOR; y Aarón llevará continuamente el juicio de los hijos de Israel sobre su corazón delante del SEÑOR.

Jn. 20:16 Is. 43:1 Jn. 10:3,4 Is. 49:16 II Ti. 2:19 He. 4:14 Ex. 28:9, 12, 15, 17, 21, 30

MAYO 21 - Jesucristo, Señor nuestro.

...Jesús, porque El salvará a su pueblo de sus pecados. * Y hallándose en forma de hombre, se humilló a sí mismo, haciéndose obediente hasta la muerte, y muerte de cruz. Por lo cual Dios también le exaltó hasta lo sumo, y le confirió el nombre que es sobre todo nombre, para que al nombre de Jesús se dobla toda rodilla de los que están en el cielo, y en la tierra, y debajo de la tierra, Mesías...(el que es llamado Cristo);

El Espíritu del Señor Dios está sobre mí, porque me ha ungido el Señor para traer buenas nuevas a los afligidos; me ha enviado para vendar a los quebrantados de corazón para proclamar libertad a los cautivos y liberación a los prisioneros; * El último Adán fue hecho espíritu que da vida... el segundo hombre es el Señor del cielo. * ¡Señor mío y Dios mío! *Vosotros me llamáis Maestro y Señor; y tenéis razón, porque lo soy. Pues si yo, el Señor y el Maestro, os lavé los pies, vosotros también debéis lavaros los pies unos a otros. Porque os he dado ejemplo, para que como yo os he hecho, vosotros también hagáis.

I Co. 1:9 Mt. 1:21 Fil. 2:8-10 Jn. 4:25 Is. 61:1 I Co. 15:45,47 Jn. 20:28; 13:13-15

MAYO 22 - El Espíritu nos ayuda en nuestra debilidad.

Pero el Consolador, el Espíritu Santo. * ¿O no sabéis que vuestro cuerpo es templo del Espíritu Santo, que está en vosotros, el cual tenéis de Dios, y que no sois vuestros?

El Espíritu mismo intercede por nosotros con gemidos indecibles; porque Dios es quien obra en vosotros tanto el querer como el hacer, para su beneplácito .y aquel que escudriña los corazones sabe cuál es el sentir del Espíritu, porque El intercede por los santos conforme a la voluntad de Dios. * Porque El sabe de qué estamos hechos, se acuerda de que somos sólo polvo. No quebrará la caña cascada, ni apagará el pábilo que humeare.

Velad y orad para que no entréis en tentación; el espíritu está dispuesto, pero la carne es débil. * El Señor es mi pastor, nada me faltará. En lugares de verdes pastos me hace descansar; junto a aguas de reposo me conduce.

Ro. 8:26 Jn. 14:26 I Co. 6:19 Fil.2:13 Ro. 8:26,27 Sal. 103:14 Is. 42:3 Mt. 26:41 Sal.23:1,2

MAYO 23 - Aquella noche el rey no podía.

Has mantenido abiertos mis párpados;

¿Quién es como el Señor nuestro Dios, que está sentado en las alturas, que se humilla para mirarlo que hay en el cielo y en la tierra?

El actúa conforme a su voluntad en el ejército del cielo y entre los habitantes de la tierra; En el mar estaba tu camino, y tus sendas en las aguas inmensas, y no se conocieron tus huellas.

Pues el furor del hombre te alabará; con un residuo de furor te ceñirás.

Los ojos del Señor recorren toda la tierra para fortalecer a aquellos cuyo corazón es completamente suyo.

Y sabemos que para los que aman a Dios, todas las cosas cooperan para bien, esto es, para los que son llamados conforme a su propósito.

No se venden dos pajarillos por un cuarto? Y sin embargo, ni uno de ellos caerá a tierra sin permitirlo vuestro Padre. Y hasta los cabellos de vuestra cabeza están todos contados.

Est. 6:1 Sal. 77:4; 113:5,6 Dan. 4:35 Sal. 77:19; 76:10 II Co. 16:9 Ro. 8:28 Mt. 10:29,30

MAYO 24 - Me iré y volveré a mi lugar hasta que reconozcan su culpa y busquen mi rostro.

Vuestras iniquidades han hecho separación entre vosotros y vuestro Dios y vuestros pecados le han hecho esconder su rostro de vosotros.

Mi amado se había retirado, se había ido... Lo busqué, y no lo hallé; lo llamé, y no me respondió. * Escondí mi rostro y me indigné, y él siguió desviándose por el camino de su corazón. He visto sus caminos, pero lo sanaré; * ¿No te ha sucedido esto por haber dejado al Señor tu Dios, cuando El te guiaba por el camino? * Y levantándose, fue a su padre. Y cuando todavía estaba lejos, su padre lo vio y sintió compasión por él, y corrió, se echó sobre su cuello y lo besó.

Yo sanaré su apostasía, los amaré generosamente, pues mi ira se ha apartado de ellos. Si confesamos nuestros pecados, El es fiel y justo para perdonarnos los pecados y para limpiarnos de toda maldad.

Hos.5:15 Is. 59:2 Cant. 5:6 Is. 57:17,18 Jer. 2:17 Lc. 15:20 Hos. 14:4 I Jn. 1:9

MAYO 25 - El Hijo de Dios... tiene ojos como llama de fuego.

Más engañoso que todo, es el corazón, y sin remedio; ¿quién lo comprenderá? Yo, el SEÑOR, escudriño el corazón, pruebo los pensamientos, para dar a cada uno según sus caminos, según el fruto de sus obras.

Has puesto nuestras iniquidades delante de ti, nuestros pecados secretos a la luz de tu presencia. * El Señor se volvió y miró a Pedro. Y recordó Pedro la palabra del Señor, cómo le había dicho... y saliendo fuera, lloró amargamente.

Pero Jesús, por su parte, no se confiaba a ellos, porque conocía a todos, y no tenía necesidad de que nadie le diera testimonio del hombre, pues El sabía lo que había en el hombre. * Porque El sabe de qué estamos hechos, se acuerda de que somos sólo polvo. No quebrará la caña cascada, ni apagará el pabilo mortecino;

El Señor conoce a los que son suyos. * Yo soy el buen pastor, y conozco mis ovejas y las mías me conocen. * Mis ovejas oyen mi voz, y yo las conozco y me siguen; y yo les doy vida eterna y jamás perecerán, y nadie las arrebatará de mi mano.

Ap. 2:18 Jer.17:9,10 Sal. 90:8 Lc. 22:61,62 Jn. 2:24,25 Sal. 103:14 Is. 42:3 II Ti. 2:19 Jn. 10:14,27,28

MAYO 26 - La ciudad no tiene necesidad de sol ni de luna que la iluminen, porque la gloria de Dios la ilumina, y el Cordero es su lumbrera.

Vi una luz procedente del cielo más brillante que el sol, que resplandecía en torno mío y de los que viajaban conmigo. Yo entonces dije: "¿Quién eres, Señor?" Y el Señor dijo: "Yo soy Jesús a quien tú persigues.

Jesús tomó consigo a Pedro, a Jacobo y a Juan su hermano, y los llevó aparte a un monte alto; y se transfiguró delante de ellos; y su rostro resplandeció como el sol, y sus vestiduras se volvieron blancas como la luz.

Ya el sol no será para ti luz del día, ni el resplandor de la luna te alumbrará; sino que tendrás al Señor por luz eterna, y a tu Dios por tu gloria.

Nunca más se pondrá tu sol, ni menguará tu luna, porque tendrás al Señor por luz eterna, y se habrán acabado los días de tu luto.

El Dios de toda gracia... os llamó a su gloria eterna en Cristo. Ap. 21:23 Hch. 26:13,15 Mt. 17:1,2 Is. 60:19,20 I P. 5:10

MAYO 27 - Quiero que estéis libres de preocupación.

El tiene cuidado de vosotros.* Porque los ojos del Señor recorren toda la tierra para fortalecer a aquellos cuyo corazón es completamente suyo.

Echando toda vuestra ansiedad sobre El, porque El tiene cuidado de vosotros. * Probad y ved que el Señor es bueno. ¡Cuán bienaventurado es el hombre que en El se refugia!

Los leoncillos pasan necesidad y tienen hambre, mas los que buscan al Señor no carecerán de bien alguno.

Por eso os digo, no os preocupéis por vuestra vida, qué comeréis o qué beberéis; ni por vuestro cuerpo, qué vestiréis. ¿No es la vida más que el alimento y el cuerpo más que la ropa? Mirad las aves del cielo, que no siembran, ni siegan, ni recogen en graneros, y sin embargo, vuestro Padre celestial las alimenta. ¿No sois vosotros de mucho más valor que ellas?

Por nada estéis afanosos; antes bien, en todo, mediante oración y súplica con acción de gracias, sean dadas a conocer vuestras peticiones delante de Dios.

Y la paz de Dios, que sobrepasa todo entendimiento, guardará vuestros corazones y vuestras mentes en Cristo Jesús.

I Co. 7:32 I P. 5:7 II Cr. 16:9 Sal. 34:8,10 Mt. 6:25,26 Fil. 4:6,7

MAYO 28 - Corred de tal modo que ganéis.

El perezoso dice: Hay un león afuera; seré muerto en las calles. * Despojémonos también de todo peso y del pecado que tan fácilmente nos envuelve, y corramos con paciencia la carrera que tenemos por delante, puestos los ojos en Jesús, el autor y consumador de la fe. * Limpiémonos de toda inmundicia de la carne y del espíritu, perfeccionando la santidad en el temor de Dios. * Prosigo hacia la meta para obtener el premio del supremo llamamiento de Dios en Cristo Jesús.

Por tanto, yo de esta manera corro, no como sin tener meta; de esta manera peleo, no como dando golpes al aire, sino que golpeo mi cuerpo y lo hago mi esclavo, no sea que habiendo predicado a otros, yo mismo sea descalificado. * La apariencia de este mundo es pasajera. * Pero, según su promesa, nosotros esperamos nuevos cielos y nueva tierra, en los cuales mora la justicia. Por tanto, amados, puesto que aguardáis estas cosas, procurad con diligencia ser hallados por El en paz, sin mancha e irreprensibles,

Por tanto, ceñid vuestro entendimiento para la acción; sed sobrios en espíritu, poned vuestra esperanza completamente en la gracia que se os traerá en la revelación de Jesucristo.

I Co. 9:24 Pr. 22:13 Heb. 12:1,2 II Co.7:1 Fil. 3:14 I Co. 9:26,27; 7:31 II P. 3:13,14 I P. 1:13

MAYO 29 - ¡Quién me diera alas como de paloma! Volaría y hallaría reposo.

Y sucedió que al salir el sol, dispuso Dios un sofocante viento solano, y el sol hirió la cabeza de Jonás y él desfallecía, y deseaba con toda su alma morir, diciendo: Mejor me es la muerte que la vida.* Y Job dijo:¿Por qué se da luz al que sufre, y vida al amargado de alma; a los que ansían la muerte, pero no llega, y cavan por ella más que por tesoros;

Muchas son las aflicciones del justo, pero de todas ellas lo libra el SEÑOR. * Ahora mi alma se ha angustiado; y ¿qué diré: "Padre, sálvame de esta hora"? Pero para esto he llegado a esta hora.

Por tanto, tenía que ser hecho semejante a sus hermanos en todo, a fin de que llegara a ser un misericordioso y fiel sumo sacerdote en las cosas que a Dios atañen, para hacer propiciación por los pecados del pueblo. * Pues por cuanto El mismo fue tentado en el sufrimiento, es poderoso para socorrer a los que son tentados.

Sal. 55:6 Jonás 4:8 Job 3:2,20,21 Sal. 34:19 Jn. 12:27 Heb. 2:17,18

MAYO 30 - Siempre me oyes.

Jesús alzó los ojos a lo alto, y dijo: Padre, te doy gracias porque me has oído. * Padre, glorifica tu nombre. Entonces vino una voz del cielo: Y le he glorificado, y de nuevo le glorificaré.

"He aquí, yo he venido para hacer, oh Dios, tu voluntad." * Padre, si es tu voluntad, aparta de mí esta copa; pero no se haga mi voluntad, sino la tuya. En esto se perfecciona el amor en nosotros, para que tengamos confianza en el día del juicio, pues como El es, así somos también nosotros en este mundo. * Y esta es la confianza que tenemos delante de El, que si pedimos cualquier cosa conforme a su voluntad, El nos oye.

Todo lo que pidamos lo recibimos de El, porque guardamos sus mandamientos y hacemos las cosas que son agradables delante de El. * Sin fe es imposible agradar a Dios; porque es necesario que el que se acerca a Dios crea que El existe, y que es remunerador de los que le buscan. * Vive perpetuamente para interceder por ellos. * Y si alguno peca, Abogado tenemos para con el Padre, a Jesucristo el justo.

Jn. 11:42; 41; 12:28 Heb. 10:7 Lc. 22:42 I Jn. 4:17; 5:14; 3:22 Heb. 11:6 I Jn. 2:1

MAYO 31 - Hijos, permaneced en El.

El que duda es semejante a la ola del mar, impulsada por el viento y echada de una partea otra. No piense, pues, ese hombre, que recibirá cosa alguna del Señor, siendo hombre de doble ánimo, inestable en todos sus caminos.

Me maravillo de que tan pronto hayáis abandonado al que os llamó por la gracia de Cristo, para seguir un evangelio diferente; que en realidad no es otro evangelio, sólo que hay algunos que os perturban y quieren pervertir el evangelio de Cristo. Pero si aun nosotros, o un ángel del cielo, os anunciara otro evangelio contrario al que os hemos anunciado, sea anatema.

De Cristo os habéis separado, vosotros que procuráis ser justificados por la ley; de la gracia habéis caído. Vosotros corríais bien, ¿quién os impidió obedecer a la verdad? Permaneced en mí, y yo en vosotros. Como el sarmiento no puede dar fruto por sí mismo si no permanece en la vid, así tampoco vosotros si no permanecéis en mí.* Si permanecéis en mí, y mis palabras permanecen en vosotros, pedid lo que queráis y os será hecho. * Pues tantas como sean las promesas de Dios, en El todas son sí; por eso también por medio de El, Amén, para la gloria de Dios por medio de nosotros.

I Jn. 2:28 Stg. 1:6-8 Gal. 1:6-8; 5:4,7 Jn. 15:4,7

Mes de Junio

JUNIO 1 - Emanuel...Dios con nosotros.

Pero, ¿morará verdaderamente Dios con los hombres en la tierra? He aquí, los cielos y los cielos de los cielos no te pueden contener, cuánto menos esta casa que yo he edificado. * Y el Verbo se hizo carne, y habitó entre nosotros, y vimos su gloria, gloria como del unigénito del Padre, lleno de gracia y de verdad. * E indiscutiblemente, grande es el misterio de la piedad: El fue manifestado en la carne. * En estos últimos días nos ha hablado por su Hijo, a quien constituyó heredero de todas las cosas, por medio de quien hizo también el universo.

Entonces, al atardecer de aquel día, el primero de la semana, y estando cerradas las puertas del lugar donde los discípulos se encontraban ... Jesús vino y se puso en medio de ellos... Entonces los discípulos se regocijaron al ver al Señor. Ocho días después, sus discípulos estaban otra vez dentro, y Tomás con ellos... Luego dijo (Jesús) a Tomás: Acerca aquí tu dedo, y mira mis manos; extiende aquí tu mano y métela en mi costado; y no seas incrédulo, sino creyente. Respondió Tomás y le dijo: ¡Señor mío y Dios mío!

Un niño nos ha nacido, un hijo nos ha sido dado, Dios Poderoso.

Mt. 1:23 II Cr. 6:18 Jn. 1:14 I Ti 3:16 Heb. 1:2 Jn. 20:19,20, 26-28 Is. 9:6

JUNIO 2 - El Señor es la porción de mi herencia y de mi copa.

...herederos de Dios y coherederos con Cristo,

...porque todo es vuestro. Mi amado es mío. * El Hijo de Dios...el cual me amó y se entregó a sí mismo por mí. * Entonces el Señor dijo a Aarón: No tendrás heredad en su tierra, ni tendrás posesión entre ellos; yo soy tu porción y tu herencia entre los hijos de Israel. * ¿A quién tengo yo en los cielos, sino a ti? Y fuera de ti, nada deseo en la tierra. Mi carne y mi corazón pueden desfallecer, pero Dios es la fortaleza de mi corazón y mi porción para siempre.

Aunque pase por el valle de sombra de muerte, no temeré mal alguno, porque tú estás conmigo; tu vara y tu cayado me infunden aliento. * Yo sé en quién he creído, y estoy convencido de que es poderoso para guardar mi depósito hasta aquel día. * Oh Dios, tú eres mi Dios; te buscaré con afán. Mi alma tiene sed de ti, mi carne te anhela cual tierra seca y árida donde no hay agua.

Sal. 16:5 Ro. 8:17 I Co. 3:21 Cant. 2:16 Gal. 2:20 Num. 18:20 Sal. 73:25,26; 23:4 II Ti.1:12 Sal. 63:1

JUNIO 3 - Yo soy el Dios Todopoderoso, anda delante de mí y sé perfecto.

No que ya lo haya alcanzado o que ya haya llegado a ser perfecto, sino que sigo adelante, a fin de poder alcanzar aquello para lo cual también fui alcanzado por Cristo Jesús. Hermanos, yo mismo no considero haberlo ya alcanzado; pero una cosa hago: olvidando lo que queda atrás y extendiéndome a lo que está delante, prosigo hacia la meta para obtener el premio del supremo llamamiento de Dios en Cristo Jesús.

Y Enoc anduvo con Dios, y desapareció porque Dios se lo llevó. - Creced en la gracia y el conocimiento de nuestro Señor y Salvador Jesucristo. * Pero nosotros todos, con el rostro descubierto, contemplando como en un espejo la gloria del Señor, estamos siendo transformados en la misma imagen de gloria en gloria, como por el Señor, el Espíritu.

Estas cosas habló Jesús, y alzando los ojos al cielo, dijo: Padre, la hora ha llegado; glorifica a tu Hijo, para que el Hijo te glorifique a ti, No te ruego que los saques del mundo, sino que los guardes del maligno. Yo en ellos, y tú en mí, para que sean perfeccionados en unidad, para que el mundo sepa que tú me enviaste, y que los amaste tal como me has amado a mí.

Gen. 17:1 Fil. 3:12-14 Gen. 5:24 II P. 3:18 II Co. 3:18 Jn. 17:1, 15, 23

JUNIO 4 - Vistámonos con las armas de la luz.

Vestíos del Señor Jesucristo, y no penséis en proveer para las lujurias de la carne.* Y aún más, yo estimo como pérdida todas las cosas en vista del incomparable valor de conocer a Cristo Jesús, mi Señor, por quien lo he perdido todo, y lo considero como basura a fin de ganar a Cristo, y ser hallado en El, no teniendo mi propia justicia derivada de la ley, sino la que es por la fe en Cristo, la justicia que procede de Dios sobre la base de la fe.

La justicia de Dios por medio de la fe en Jesucristo, para todos los que creen. El me ha vestido de ropas de salvación. * Vendré con los hechos poderosos de Dios el Señor; haré mención de tu justicia, de la tuya sola. * Antes erais tinieblas, pero ahora sois luz en el Señor; andad como hijos de luz Y no participéis en las obras estériles de las tinieblas, sino más bien, desenmascaradlas; Pero todas las cosas se hacen visibles cuando son expuestas por la luz, pues todo lo que se hace visible es luz. Por esta razón dice: Despierta, tú que duermes, y levántate de entre los muertos, y te alumbrará Cristo. Por tanto, tened cuidado cómo andáis; no como insensatos, sino como sabios,

Ro. 13:12, 14 Fil. 3:8,9 Ro. 3:22 Is. 61:10 Sal. 71:16 Ef. 5:8,11, 13-15

JUNIO 5 - El sabe de qué estamos hechos, se acuerda de que somos sólo polvo.

Entonces el Señor Dios formó al hombre del polvo de la tierra, y sopló en su nariz el aliento de vida; y fue el hombre un ser viviente.

Te alabaré, porque asombrosa y maravillosamente he sido hecho; maravillosas son tus obras, y mi alma lo sabe muy bien. No estaba oculto de ti mi cuerpo, cuando en secreto fui formado, y entretejido en las profundidades de la tierra. Tus ojos vieron mi embrión, y en tu libro se escribieron todos los días que me fueron dados, cuando no existía ni uno solo de ellos.

¿No tenemos todos un mismo padre? ¿No nos ha creado un mismo Dios? ¿Por qué nos portamos deslealmente unos contra otros, profanando el pacto de nuestros padres? Como un padre se compadece de sus hijos, así se compadece el Señor de los que le temen.

Mas El, siendo compasivo, perdonaba sus iniquidades y no los destruía; muchas veces contuvo su ira, y no despertó todo su furor. Se acordaba de que ellos eran carne, un soplo que pasa y no vuelve.

Sal. 103:14 Gen. 2:7 Sal. 139:14-16 Mal. 2:10 Hch. 17:28 Sal. 103:13; 78:38,39

JUNIO 6 - Un camino nuevo y vivo.

Y salió Caín de la presencia del SEÑOR. * Pero vuestras iniquidades han hecho separación entre vosotros y vuestro Dios, y vuestros pecados le han hecho esconder su rostro de vosotros. * La santidad, sin la cual nadie verá al Señor. * Yo soy el camino, y la verdad, y la vida; nadie viene al Padre sino por mí.

...nuestro Salvador Cristo Jesús, quien abolió la muerte y sacó a la luz la vida y la inmortalidad por medio del evangelio. * El camino al Lugar Santísimo aún no había sido revelado en tanto que el primer tabernáculo permaneciera en pie. * El mismo es nuestra paz, quien de ambos pueblos hizo uno, derribando la pared intermedia de separación.

El velo del templo se rasgó en dos, de arriba abajo, y la tierra tembló y las rocas se partieron. * Estrecha es la puerta y angosta la senda que lleva a la vida, y pocos son los que la hallan. Me darás a conocer la senda de la vida; en tu presencia hay plenitud de gozo; en tu diestra, deleites para siempre.

Heb. 10:20 Gen.4:16 Is. 59:2 Heb. 12:14 Jn. 14:6 II Ti. 1:10 Heb. 9:8 Ef. 2:14 Mt. 27:51;7:14 Sal. 16:11

JUNIO 7 - Perdona todos mis pecados.

Venid ahora, y razonemos –dice el SEÑOR- aunque vuestros pecados sean como la grana, como la nieve serán emblanquecidos; aunque sean rojos como el carmesí, como blanca lana quedarán. * Anímate, hijo, tus pecados te son perdonados. * Yo, yo soy el que borro tus transgresiones por amor a mí mismo, y no recordaré tus pecados. * El Hijo del Hombre tiene autoridad en la tierra para perdonar pecados. * En El tenemos redención mediante su sangre, el perdón de nuestros pecados según las riquezas de su gracia. * El nos salvó, no por obras de justicia que nosotros hubiéramos hecho, sino conforme a su misericordia, por medio del lavamiento de la regeneración y la renovación por el Espíritu Santo, que El derramó sobre nosotros abundantemente por medio de Jesucristo nuestro Salvador.

...habiéndonos perdonado todos los delitos, habiendo cancelado el documento de deuda que consistía en decretos contra nosotros y que nos era adverso, y lo ha quitado de en medio, clavándolo en la cruz. * Bendice, alma mía, al SEÑOR...El es el que perdona todas tus iniquidades.

Sal. 25:18 Is.1:18 Mt. 9:2 Is. 43:25 Mt. 9:6 Ef. 1:7 Tit. 3:5,6 Col. 2:13,14 Sal. 103:2,3

JUNIO 8 - ¿Por qué pensáis estas cosas en vuestros corazones?

Y sin debilitarse en la fe contempló su propio cuerpo, que ya estaba como muerto puesto que tenía como cien años, y la esterilidad de la matriz de Sara; sin embargo, respecto a la promesa de Dios, Abraham no titubeó con incredulidad, sino que se fortaleció en fe, dando gloria a Dios.

¿Qué es más fácil, decir al paralítico: "Tus pecados te son perdonados", o decirle: "Levántate, toma tu camilla y anda"? * Todas las cosas son posibles para el que cree. * Toda autoridad me ha sido dada en el cielo y en la tierra.

¿Por qué estáis amedrentados? ¿Cómo no tenéis fe? * Mirad las aves del cielo, que no siembran, ni siegan, ni recogen en graneros, y sin embargo, vuestro Padre celestial las alimenta. ¿No sois vosotros de mucho más valor que ellas?

Pero Jesús, dándose cuenta, dijo: Hombres de poca fe, ¿por qué discutís entre vosotros que no tenéis pan? ¿Todavía no entendéis ni recordáis los cinco panes de los cinco mil, y cuántas cestas recogisteis? * Y mi Dios proveerá a todas vuestras necesidades, conforme a sus riquezas en gloria en Cristo Jesús.

Mr. 2:8 Ro. 4:19,20 Mr. 2:9; 9:23 Mt. 28:18 Mr. 4:40 Mt. 6:26; 16:8,9 Fil. 4:19

JUNIO 9 - Es breve el júbilo de los malvados.

Tú lo herirás en el calcañar. * Esta hora y el poder de las tinieblas son vuestros.* Así que, por cuanto los hijos participan de carne y sangre, El igualmente participó también de lo mismo, para anular mediante la muerte el poder de aquel que tenía el poder de la muerte, es decir, el diablo. * Y habiendo despojado a los poderes y autoridades, hizo de ellos un espectáculo público, triunfando sobre ellos por medio de El. * Sed de espíritu sobrio, estad alerta. Vuestro adversario, el diablo, anda al acecho como león rugiente, buscando a quien devorar.

Pero resistidle firmes en la fe, sabiendo que las mismas experiencias de sufrimiento se van cumpliendo en vuestros hermanos en todo el mundo. * Por tanto, someteos a Dios. Resistid, pues, al diablo y huirá de vosotros. El impío trama contra el justo, y contra él rechina sus dientes. * El Señor se ríe de él, porque ve que su día se acerca. *Y el Dios de paz aplastará pronto a Satanás debajo de vuestros pies. * Y el diablo que los engañaba fue arrojado al lago de fuego y azufre...y serán atormentados día y noche por los siglos de los siglos.

Job. 20:5 Gen. 3:15 Lc. 22:53 Heb. 2:14 Col. 2:15 I P. 5:8,9 Stg. 4:7 Sal. 37:12,13 Ro.16:20 Ap. 20:10

JUNIO 10 - Cristo os perdonó, así también hacedlo vosotros.

Cierto prestamista tenía dos deudores; uno le debía quinientos denarios y el otro cincuenta; y no teniendo ellos con qué pagar, perdonó generosamente a los dos.* Te perdoné toda aquella deuda porque me suplicaste. "¿No deberías tú también haberte compadecido de tu consiervo, así como yo me compadecí de ti?" * Y cuando estéis orando, perdonad si tenéis algo contra alguien, para que también vuestro Padre que está en los cielos os perdone vuestras transgresiones. Pero si vosotros no perdonáis, tampoco vuestro Padre que está en los cielos perdonará vuestras transgresiones Entonces, como escogidos de Dios, santos y amados, revestíos de tierna compasión, bondad, humildad, mansedumbre y paciencia; soportándoos unos a otros y perdonándoos unos a otros, si alguno tiene queja contra otro; como Cristo os perdonó, así también hacedlo vosotros.

Señor, ¿cuántas veces pecará mi hermano contra mí que yo haya de perdonarlo? ¿Hasta siete veces? Jesús le dijo: No te digo hasta siete veces, sino hasta setenta veces siete.

....amor, que es el vínculo de la unidad.

Col. 3:13 Lc. 7:41,42 Mt. 18:32,33 Mr. 11:25,26 Col. 3:12,13 Mt. 18:21,22 Col. 3:14

JUNIO 11 - He aquí, yo hago nuevas todas las cosas.

En verdad, en verdad te digo que el que no nace de nuevo no puede ver el reino de Dios. De modo que si alguno está en Cristo, nueva criatura es; las cosas viejas pasaron; he aquí, son hechas nuevas.

Os daré un corazón nuevo y pondré un espíritu nuevo dentro de vosotros; quitaré de vuestra carne el corazón de piedra y os daré un corazón de carne.

Limpiad la levadura vieja para que seáis masa nueva, así como lo sois, sin levadura. y os vistáis del nuevo hombre, el cual, en la semejanza de Dios, ha sido creado en la justicia y santidad de la verdad. * Te llamarán con un nombre nuevo, que la boca del Señor determinará.

Pues he aquí, yo creo cielos nuevos y una tierra nueva, y no serán recordadas las cosas primeras ni vendrán a la memoria. * Puesto que todas estas cosas han de ser destruidas de esta manera, ¡qué clase de personas no debéis ser vosotros en santa conducta y en piedad.

Ap. 21:5 Jn. 3:3 II Co. 5:17 Ez. 36:26 I Co. 5:7 Ef. 4:24 Is. 62:2; 65:17 II P. 3:11

JUNIO 12 - A fin de que muramos al pecado y vivamos a la justicia.

...en cuanto a vuestra anterior manera de vivir, os despojéis del viejo hombre, que se corrompe según los deseos engañosos, y que seáis renovados en el espíritu de vuestra mente, y os vistáis del nuevo hombre, el cual, en la semejanza de Dios, ha sido creado en la justicia y santidad de la verdad.

Porque habéis muerto, y vuestra vida está escondida con Cristo en Dios. * Por tanto, hemos sido sepultados con El por medio del bautismo para muerte, a fin de que como Cristo resucitó de entre los muertos por la gloria del Padre, así también nosotros andemos en novedad de vida.

Sabiendo esto, que nuestro viejo hombre fue crucificado con El, para que nuestro cuerpo de pecado fuera destruido, a fin de que ya no seamos esclavos del pecado; porque el que ha muerto, ha sido libertado del pecado. * Consideraos muertos para el pecado, pero vivos para Dios en Cristo Jesús.

Por tanto, no reine el pecado en vuestro cuerpo mortal para que no obedezcáis sus lujurias; ni presentéis los miembros de vuestro cuerpo al pecado como instrumentos de iniquidad, sino presentaos vosotros mismos a * Dios como vivos de entre los muertos, y vuestros miembros a Dios como instrumentos de justicia.

I P. 2:24 Ef. 4:22-24 Col. 3:3 Ro. 6:4,6,7,11-13

JUNIO 13 - ¿Crees tú en el Hijo del Hombre?

¿Y quién es, Señor, para que yo crea en El? * El es el resplandor de su gloria y la expresión exacta de su naturaleza, y sostiene todas las cosas por la palabra de su poder. Después de llevar a cabo la purificación de los pecados, se sentó a la diestra de la Majestad en las alturas, a cual manifestará a su debido tiempo el bienaventurado y único Soberano, el Rey de reyes y Señor de señores; el único que tiene inmortalidad y habita en luz inaccesible; a quien ningún hombre ha visto ni puede ver. A El sea la honra y el dominio eterno. Amén. Yo soy el Alfa y la Omega–dice el Señor Dios–el que es y que era y que ha de venir, el Todopoderoso.

Creo, Señor.

Yo sé en quién he creído, y estoy convencido de que es poderoso para guardar mi depósito hasta aquel día. * He aquí, pongo en Sión una piedra escogida, una preciosa piedra angular, y el que crea en él no será avergonzado. Este precioso valor es, pues, para vosotros los que creéis.

Jn. 9:35, 36 Heb. 1:3 I Ti. 6:15,16 Ap. 1:8 Jn. 9:38 II Ti. 1:12 I P. 2:6,7

JUNIO 14 - Marta, Marta, tú estás preocupada y molesta por tantas cosas.

Considerad los cuervos, que ni siembran ni siegan; no tienen bodega ni granero, y sin embargo, Dios los alimenta; ¡cuánto más valéis vosotros que las aves! Considerad los lirios, cómo crecen; no trabajan ni hilan; pero os digo que ni Salomón en toda su gloria se vistió como uno de éstos. Vosotros, pues, no busquéis qué habéis de comer, ni qué habéis de beber, y no estéis preocupados.

Porque los pueblos del mundo buscan ansiosamente todas estas cosas; pero vuestro Padre sabe que necesitáis estas cosas. Y si tenemos qué comer y con qué cubrirnos, con eso estaremos contentos. * Los que quieren enriquecerse caen en tentación y lazo y en muchos deseos necios y dañosos que hunden a los hombres en la ruina y en la perdición. Porque la raíz de todos los males es el amor al dinero, por el cual, codiciándolo algunos, se extraviaron de la fe y se torturaron con muchos dolores.

Las preocupaciones del mundo, y el engaño de las riquezas, y los deseos de las demás cosas entran y ahogan la palabra, y se vuelve estéril. * Por tanto, puesto que tenemos en derredor nuestro tan gran nube de testigos, despojémonos también de todo peso y del pecado que tan fácilmente nos envuelve, y corramos con paciencia la carrera que tenemos por delante.

Lc. 10:41; 12:24,27,29,30 I Ti. 6:8-10 Mr. 4:19 Heb. 12:1

JUNIO 15 - El Espíritu... intercede por los santos conforme a la voluntad de Dios.

En aquel día no me preguntaréis nada. En verdad, en verdad os digo: si pedís algo al Padre, os lo dará en mi nombre. Hasta ahora nada habéis pedido en mi nombre; pedid y recibiréis, para que vuestro gozo sea completo. * Con toda oración y súplica orad en todo tiempo en el Espíritu, y así, velad con toda perseverancia y súplica por todos los santos;

Y esta es la confianza que tenemos delante de El, que si pedimos cualquier cosa conforme a su voluntad, El nos oye. * Y si sabemos que El nos oye en cualquier cosa que pidamos, sabemos que tenemos las peticiones que le hemos hecho.

Porque esta es la voluntad de Dios: vuestra santificación. * Porque Dios no nos ha llamado a impureza, sino a santificación. * Por consiguiente, el que rechaza esto no rechaza a hombre, sino al Dios que os da su Espíritu Santo. * Estad siempre gozosos; orad sin cesar; dad gracias en todo, porque esta es la voluntad de * Dios para vosotros en Cristo Jesús. No apaguéis el Espíritu;

Ro. 8:27 Jn. 16:23,24 Ef. 6:18 I Jn. 5:14,15 I Ts. 4:3, 7, 8, 16-19

JUNIO 16 - Retén firme lo que tienes, para que nadie tome tu corona.

Si tan sólo toco su manto, sanaré. * Señor, si quieres, puedes limpiarme. Quiero; sé limpio. Y al instante quedó limpio de su lepra.

....si tenéis fe como un grano de mostaza...

Por tanto, no desechéis vuestra confianza, la cual tiene gran recompensa.

Ocupaos en vuestra salvación con temor y temblor; porque Dios es quien obra en vosotros tanto el querer como el hacer, para su beneplácito. * Primero la hoja, luego la espiga, y después el grano maduro en la espiga. Conozcamos, pues, esforcémonos por conocer al SEÑOR.

El reino de los cielos sufre violencia, y los violentos lo conquistan por la fuerza. Corred de tal modo que ganéis.

He peleado la buena batalla, he terminado la carrera, he guardado la fe. En el futuro me está reservada la corona de justicia que el Señor, el Juez justo, me entregará en aquel día; y no sólo a mí, sino también a todos los que aman su venida.

Ap. 3:11 Mt. 9:21; 8:2,3; 17:20 Heb. 10:35 Fil. 2:12,13 Mr. 4:28 Os. 6:3 Mt. 11:12, I Co.9:24 II Ti. 4:7,8

JUNIO 17 -Señor, tus obras todas te darán gracias, y tus santos te bendecirán.

Bendice, alma mía, al SEÑOR, y bendiga todo mi ser su santo nombre. Bendice, alma mía, al SEÑOR, y no olvides ninguno de sus beneficios.

Todos los días te bendeciré, y alabaré tu nombre eternamente y para siempre. Bendeciré al Señor en todo tiempo; continuamente estará su alabanza en mi boca. Porque tu misericordia es mejor que la vida, mis labios te alabarán.

Así te bendeciré mientras viva, en tu nombre alzaré mis manos.

Como con médula y grosura está saciada mi alma; y con labios jubilosos te alaba mi boca.

Mi alma engrandece al Señor, y mi espíritu se regocija en Dios mi Salvador.

Digno eres, Señor y Dios nuestro, de recibir la gloria y el honor y el poder, porque tú creaste todas las cosas, y por tu voluntad existen y fueron creadas.

Sal. 145:10; 103:1,2; 34:1; 145:2; 63:3-5 Lc. 1:46,47 Ap. 4:11

JUNIO 18 - Fe como un grano de mostaza.

Le respondió Barac: Si tú vas conmigo, yo iré; pero si no vas conmigo, no iré. Así sometió Dios en aquel día a Jabín, rey de Canaán, delante de los hijos de Israel. * Gedeón ...temía mucho a la casa de su padre y a los hombres de la ciudad para hacerlo de día, lo hizo de noche. Entonces Gedeón dijo a Dios: Si has de librar a Israel por mi mano, como has dicho...te ruego que me permitas hacer otra vez una prueba con el vellón; que ahora quede seco el vellón y haya rocío en toda la tierra. Así lo hizo Dios aquella noche. Tienes un poco de poder, has guardado mi palabra y no has negado mi nombre. * ¿Pues quién ha menospreciado el día de las pequeñeces?

Siempre tenemos que dar gracias a Dios por vosotros, hermanos, como es justo, porque vuestra fe aumenta grandemente.

Señor: ¡Auméntanos la fe!

Seré como rocío para Israel; florecerá como lirio, y extenderá sus raíces como los cedros del Líbano. Brotarán sus renuevos, y será su esplendor como el del olivo, y su fragancia como la de los cedros del Líbano.

Mt. 17:20 Jue 4:8,23; 6:27,36,39,40 Ap. 3:8 Zac. 4:10 II Ts. 1:3 Lc. 17:5 Os. 14:5,6

JUNIO 19 - Oro refinado por fuego.

No hay nadie que haya dejado casa, o hermanos, o hermanas, o madre, o padre, o hijos o tierras por causa de mí y por causa del evangelio, que no reciba cien veces más ahora en este tiempo: casas, y hermanos, y hermanas, y madres, e hijos, y tierras junto con persecuciones; y en el siglo venidero, la vida eterna.

Amados, no os sorprendáis del fuego de prueba que en medio de vosotros ha venido para probaros, como si alguna cosa extraña os estuviera aconteciendo.

Ahora, por un poco de tiempo si es necesario, seáis afligidos con diversas pruebas, para que la prueba de vuestra fe, más preciosa que el oro que perece, aunque probado por fuego, sea hallada que resulta en alabanza, gloria y honor en la revelación de Jesucristo; Y después de que hayáis sufrido un poco de tiempo, el Dios de toda gracia, que os llamó a su gloria eterna en Cristo, El mismo os perfeccionará, afirmará, fortalecerá y establecerá.

Estas cosas os he hablado para que en mí tengáis paz. En el mundo tenéis tribulación; pero confiad, yo he vencido al mundo.

Ap. 3:18 Mr. 10:29,30 I P. 4:12; 1:6,7; 5:10 Jn. 16:33

JUNIO 20 - Tú escudriñas mi senda y mi descanso.

Despertó Jacob de su sueño y dijo: Ciertamente el Señor está en este lugar y yo no lo sabía. Y tuvo miedo y dijo: ¡Cuán imponente es este lugar! Esto no es más que la casa de Dios, y esta es la puerta del cielo.

Los ojos del Señor recorren toda la tierra para fortalecer a aquellos cuyo corazón es completamente suyo.

En paz me acostaré y así también dormiré; porque sólo tú, SEÑOR, me haces habitar seguro.

Porque has puesto al SEÑOR, que es mi refugio, al Altísimo, por tu habitación. No te sucederá ningún mal, ni plaga se acercará a tu morada. Pues El dará órdenes a sus ángeles acerca de ti, para que te guarden en todos tus caminos.

Cuando te acuestes no tendrás temor, sí, te acostarás y será dulce tu sueño. El da a su amado aun mientras duerme.

Sal. 139:3 Gn. 28:16,17 II Cr. 16:9 Sal. 4:8; 91:9-11 Pr. 3:24 Sal. 127:2

JUNIO 21 - Lo busqué, y no lo hallé; lo llamé, y no me respondió.

¡Ah, Señor! ¿Qué puedo decir, ya que Israel ha vuelto la espalda ante sus enemigos? Y el SEÑOR dijo a Josué: ¡Levántate! ¿Por qué te has postrado rostro en tierra?

Israel ha pecado...Y hasta han tomado de las cosas dedicadas al anatema...y además las han puesto entre sus propias cosas.

He aquí, no se ha acortado la mano del Señor para salvar; ni se ha endurecido su oído para oír. Pero vuestras iniquidades han hecho separación entre vosotros y vuestro Dios, y vuestros pecados le han hecho esconder su rostro de vosotros para no escucharos. Si observo iniquidad en mi corazón, el Señor no me escuchará.

Amados, si nuestro corazón no nos condena, confianza tenemos delante de Dios; y todo lo que pidamos lo recibimos de El, porque guardamos sus mandamientos y hacemos las cosas que son agradables delante de El.

Cant. 5:6 Jos. 7:8,10,11 Is. 59:1,2 Sal. 66:18 I Jn. 3:21,22

JUNIO 22 - Mirad, cómo lo amaba.

Por todos murió,

Nadie tiene un amor mayor que éste: que uno dé su vida por sus amigos. Vive perpetuamente para interceder por ellos. * Voy a preparar un lugar para vosotros.

Vendré otra vez y os tomaré conmigo; para que donde yo estoy, allí estéis también vosotros.

Padre, quiero que los que me has dado, estén también conmigo donde yo estoy. Habiendo amado a los suyos que estaban en el mundo, los amó hasta el fin. Nosotros amamos, porque El nos amó primero.

Pues el amor de Cristo nos apremia, habiendo llegado a esta conclusión: que uno murió por todos, por consiguiente, todos murieron; y por todos murió, para que los que viven, ya no vivan para sí, sino para aquel que murió y resucitó por ellos.

Si guardáis mis mandamientos, permaneceréis en mi amor, así como yo he guardado los mandamientos de mi Padre y permanezco en su amor.

Jn. 11:36 II Co. 5:15 Jn. 15:13 He. 7:25 Jn.14:2; 14:3; 17:24; 13:1 I Jn. 4:19 II Co.5:14,15 Jn. 15:10

JUNIO 23 - ¿No he de buscar seguridad para ti, para que te vaya bien?

Queda, un reposo sagrado para el pueblo de Dios. * Entonces habitará mi pueblo en albergue de paz, en mansiones seguras y en moradas de reposo; * Allí los impíos cesan de airarse, y allí reposan los cansados.

...descansen de sus trabajos.

Jesús entró por nosotros como precursor, hecho, según el orden de Melquisedec, sumo sacerdote para siempre.

Venid a mí, todos los que estáis cansados y cargados, y yo os haré descansar. Tomad mi yugo sobre vosotros y aprended de mí, que soy manso y humilde de corazón, y hallaréis descanso para vuestras almas Porque mi yugo es fácil y mi carga ligera. * En arrepentimiento y en reposo seréis salvos; en quietud y confianza está vuestro poder.

El Señor es mi pastor, nada me faltará. En lugares de verdes pastos me hace descansar; junto a aguas de reposo me conduce.

Ruth 3:1 He. 4:9 Is. 32:18 Job. 3:17 Ap. 14:13 Heb. 6:20 Mt. 11:28-30 Is. 30:15 Sal.23:1,2

JUNIO 24 - Maestro, ¿dónde te hospedas? El les dijo: Venid y veréis.

En la casa de mi Padre hay muchas moradas; si no fuera así, os lo hubiera dicho; porque voy a preparar un lugar para vosotros. Y si me voy y preparo un lugar para vosotros, vendré otra vez y os tomaré conmigo; para que donde yo estoy, allí estéis también vosotros.

Al vencedor, le concederé sentarse conmigo en mi trono, como yo también vencí y me senté con mi Padre en su trono.

Así dice el Alto y Sublime que vive para siempre, cuyo nombre es Santo: Habito en lo alto y santo, y también con el contrito y humilde de espíritu, para vivificar el espíritu de los humildes y para vivificar el corazón de los contritos.

He aquí, yo estoy a la puerta y llamo; si alguno oye mi voz y abre la puerta, entraré a él, y cenaré con él y él conmigo. * He aquí, yo estoy con vosotros todos los días, hasta el fin del mundo.

¡Cuán preciosa es, oh Dios, tu misericordia! Por eso los hijos de los hombres se refugian a la sombra de tus alas.

Jn. 1:38,39; 14:2,3 Ap. 3:21 Is. 57:15 Ap. 3:20 Mt. 28:20 Sal. 36:7

JUNIO 25 - El hombre compañero mío.

Toda la plenitud de la Deidad reside corporalmente en El,

He ayudado a un poderoso; he exaltado a uno escogido de entre el pueblo.

El lagar lo he pisado yo solo; de los pueblos, ningún hombre estaba conmigo.

E indiscutiblemente, grande es el misterio de la piedad: El fue manifestado en la carne, Porque un niño nos ha nacido, un hijo nos ha sido dado, y la soberanía reposará sobre sus hombros; y se llamará su nombre Admirable Consejero, Dios Poderoso, Padre Eterno, Príncipe de Paz.

El es el resplandor de su gloria y la expresión exacta de su naturaleza, y sostiene todas las cosas por la palabra de su poder. Después de llevar a cabo la purificación de los pecados, se sentó a la diestra de la Majestad en las alturas...Pero del Hijo dice: Tu nombre, oh Dios, es por los siglos de los siglos, y cetro de equidad es el cetro de tu reino...y de nuevo, cuando trae al Primogénito al mundo, dice: Y adórenle todos los ángeles de Dios. Y en su manto y en su muslo tiene un nombre escrito: Rey de Reyes y Señor de Señores

Zac. 13:7 Col. 2:9 Sal. 89:19 Is. 63:3 I Ti. 3:16 Is. 9:6 Heb. 1:3,8,6 Ap. 19:16

JUNIO 26 - Esta es noche de vigilia para el Señor por haberlos sacado de la tierra de Egipto.

Yo recibí del Señor lo mismo que os he enseñado: que el Señor Jesús, la noche en que fue entregado, tomó pan, y después de dar gracias, lo partió y dijo: Esto es mi cuerpo que es para vosotros; haced esto en memoria de mí. De la misma manera tomó también la copa después de haber cenado, diciendo: Esta copa es el nuevo pacto en mi sangre; haced esto cuantas veces la bebáis en memoria de mí.

Poniéndose de rodillas, oraba. Y estando en agonía, oraba con mucho fervor; y su sudor se volvió como gruesas gotas de sangre, que caían sobre la tierra.

Y era el día de la preparación para la Pascua; era como la hora sexta... Tomaron, pues, a Jesús, y El salió cargando su cruz al sitio llamado el Lugar de la Calavera, que en hebreo se dice Gólgota, donde le crucificaron.

Cristo, nuestra Pascua, ha sido sacrificado. Por tanto, celebremos la fiesta.

Ex. 12:42 I Co. 11:23-25 Lc. 22:41,44 Jn. 19:14,16-18

JUNIO 27 - No entres en juicio con tu siervo, porque no es justo delante de ti ningún viviente.

Venid ahora, y razonemos –dice el Señor– aunque vuestros pecados sean como la grana, como la nieve serán emblanquecidos; aunque sean rojos como el carmesí, como blanca lana quedarán. * ¿O se acogerá alguien a mi amparo? ¡Que haga conmigo paz!, ¡sí, que haga la paz conmigo!

Cede ahora y haz la paz con El, así te vendrá el bien. * Por tanto, habiendo sido justificados por la fe, tenemos paz para con Dios por medio de nuestro Señor Jesucristo.

...sin embargo, sabiendo que el hombre no es justificado por las obras de la ley, sino mediante la fe en Cristo Jesús, también nosotros hemos creído en Cristo Jesús, para que seamos justificados por la fe en Cristo, y no por las obras de la ley; puesto que por las obras de la ley nadie será justificado. * Por las obras de la ley ningún ser humano será justificado delante de El. * Todas las cosas de que no pudisteis ser justificados por la ley de Moisés, por medio de El, todo aquel que cree es justificado. *A Dios gracias, que nos da la victoria por medio de nuestro Señor Jesucristo.

Sal. 143:2 Is. 1:18; 27:5 Job. 22:21 Ro. 5:1 Gal. 2:16 Ro. 3:20 Hch. 13:39 I Co. 15:57

JUNIO 28- El Espíritu dice claramente que en los últimos tiempos algunos apostatarán de la fe, prestando atención a espíritus engañadores.

Por tanto, tened cuidado de cómo oís. * Que la palabra de Cristo habite en abundancia en vosotros, con toda sabiduría.

...en todo, tomando el escudo de la fe con el que podréis apagar todos los dardos encendidos del maligno. * Mucha paz tienen los que aman tu ley, y nada los hace tropezar .¡Cuán dulces son a mi paladar tus palabras!, más que la miel a mi boca. * De tus preceptos recibo entendimiento, por tanto aborrezco todo camino de mentira * Lámpara es a mis pies tu palabra, y luz para mi camino. * Tengo más discernimiento que todos mis maestros, porque tus testimonios son mi meditación.

...aun Satanás se disfraza como ángel de luz. * Pero si aun nosotros, o un ángel del cielo, os anunciara otro evangelio contrario al que os hemos anunciado, sea anatema.

I Ti. 4:1 Lc. 8:18 Col. 3:16 Ef. 6:16 Sal. 119: 165, 103, 104, 105, 99 II Co. 11:14 Gal.1:8

JUNIO 29 - No te acuerdes de los pecados de mi juventud ni de mis transgresiones.

He disipado como una densa nube tus transgresiones, y como espesa niebla tus pecados. Yo, yo soy el que borro tus transgresiones por amor a mí mismo, y no recordaré tus pecados. * Venid ahora, y razonemos–dice el SEÑOR– aunque vuestros pecados sean como la grana, como la nieve serán emblanquecidos; aunque sean rojos como el carmesí, como blanca lana quedarán.

Perdonaré su maldad, y no recordaré más su pecado. * Eres tú quien ha guardado mi alma del abismo de la nada, porque echaste tras tus espaldas todos mis pecados.

¿Qué Dios hay como tú, que perdona la iniquidad y pasa por alto la rebeldía del remanente de su heredad? No persistirá en su ira para siempre, porque se complace en la misericordia * Al que nos ama y nos libertó de nuestros pecados con su sangre... a El sea la gloria y el dominio por los siglos de los siglos. Amén.

Sal. 25:7 Is. 44:22; 43:25; 1:18 Jer. 31:34 Mi. 7:19 Is. 38:17 Mi. 7:18 Ap. 1:5,6

JUNIO 30 - Porque Dios está en el cielo y tú en la tierra; por tanto sean pocas tus palabras.

Y al orar, no uséis repeticiones sin sentido, como los gentiles, porque ellos se imaginan que serán oídos por su palabrería. Por tanto, no os hagáis semejantes a ellos; porque vuestro Padre sabe lo que necesitáis antes que vosotros le pidáis. * Entonces...invocaron el nombre de Baal desde la mañana hasta el mediodía, diciendo: Oh Baal, respóndenos.

Dos hombres subieron al templo a orar; uno era fariseo y el otro recaudador de impuestos. El fariseo puesto en pie, oraba para sí de esta manera: "Dios, te doy gracias porque no soy como los demás hombres: estafadores, injustos, adúlteros; ni aun como este recaudador de impuestos. Pero el recaudador de impuestos, de pie y a cierta distancia, no quería ni siquiera alzar los ojos al cielo, sino que se golpeaba el pecho, diciendo: "Dios, ten piedad de mí, pecador." Os digo que éste descendió a su casa justificado pero aquél no; porque todo el que se ensalza será humillado, pero el que se humilla será ensalzado

Señor, enséñanos a orar.

Ec. 5:2 Mt. 6:7,8 I R 18:26 Lc. 18:10,11,13,14; 11:1

Mes de Julio

JULIO 1 - Eben-ezer... Hasta aquí nos ha ayudado el Señor.

Estaba yo postrado y me salvó. * Bendito sea el SEÑOR, porque ha oído la voz de mis súplicas.* El Señor es mi fuerza y mi escudo; en El confía mi corazón, y soy socorrido; por tanto, mi corazón se regocija, y le daré gracias con mi cántico. *Es mejor refugiarse en el Señor que confiar en el hombre. Es mejor refugiarse en el SEÑOR que confiar en príncipes.

Bienaventurado aquel cuya ayuda es el Dios de Jacob, cuya esperanza está en el Señor su Dios. *Los guió por camino recto, para que fueran a una ciudad habitada.*No faltó ni una palabra de las buenas promesas que el Señor había hecho a la casa de Israel; todas se cumplieron.*Cuando os envié sin bolsa, ni alforja, ni sandalias, ¿acaso os faltó algo? Y ellos contestaron: No, nada. * Porque tú has sido mi socorro, y a la sombra de tus alas canto gozoso.

I S. 7:12 Sal. 116:6; 28:6,7; 118:8,9; 146:5; 107:7 Jos. 21:45 Lc. 22:35 Sal. 63:7

JULIO 2 - (Jesús) oró por tercera vez, diciendo otra vez las mismas palabras.

Cristo, en los días de su carne, habiendo ofrecido oraciones y súplicas con gran clamor y lágrimas al que podía librarle de la muerte. * Conozcamos, pues, esforcémonos por conocer al SEÑOR.

...gozándoos en la esperanza, perseverando en el sufrimiento, dedicados a la oración, Con toda oración y súplica orad en todo tiempo en el Espíritu, y así, velad con toda perseverancia y súplica por todos los santos.

Por nada estéis afanosos; antes bien, en todo, mediante oración y súplica con acción de gracias, sean dadas a conocer vuestras peticiones delante de Dios. * Y la paz de Dios, que sobrepasa todo entendimiento, guardará vuestros corazones y vuestras mentes en Cristo Jesús.

...pero no sea como yo quiero, sino como tú quieras.

Y esta es la confianza que tenemos delante de El, que si pedimos cualquier cosa conforme a su voluntad, El nos oye. * Pon tu delicia en el SEÑOR, y El te dará las peticiones de tu corazón. Encomienda al Señor tu camino, confía en El, que El actuará;

Mt. 26:44 He. 5:7 Os. 6:3 Ro. 12:12 Ef. 6:18 Fil. 4:6,7 Mt. 26:39 I Jn. 5:14 Sal. 37:4,5

JULIO 3 - Lo vil y despreciado del mundo ha escogido Dios.

Mirad, ¿no son galileos todos estos que están hablando? * Jesús...vio a dos hermanos...echando una red al mar, porque eran pescadores. Y les dijo: Seguidme, y yo os haré pescadores de hombres.

Al ver la confianza de Pedro y de Juan, y dándose cuenta de que eran hombres sin letras y sin preparación, se maravillaban, y reconocían que ellos habían estado con Jesús.

Y ni mi mensaje ni mi predicación fueron con palabras persuasivas de sabiduría, sino con demostración del Espíritu y de poder, para que vuestra fe no descanse en la sabiduría de los hombres, sino en el poder de Dios. * Vosotros no me escogisteis a mí, sino que yo os escogí a vosotros, y os designé para que vayáis y deis fruto, y que vuestro fruto permanezca; porque separados de mí nada podéis hacer.

Tenemos este tesoro en vasos de barro, para que la extraordinaria grandeza del poder sea de Dios y no de nosotros.

I Co. 1:28 Hch. 2:7 Mt. 4:18,19 Hch. 4:13 I Co. 2:4, Jn. 15:16,5 II Co. 4:7

JULIO 4 - Jesucristo el justo: la propiciación por nuestros pecados.

Y los querubines tendrán extendidas las alas hacia arriba, cubriendo el propiciatorio con sus alas, uno frente al otro; los rostros de los querubines estarán vueltos hacia el propiciatorio. Y pondrás el propiciatorio encima del arca, y en el arca pondrás el testimonio que yo te daré. Allí me encontraré contigo.

Ciertamente cercana está su salvación para los que le temen, para que more su gloria en nuestra tierra. La misericordia y la verdad se han encontrado, la justicia y la paz se han besado. * SEÑOR, si tú tuvieras en cuenta las iniquidades, ¿quién, oh Señor, podría permanecer? Pero en ti hay perdón, para que seas temido.

Oh Israel, espera en el SEÑOR, porque en el Señor hay misericordia, y en El hay abundante redención; * El redimirá a Israel de todas sus iniquidades.

Por cuanto todos pecaron y no alcanzan la gloria de Dios, siendo justificados gratuitamente por su gracia por medio de la redención que es en Cristo Jesús, a quien Dios exhibió públicamente como propiciación por su sangre a través de la fe, como demostración de su justicia, porque en su tolerancia, Dios pasó por alto los pecados cometidos anteriormente

I Jn. 2:1,2 Ex. 25:20-22 Sal. 85:9,10; 130:3,4,7,8 Ro. 3:23-25

JULIO 5 - No seáis altivos en vuestro pensar, sino condescendiendo con los humildes.

Hermanos míos, no tengáis vuestra fe en nuestro glorioso Señor Jesucristo con una actitud de favoritismo. ¿No escogió Dios a los pobres de este mundo para ser ricos en fe y herederos del reino que El prometió a los que le aman?

Nadie busque su propio bien, sino el de su prójimo. * Y si tenemos qué comer y con qué cubrirnos, con eso estaremos contentos.

 Pero los que quieren enriquecerse caen en tentación y lazo y en muchos deseos necios y dañosos que hunden a los hombres en la ruina y en la perdición.

Dios ha escogido lo necio del mundo, para avergonzar a los sabios; y Dios ha escogido lo débil del mundo, para avergonzar a lo que es fuerte; Lo vil y despreciado del mundo ha escogido Dios; lo que no es, para anular lo que es; para que nadie se jacte delante de Dios.*Señor, mi corazón no es soberbio, ni mis ojos altivos.

Ro. 12:16 Stg. 2:1,5 I Co. 10:24 I Ti. 6:8,9 I Co. 1:27-29 Sal. 131:1

JULIO 6 - Delante de mis ojos está tu misericordia.

Clemente y compasivo es el SEÑOR, lento para la ira y grande en misericordia. Vuestro Padre que está en los cielos... hace salir su sol sobre malos y buenos, y llover sobre justos e injustos.

Sed, pues, imitadores de Dios como hijos amados; y andad en amor, así como también Cristo os amó y se dio a sí mismo por nosotros, ofrenda y sacrificio a Dios, como fragante aroma. * Sed más bien amables unos con otros, misericordiosos, perdonándoos unos a otros, así como también Dios os perdonó en Cristo.

Puesto que en obediencia a la verdad habéis purificado vuestras almas para un amor sincero de hermanos, amaos unos a otros entrañablemente, de corazón puro.

Pues el amor de Cristo nos apremia. * Antes bien, amad a vuestros enemigos, y haced bien, y prestad no esperando nada a cambio, y vuestra recompensa será grande, y seréis hijos del Altísimo; porque El es bondadoso para con los ingratos y perversos.

Sed misericordiosos, así como vuestro Padre es misericordioso.

Sal. 26:3; 145:8 Mt. 5:45 Ef. 5:1,2; 4:32 I P. 1:22 II Co. 5:14 Lc. 6:35,36

JULIO 7 - El Hijo del Hombre vino para servir y para dar su vida en rescate por muchos.

Si la sangre de los machos cabríos y de los toros, y la ceniza de la becerra rociada sobre los que se han contaminado, santifican para la purificación de la carne, ¿cuánto más la sangre de Cristo, el cual por el Espíritu eterno se ofreció a sí mismo sin mancha a Dios, purificará vuestra conciencia de obras muertas para servir al Dios vivo? * Como cordero que es llevado al matadero. Doy mi vida por las ovejas. Nadie me la quita, sino que yo la doy de mi propia voluntad. Tengo autoridad para darla, y tengo autoridad para tomarla de nuevo. * Porque la vida de la carne está en la sangre, y yo os la he dado sobre el altar para hacer expiación por vuestras almas; porque es la sangre, por razón de la vida, la que hace expiación. * Sin derramamiento de sangre no hay perdón.

Pero Dios demuestra su amor para con nosotros, en que siendo aún pecadores, Cristo murió por nosotros. Entonces mucho más, habiendo sido ahora justificados por su sangre, seremos salvos de la ira de Dios por medio de El.

Mt. 20:28 He. 9:13,14 Is. 53:7 Jn. 10:15,18 Lev. 17:11 Heb. 9:22 Ro. 5:8,9

JULIO 8 - ¿Puede ser aliado tuyo un trono de iniquidad?

En verdad nuestra comunión es con el Padre y con su Hijo Jesucristo.

Amados, ahora somos hijos de Dios y aún no se ha manifestado lo que habremos de ser. Pero sabemos que cuando El se manifieste, seremos semejantes a El porque le veremos como El es. Y todo el que tiene esta esperanza puesta en El, se purifica, así como El es puro. * Viene el príncipe de este mundo, y él no tiene nada en mí;

Porque convenía que tuviéramos tal sumo sacerdote: santo, inocente, inmaculado, apartado de los pecadores y exaltado más allá de los cielos, * Porque nuestra lucha no es contra sangre y carne, sino contra principados, contra potestades, contra los poderes de este mundo de tinieblas, contra las huestes espirituales de maldad en las regiones celestes.

...el príncipe de la potestad del aire, el espíritu que ahora opera en los hijos de desobediencia.

Todo el que ha nacido de Dios, no peca; sino que aquel que nació de Dios le guarda y el maligno no lo toca. Sabemos que somos de Dios, y que todo el mundo yace bajo el poder del maligno

Sal. 94:20 I Jn. 1:3; 3:2,3 Jn. 14:30 Heb. 7:26 Ef. 6:12; 2,2 I Jn. 5:18,19

JULIO 9 - El día lo dará a conocer.

No juzguéis antes de tiempo, sino esperad hasta que el Señor venga, el cual sacará a la luz las cosas ocultas en las tinieblas y también pondrá de manifiesto los designios de los corazones; y entonces cada uno recibirá su alabanza de parte de Dios.

Pero tú, ¿por qué juzgas a tu hermano? O también, tú, ¿por qué menosprecias a tu hermano? Porque todos compareceremos ante el tribunal de Dios. De modo que cada uno de nosotros dará a Dios cuenta de sí mismo. Por consiguiente, ya no nos juzguemos los unos a los otros, sino más bien decidid esto: no poner obstáculo o piedra de tropiezo al hermano.

Dios juzgará los secretos de los hombres mediante Cristo Jesús. * El Padre juzga a nadie, sino que todo juicio se lo ha confiado al Hijo, y le dio autoridad para ejecutar juicio, porque es el Hijo del Hombre. * Oh grande y poderoso Dios, el Señor de los ejércitos es su nombre; grande en consejo y poderoso en obras, cuyos ojos están abiertos sobre todos los caminos de los hijos de los hombres, para dar a cada uno conforme a sus caminos y conforme al fruto de sus obras.

I Co. 3:13 I Co. 4:5 Ro. 14:10,12,13; 2:16 Jn. 5:22,27 Jer. 32:18,19

JULIO 10 - Dame, hijo mío, tu corazón.

Oh si ellos tuvieran tal corazón que me temieran, y guardaran siempre todos mis mandamientos, para que les fuera bien a ellos y a sus hijos para siempre!

Tu corazón no es recto delante de Dios ya que la mente puesta en la carne es enemiga de Dios, porque no se sujeta a la ley de Dios, pues ni siquiera puede hacerlo. Los que están en la carne no pueden agradar a Dios.* Primeramente se dieron a sí mismos al Señor.

Y toda obra que emprendió (Ezequías) en el servicio de la casa de Dios por ley y por mandamiento, buscando a su Dios, lo hizo con todo su corazón y prosperó. * Con toda diligencia guarda tu corazón, porque de él brotan los manantiales de la vida.

Y todo lo que hagáis, hacedlo de corazón, como para el Señor y no para los hombres, no para ser vistos, como los que quieren agradar a los hombres, sino como siervos de Cristo, haciendo de corazón la voluntad de Dios. Servid de buena voluntad, como al Señor y no a los hombres. * Por el camino de tus mandamientos correré, porque tú ensancharás mi corazón.

Pro. 23:26 Dt. 5:29 Hch. 8:21 Ro. 8:7,8 II Co. 8:5 II Cr. 31:21 Pr. 4:23 Col. 3:23 Ef.6:6,7 Sal. 119:32

JULIO 11 - El ha saciado al alma sedienta, y ha llenado de bienes al alma hambrienta.

Habéis probado la benignidad del Señor. * Oh Dios, tú eres mi Dios; te buscaré con afán. Mi alma tiene sed de ti, mi carne te anhela cual tierra seca y árida donde no hay agua. Así te contemplaba en el santuario, para ver tu poder y tu gloria. * Anhelaba mi alma, y aun deseaba con ansias los atrios del SEÑOR; mi corazón y mi carne cantan con gozo al Dios vivo.

...teniendo el deseo de partir y estar con Cristo, pues eso es mucho mejor. * En cuanto a mí, en justicia contemplaré tu rostro; al despertar, me saciaré cuando contemple tu imagen. * Ya no tendrán hambre ni sed, ni el sol los abatirá, ni calor alguno, pues el Cordero en medio del trono los pastoreará y los guiará a manantiales de aguas de vida, y Dios enjugará toda lágrima de sus ojos.* Se sacian de la abundancia de tu casa, y les das a beber del río de tus delicias. Y llenaré con abundancia el alma de los sacerdotes.

Mi pueblo se saciará de mi bondad–declara el SEÑOR.

Sal. 107:9 I P. 2:3 Sal. 63:1,2; 84:2 Fil. 1:23 Sal.17:5 Ap. 7:16,17 Sal. 36:8 Jer. 31:14

JULIO 12 - Consideremos cómo estimularnos unos a otros al amor y a las buenas obras.

¡Cuán dolorosas son las palabras sinceras! * Amados, ...os escribo, en las cuales, como recordatorio, despierto en vosotros vuestro sincero entendimiento.

Entonces los que temían al Señor se hablaron unos a otros, y el Señor prestó atención y escuchó, y fue escrito delante de El un libro memorial para los que temen al Señor y para los que estiman su nombre. * Además os digo, que si dos de vosotros se ponen de acuerdo sobre cualquier cosa que pidan aquí en la tierra, les será hecho por mi Padre que está en los cielos.

Y el Señor Dios dijo: No es bueno que el hombre esté solo; le haré una ayuda idónea. Más valen dos que uno solo, pues tienen mejor remuneración por su trabajo. * Porque si uno de ellos cae, el otro levantará a su compañero; pero ¡ay del que cae cuando no hay otro que lo levante! * Por consiguiente, ya no nos juzguemos los unos a los otros, sino más bien decidid esto: no poner obstáculo o piedra de tropiezo al hermano. * Llevad los unos las cargas de los otros, y cumplid así la ley de Cristo...mirándote a ti mismo, no sea que tú también seas tentado.

Heb. 10:24 Job 6:25 II P. 3:1 Mal. 3:16 Mt. 18:19 Gen. 2:18 Ec. 4:9,10 Ro. 14:13 Gal.6:2,1

JULIO 13 - Buscad en el libro del Señor.

Grabad, pues, estas mis palabras en vuestro corazón y en vuestra alma; atadlas como una señal a vuestra mano, y serán por insignias entre vuestros ojos. * Este libro de la ley no se apartará de tu boca, sino que meditarás en él día y noche, para que cuides de hacer todo lo que en él está escrito; porque entonces harás prosperar tu camino y tendrás éxito. * La ley de su Dios está en su corazón; no vacilan sus pasos. * Por la palabra de tus labios yo me he guardado de las sendas de los violentos. En mi corazón he atesorado tu palabra, para no pecar contra ti.

Y así tenemos la palabra profética más segura, a la cual hacéis bien en prestar atención como a una lámpara que brilla en el lugar oscuro, hasta que el día despunte y el lucero de la mañana aparezca en vuestros corazones.

...a fin de que por medio de la paciencia y del consuelo de las Escrituras tengamos esperanza.

Is. 34:16 Dt. 11:18 Jos. 1:8 Sal. 37:31; 17:4; 119:11 II P. 1:19 Ro. 15:4

JULIO 14 - Espero verte en breve y hablaremos cara a cara.

¡Oh, si rasgaras los cielos y descendieras.

Como el ciervo anhela las corrientes de agua, así suspira por ti, oh Dios, el alma mía. Mi alma tiene sed de Dios, del Dios viviente; ¿cuándo vendré y me presentaré delante de Dios?

Apresúrate, amado mío, y sé como una gacela o un cervatillo sobre los montes de los aromas.* Porque nuestra ciudadanía está en los cielos, de donde también ansiosamente esperamos a un Salvador, el Señor Jesucristo.

...aguardando la esperanza bienaventurada y la manifestación de la gloria de nuestro gran * Dios y Salvador Cristo Jesús.

Dios nuestro Salvador, y de Cristo Jesús nuestra esperanza, a quien sin haberle visto, le amáis, y a quien ahora no veis, pero creéis en El. * El que testifica de estas cosas dice: Sí, vengo pronto. Amén. Ven, Señor Jesús.

En aquel día se dirá: He aquí, éste es nuestro Dios a quien hemos esperado para que nos salvara; éste es el Señor a quien hemos esperado; regocijémonos y alegrémonos en su salvación.

III Jn. 14 Is. 64:1 Sal. 42:1,2 Cant. 8:14 Fil. 3:20 Tit. 2:13 I Ti. 1:1 I P. 1:8 Ap. 3:22 Is.25:9

JULIO 15 -El oído distingue las palabras, como el paladar prueba la comida.

Amados, no creáis a todo espíritu, sino probad los espíritus para ver si son de Dios, porque muchos falsos profetas han salido al mundo. * No juzguéis por la apariencia, sino juzgad con juicio justo. Os hablo como a sabios; juzgad vosotros lo que digo.

Que la palabra de Cristo habite en abundancia en vosotros, con toda sabiduría enseñándoos y amonestándoos unos a otros con salmos, himnos y canciones espirituales, cantando a Dios con acción de gracias en vuestros corazones.* El que tiene oído, oiga lo que el Espíritu dice a las iglesias. * El que es espiritual juzga todas las cosas; pero él no es juzgado por nadie. Cuidaos de lo que oís. * Yo conozco tus obras...y has sometido a prueba a los que se dicen ser apóstoles y no lo son, y los has hallado mentirosos.

Antes bien, examinadlo todo cuidadosamente, retened lo bueno; * Llama a sus ovejas por nombre y las conduce afuera. Cuando saca todas las suyas, va delante de ellas, y las ovejas lo siguen porque conocen su voz. Pero a un desconocido no seguirán, sino que huirán de él, porque no conocen la voz de los extraños.

Job 34:3 I Jn. 4:1 Jn. 7:24 I Co. 10:15 Col. 3:16 Ap. 2:29 I Co. 2:15 Mr. 4:24 Ap. 2:2 I Ts. 5:21 Jn. 10:3-5

JULIO 16 -Oramos a nuestro Dios, y para defendernos montamos guardia contra ellos de día y de noche.

Velad y orad para que no entréis en tentación; el espíritu está dispuesto, pero la carne es débil. * Perseverad en la oración, velando en ella con acción de gracias; echando toda vuestra ansiedad sobre El, porque El tiene cuidado de vosotros. * Sed de espíritu sobrio, estad alerta. Vuestro adversario, el diablo, anda al acecho como león rugiente, buscando a quien devorar. Pero resistidle firmes en la fe, sabiendo que las mismas experiencias de sufrimiento se van cumpliendo en vuestros hermanos en todo el mundo. * ¿Y por qué me llamáis: "Señor, Señor", y no hacéis lo que yo digo?

Sed hacedores de la palabra y no solamente oidores que se engañan a sí mismos. * ¿Por qué clamas a mí? Di a los hijos de Israel que se pongan en marcha.* Por nada estéis afanosos; antes bien, en todo, mediante oración y súplica con acción de gracias, sean dadas a conocer vuestras peticiones delante de Dios. Y la paz de Dios, que sobrepasa todo entendimiento, guardará vuestros corazones y vuestras mentes en Cristo Jesús.

Neh. 4:9 Mt. 26:41 Col. 4:2 I P5:7-9 Lc. 6:46 Stg. 1:22 Ex. 14:15 Fil. 4:6,7

JULIO 17 - La santificación por el Espíritu.

Despierta, viento del norte, y ven, viento del sur; haced que mi huerto exhale fragancia, que se esparzan sus aromas.

Porque mirad, ¡qué solicitud ha producido en vosotros esto, esta tristeza piadosa, qué vindicación de vosotros mismos, qué indignación, qué temor, qué gran afecto, qué celo, qué castigo del mal

El fruto de la luz consiste en toda bondad, justicia y verdad, examinando qué es lo que agrada al Señor.* El Consolador es el Espíritu Santo.

Y yo rogaré al Padre, y El os dará otro Consolador para que esté con vosotros para siempre; * El amor de Dios ha sido derramado en nuestros corazones por medio del Espíritu Santo que nos fue dado. * Mas el fruto del Espíritu es amor, gozo, paz. * En medio de una gran prueba de aflicción, abundó su gozo, y su profunda pobreza sobreabundó en la riqueza de su liberalidad.

Pero todas estas cosas las hace uno y el mismo Espíritu, distribuyendo individualmente a cada uno según la voluntad de El.

II Ts. 2:13 Cant. 4:16 II Co. 7:11 Ef. 5:8,10 Jn. 14:6 Ro.5:5 Gal. 5:22 II Co. 8:2 I Co.12:11

JULIO 18 - Ella ha hecho lo que ha podido.

Esta viuda tan pobre echó más que todos ellos; * Cualquiera que os dé de beber un vaso de agua, por razón de vuestro nombre, ya que sois seguidores de Cristo, en verdad os digo que no perderá su recompensa.

Porque si hay buena voluntad, se acepta según lo que se tiene, no según lo que no se tiene. *Hijos, no amemos de palabra ni de lengua, sino de hecho y en verdad. * Si un hermano o una hermana no tienen ropa y carecen del sustento diario, y uno de vosotros les dice: Id en paz, calentaos y saciaos, pero no les dais lo necesario para su cuerpo, ¿de qué sirve?

El que siembra escasamente, escasamente también segará; y el que siembra abundantemente, abundantemente también segará. Que cada uno dé como propuso en su corazón, no de mala gana ni por obligación, porque Dios ama al dador alegre.

Cuando hayáis hecho todo lo que se os ha ordenado, decid: "Siervos inútiles somos; hemos hecho sólo lo que debíamos haber hecho."

Mr. 14:8 Lc. 21:3 Mr. 9:41 II Co. 8:12 I Jn. 3:18 Stg. 2:15,16 II Co. 9:6,7 Lc. 17:10

JULIO 19 - El rocío de Hermón.

...el monte Sion, es decir, Hermón. * Allí mandó el Señor la bendición, la vida para siempre.

Seré como rocío para Israel; florecerá como lirio, y extenderá sus raíces como los cedros del Líbano. * Caiga como la lluvia mi enseñanza, y destile como el rocío mi discurso, como llovizna sobre el verde prado y como aguacero sobre la hierba.

Porque como descienden de los cielos la lluvia y la nieve, y no vuelven allá sino que riegan la tierra, haciéndola producir y germinar, dando semilla al sembrador y pan al que come, así será mi palabra que sale de mi boca, no volverá a mí vacía sin haber realizado lo que deseo, y logrado el propósito para el cual la envié. * El da el Espíritu sin medida. * Pues de su plenitud todos hemos recibido, y gracia sobre gracia. * Es como el óleo precioso sobre la cabeza, el cual desciende sobre la barba, la barba de

Aarón, que desciende hasta el borde de sus vestiduras.

Sal. 133:3 Dt. 4:48 Sal. 133:3 Os. 14:5 Dt. 32:2 Is. 55:10,11 Jn. 3:34; 1:16 Sal. 133:2

JULIO 20 - El de corazón alegre tiene un banquete continuo.

La alegría del Señor es vuestra fortaleza. * Porque el reino de Dios no es comida ni bebida, sino justicia y paz y gozo en el Espíritu Santo.

Y no os embriaguéis con vino, en lo cual hay disolución, sino sed llenos del Espíritu, hablando entre vosotros con salmos, himnos y cantos espirituales, cantando y alabando con vuestro corazón al Señor; dando siempre gracias por todo, en el nombre de nuestro Señor Jesucristo, a Dios, el Padre;

Ofrezcamos continuamente mediante El, sacrificio de alabanza a Dios, es decir, el fruto de labios que confiesan su nombre. * Aunque la higuera no eche brotes, ni haya fruto en las viñas; aunque falte el producto del olivo, y los campos no produzcan alimento; aunque falten las ovejas del aprisco, y no haya vacas en los establos, con todo yo me alegraré en el SEÑOR, me regocijaré en el Dios de mi salvación.

Como entristecidos, mas siempre gozosos;

...también nos gloriamos en las tribulaciones.

Pr. 15:15 Neh. 8:10 Ro.14:17 Ef. 5:18-20 Heb. 13:15 Hab. 3:17,18 II Co. 6:10 Ro. 5:3

JULIO 21 - El velo del templo se rasgó en dos, de arriba abajo.

Porque yo recibí del Señor lo mismo que os he enseñado: que el Señor Jesús, la noche en que fue entregado, tomó pan, y después de dar gracias, lo partió y dijo: Esto es mi cuerpo que es para vosotros; haced esto en memoria de mí. - Yo soy el pan vivo que descendió del cielo; si alguno come de este pan, vivirá para siempre; y el pan que yo también daré por la vida del mundo es mi carne. * Entonces Jesús les dijo: En verdad, en verdad os digo: si no coméis la carne del Hijo del - Hombre y bebéis su sangre, no tenéis vida en vosotros.* El que come mi carne y bebe mi sangre, tiene vida eterna, y yo lo resucitaré en el día final. El que come mi carne y bebe mi sangre, permanece en mí y yo en él. Como el Padre que vive me envió, y yo vivo por el Padre, asimismo el que me come, él también vivirá por mí. Pero Jesús, sabiendo en su interior que sus discípulos murmuraban por esto, les dijo: ¿Esto os escandaliza? ¿Pues qué si vierais al Hijo del Hombre ascender adonde antes estaba? El Espíritu es el que da vida; la carne para nada aprovecha; las palabras que yo os he hablado son espíritu y son vida. * ...por un camino nuevo y vivo que El inauguró para nosotros por medio del velo, es decir, su carne, acerquémonos con corazón sincero, en plena certidumbre de fe, teniendo nuestro corazón purificado de mala conciencia y nuestro cuerpo lavado con agua pura. Mt. 27:51 I Co. 11:23,24 Jn.6: 51,53,54, 56, 57, 61-63 Heb. 10:20,22

JULIO 22 - Conservaos en el amor de Dios.

Permaneced en mí, y yo en vosotros. Como el sarmiento no puede dar fruto por sí mismo si no permanece en la vid, así tampoco vosotros si no permanecéis en mí. * Yo soy la vid, vosotros los sarmientos; el que permanece en mí y yo en él, ése da mucho fruto, porque separados de mí nada podéis hacer. * Mas el fruto del Espíritu es amor, gozo, paz, paciencia, benignidad, bondad, fidelidad, En esto es glorificado mi Padre, en que deis mucho fruto, y así probéis que sois mis discípulos. * Como el Padre me ha amado, así también yo os he amado; permaneced en mi amor. * Si guardáis mis mandamientos, permaneceréis en mi amor, así como yo he guardado los mandamientos de mi Padre y permanezco en su amor. * El que guarda su palabra, en él verdaderamente el amor de Dios se ha perfeccionado. En esto sabemos que estamos en El.* Este es mi mandamiento: que os améis los unos a los otros, así como yo os he amado Dios demuestra su amor para con nosotros, en que siendo aún pecadores, Cristo murió por nosotros.

Y nosotros hemos llegado a conocer y hemos creído el amor que Dios tiene para nosotros. Dios es amor, y el que permanece en amor permanece en Dios y Dios permanece en él.

Judas 21 Jn. 15:4,5 Gal. 5:22 Jn. 15:8-10 I Jn. 2:5 Jn. 15:12 Ro. 5:8 I Jn. 4:16

JULIO 23 - Hermanos, orad por nosotros.

¿Está alguno entre vosotros enfermo? Que llame a los ancianos de la iglesia y que ellos oren por él, ungiéndole con aceite en el nombre del Señor; y la oración de fe restaurará al enfermo, y el Señor lo levantará, y si ha cometido pecados le serán perdonados. Por tanto, confesaos vuestros pecados unos a otros, y orad unos por otros para que seáis sanados. La oración eficaz del justo puede lograr mucho. Elías era un hombre de pasiones semejantes a las nuestras, y oró fervientemente para que no lloviera, y no llovió sobre la tierra por tres años y seis meses.

Y otra vez oró, y el cielo dio lluvia y la tierra produjo su fruto.

Con toda oración y súplica orad en todo tiempo en el Espíritu, y así, velad con toda perseverancia y súplica por todos los santos;

Sin cesar hago mención de vosotros en mis oraciones.

...siempre esforzándose intensamente a favor vuestro en sus oraciones, para que estéis firmes, perfectos y completamente seguros en toda la voluntad de Dios.

I Ts. 5:25 Stg. 5:14-18 Ef. 6:18 Ro. 1:9 Col. 4:12

JULIO 24 - Respecto a la promesa de Dios... no titubeó con incredulidad.

Tened fe en Dios. En verdad os digo que cualquiera que diga a este monte: "Quítate y arrójate al mar", y no dude en su corazón, sino crea que lo que dice va a suceder, le será concedido. Por eso os digo que todas las cosas por las que oréis y pidáis, creed que ya las habéis recibido, y os serán concedidas.

Sin fe es imposible agradar a Dios; porque es necesario que el que se acerca a Dios crea que El existe, y que es remunerador de los que le buscan.* El que había recibido las promesas ofrecía a su único hijo; fue a él a quien se le dijo: En Isaac te será llamada descendencia. El consideró que Dios era poderoso para levantar aun de entre los muertos, de donde también, en sentido figurado, lo volvió a recibir

...y estando plenamente convencido de que lo que Dios había prometido, poderoso era también para cumplirlo. * ¿Hay algo demasiado difícil para el SEÑOR? * Para los hombres eso es imposible, pero para Dios todo es posible. Señor: ¡Auméntanos la fe!

Ro. 4:20 Mr. 11:22-24 Heb. 11:6, 17-19 Ro. 4:21 Gen. 18:14 Mt. 19:26 Lc. 17:5

JULIO 25 - Me darás a conocer la senda de la vida.

Os instruiré en el camino bueno y recto. * Yo soy el camino, y la verdad, y la vida; nadie viene al Padre sino por mí. Seguidme, y yo os haré pescadores de hombres. * Hay camino que al hombre le parece derecho, pero al final, es camino de muerte.

Entrad por la puerta estrecha, porque ancha es la puerta y amplia es la senda que lleva a la perdición, y muchos son los que entran por ella. * Estrecha es la puerta y angosta la senda que lleva a la vida, y pocos son los que la hallan. * Allí habrá una calzada, un camino, y será llamado Camino de Santidad; el inmundo no transitará por él, sino que será para el que ande en ese camino; los necios no vagarán por él . * Conozcamos, pues, esforcémonos por conocer al SEÑOR. * En la casa de mi Padre hay muchas moradas; si no fuera así, os lo hubiera dicho; porque voy a preparar un lugar para vosotros.

Sal. 16:11 I S. 12:23 Jn. 14:6 Mt. 4:19 Pr. 14:12 Mt. 7:13,14 Is. 35:8 Os. 6:3 Jn.14:2

JULIO 26 - Justos, alegraos en el Señor, y alabad su santo nombre.

¿Quién como tú entre los dioses, oh SEÑOR? ¿Quién como tú, majestuoso en santidad, temible en las alabanzas, haciendo maravillas?

Santo, Santo, Santo, es el Señor de los ejércitos.

Así como aquel que os llamó es santo, así también sed vosotros santos en toda vuestra manera de vivir; porque escrito está: Sed santos, porque yo soy santo.*Porque ellos nos disciplinaban por pocos días como les parecía, pero El nos disciplina para nuestro bien, para que participemos de su santidad.

Si alguno destruye el templo de Dios, Dios lo destruirá a él, porque el templo de Dios es santo, y eso es lo que vosotros sois.

Puesto que todas estas cosas han de ser destruidas de esta manera, ¡qué clase de personas no debéis ser vosotros en santa conducta y en piedad,* Por tanto, amados, puesto que aguardáis estas cosas, procurad con diligencia ser hallados por El en paz, sin mancha e irreprensibles.

No salga de vuestra boca ninguna palabra mala, sino sólo la que sea buena para edificación, según la necesidad del momento, para que imparta gracia a los que escuchan. Y no entristezcáis al Espíritu Santo de Dios, por el cual fuisteis sellados para el día de la redención.

Sal. 97:12 Job 25:5,6 Ex. 15:11 Is. 6:3 I P. 1:15,16 Heb. 12:10 I Co. 3:17 II P.3:11, 14 Ef. 4:29,30

JULIO 27 - Tú me has ceñido con fuerza para la batalla.

Entonces Asa invocó al Señor su Dios, y dijo: SEÑOR, no hay nadie más que tú para ayudar en la batalla entre el poderoso y los que no tienen fuerza; ayúdanos, oh Señor Dios nuestro, porque en ti nos apoyamos y en tu nombre hemos venido contra esta multitud. Oh SEÑOR, tú eres nuestro Dios; que no prevalezca hombre alguno contra ti. Josafat clamó, y el Señor vino en su ayuda. * Es mejor refugiarse en el Señor que confiar en el hombre. Es mejor refugiarse en el SEÑOR que confiar en príncipes.

El rey no se salva por gran ejército; ni es librado el valiente por la mucha fuerza. Falsa esperanza de victoria es el caballo, ni con su mucha fuerza puede librar.* Nuestra lucha no es contra sangre y carne, sino contra principados, contra potestades, contra los poderes de este mundo de tinieblas, contra las huestes espirituales de maldad en las regiones celestes. Por tanto, tomad toda la armadura de Dios, para que podáis resistir en el día malo, y habiéndolo hecho todo, estar firmes.

Sal. 18:39 II Co. 12:10 II Cr.14:11; 18:31 Sal. 118:8,9; 33:16,17 Ef. 6:12,13

JULIO 28 -Sean dadas a conocer vuestras peticiones delante de Dios.

¡Abba, Padre! Para ti todas las cosas son posibles; aparta de mí esta copa, pero no sea lo que yo quiero, sino lo que tú quieras.

Me fue dada una espina en la carne, un mensajero de Satanás que me abofetee, para que no me enaltezca. Acerca de esto, tres veces he rogado al Señor para que lo quitara de mí. Y El me ha dicho: Te basta mi gracia, pues mi poder se perfecciona en la debilidad. Por tanto, muy gustosamente me gloriaré más bien en mis debilidades, para que el poder de Cristo more en mí.

Delante de El expongo mi queja; en su presencia manifiesto mi angustia.

Ana ...muy angustiada, oraba al Señor y lloraba amargamente. E hizo voto y dijo: Oh Señor de los ejércitos, si tú te dignas mirar la aflicción de tu sierva, te acuerdas de mí y no te olvidas de tu sierva, sino que das un hijo a tu sierva, yo lo dedicaré al Señor por todos los días de su vida. Y a su debido tiempo, después de haber concebido, Ana dio a luz un hijo, y le puso por nombre Samuel, diciendo: Porque se lo he pedido al SEÑOR. No sabemos orar como debiéramos, pero el Espíritu mismo intercede por nosotros con gemidos indecibles.

El nos escoge nuestra heredad.

Fil. 4:6 Mr. 14:36 II Co. 12:7-9 Sal. 142:2 I S. 1:9-11,20 Ro. 8:26 Sal. 47:4

JULIO 29 - Tú me has dado la heredad de los que temen tu nombre.

Ningún arma forjada contra ti prosperará, y condenarás toda lengua que se alce contra ti en juicio. Esta es la herencia de los siervos del SEÑOR, y su justificación viene de mí–declara el SEÑOR.

El ángel del Señor acampa alrededor de los que le temen, y los rescata. * Probad y ved que el Señor es bueno. ¡Cuán bienaventurado es el hombre que en El se refugia! * Temed al SEÑOR, vosotros sus santos, pues nada les falta a aquellos que le temen. Los leoncillos pasan necesidad y tienen hambre, mas los que buscan al Señor no carecerán de bien alguno. * Las cuerdas cayeron para mí en lugares agradables; en verdad mi herencia es hermosa para mí.

Mas para vosotros que teméis mi nombre, se levantará el sol de justicia con la salud en sus alas; y saldréis y saltaréis como terneros del establo. * El que no eximió ni a su propio Hijo, sino que lo entregó por todos nosotros, ¿cómo no nos concederá también con El todas las cosas?

Sal. 61:5 Is. 54:17 Sal. 34:7-10; 16:6 Mal. 4:2 Ro. 8:32

JULIO 30 - Nicodemo, el que había venido a Jesús antes.

Pedro le fue siguiendo de lejos.

Muchos, aun de los gobernantes, creyeron en El, pero por causa de los fariseos no lo confesaban, para no ser expulsados de la sinagoga. Porque amaban más el reconocimiento de los hombres que el reconocimiento de Dios.*El temor al hombre es un lazo, pero el que confía en el Señor estará seguro.* Todo lo que el Padre me da, vendrá a mí; y al que viene a mí, de ningún modo lo echaré fuera.

No quebrará la caña cascada, ni apagará el pabilo mortecino; con fidelidad traerá justicia. Fe como un grano de mostaza. * Porque no nos ha dado Dios espíritu de cobardía, sino de poder, de amor y de dominio propio.

Por tanto, no te avergüences del testimonio de nuestro Señor, ni de mí, prisionero suyo, sino participa conmigo en las aflicciones por el evangelio, según el poder de Dios, * Y ahora, hijos, permaneced en El, para que cuando se manifieste, tengamos confianza y no nos apartemos de El avergonzados en su venida. * Por tanto, todo el que me confiese delante de los hombres, yo también le confesaré delante de mi Padre que está en los cielos.

Jn. 7:50 Mt. 26:58 Jn. 12:42,43 Pr. 29:25 Jn. 6:37 Is. 42:3 Mt. 17:20 II Ti. 1:7,8 I Jn. 2:28 Mt. 10:32

JULIO 31 - La unidad del Espíritu.

Hay un solo cuerpo y un solo Espíritu, así como también vosotros fuisteis llamados en una misma esperanza de vuestra vocación * Por medio de El los unos y los otros tenemos nuestra entrada al Padre en un mismo Espíritu.

Ya no sois extranjeros ni advenedizos, sino que sois conciudadanos de los santos y sois de la familia de Dios, edificados sobre el fundamento de los apóstoles y profetas, siendo Cristo Jesús mismo la piedra angular, en quien todo el edificio, bien ajustado, va creciendo para ser un templo santo en el Señor, en quien también vosotros sois juntamente edificados para morada de Dios en el Espíritu. * Mirad cuán bueno y cuán agradable es que los hermanos habiten juntos en armonía. Es como el óleo precioso sobre la cabeza, el cual desciende sobre la barba, la barba de Aarón, que desciende hasta el borde de sus vestiduras. * Puesto que en obediencia a la verdad habéis purificado vuestras almas para un amor sincero de hermanos, amaos unos a otros entrañablemente, de corazón puro.

Ef. 4:3,4; 2:18-22 Sal. 133:1,2 I P. 1:22

Mes de Agosto

AGOSTO 1 - El Señor es muy compasivo, y misericordioso.

Como un padre se compadece de sus hijos, así se compadece el Señor de los que le temen.* Clemente y compasivo es el SEÑOR... recordará su pacto para siempre. * No permitirá que tu pie resbale; no se adormecerá el que te guarda. He aquí, no se adormecerá ni dormirá el que guarda a Israel.

Como un águila que despierta su nidada, que revolotea sobre sus polluelos, extendió sus alas y los tomó, los llevó sobre su plumaje. * El Señor solo lo guió, y con él no hubo Dios extranjero.

Las misericordias del Señor jamás terminan, pues nunca fallan sus bondades; son nuevas cada mañana; ¡grande es tu fidelidad! * Y al desembarcar, vio una gran multitud, y tuvo compasión de ellos y sanó a sus enfermos.

Jesucristo es el mismo ayer y hoy y por los siglos. * Y hasta los cabellos de vuestra cabeza están todos contados. ¿No se venden dos pajarillos por un cuarto? Y sin embargo, ni uno de ellos caerá a tierra sin permitirlo vuestro Padre. Así que no temáis; vosotros valéis más que muchos pajarillos.

Stg. 5:11 Sal. 103:13; 111:4,5; 121:3,4 Dt. 32:11,12 Lm. 3:22,23 Mt. 14:14 Heb. 13:8 Mt. 10:30,29,31

AGOSTO 2 - El lagar lo he pisado yo solo.

¿Quién como tú entre los dioses, oh SEÑOR? ¿Quién como tú, majestuoso en santidad, temible en las alabanzas, haciendo maravillas? * Vio que no había nadie, y se asombró de que no hubiera quien intercediera. Entonces su brazo le trajo salvación, y su justicia le sostuvo. * El mismo llevó nuestros pecados en su cuerpo sobre la cruz, a fin de que muramos al pecado y vivamos a la justicia, porque por sus heridas fuisteis sanados.

...habiéndose hecho maldición por nosotros. * Cantad al Señor un cántico nuevo, porque ha hecho maravillas, su diestra y su santo brazo le han dado la victoria. * Y habiendo despojado a los poderes y autoridades, hizo de ellos un espectáculo público, triunfando sobre ellos por medio de El. * Debido a la angustia de su alma, El lo verá y quedará satisfecho. Por su conocimiento, el Justo, mi Siervo, justificará a muchos, y cargará las iniquidades de ellos. Marcha, alma mía con poder.

Pero en todas estas cosas somos más que vencedores por medio de aquel que nos amó. Ellos lo vencieron por medio de la sangre del Cordero y por la palabra del testimonio de ellos, y no amaron sus vidas, llegando hasta sufrir la muerte.

Is. 63:3 Ex. 15:11 Is. 59:16 I P. 2:24 Gal. 3:13 Sal. 98:1 Col. 2:15 Is. 53:11 Jue. 5:21 Ro.8:37 Ap. 12:11

AGOSTO 3 - Yo honraré a los que me honran.

Todo el que me confiese delante de los hombres, yo también le confesaré delante de mi Padre que está en los cielos. * El que ama al padre o a la madre más que a mí, no es digno de mí; y el que ama al hijo o a la hija más que a mí, no es digno de mí. Y el que no toma su cruz y sigue en pos de mí, no es digno de mí. * El que ha hallado su vida, la perderá; y el que ha perdido su vida por mi causa, la hallará. Bienaventurado el hombre que persevera bajo la prueba, porque una vez que ha sido aprobado, recibirá la corona de la vida que el Señor ha prometido a los que le aman. * No temas lo que estás por sufrir. He aquí, el diablo echará a algunos de vosotros en la cárcel para que seáis probados, y tendréis tribulación por diez días. Sé fiel hasta la muerte, y yo te daré la corona de la vida. * Pues esta aflicción leve y pasajera nos produce un eterno peso de gloria que sobrepasa toda comparación.

...para que la prueba de vuestra fe, más preciosa que el oro que perece, aunque probado por fuego, sea hallada que resulta en alabanza, gloria y honor en la revelación de Jesucristo;

I S. 2:30 Mt. 10:32, 37-39 Stg. 1:12 Ap. 2:10 II Co. 4:17 I P. 1:7

AGOSTO 4 - Extendió la mano desde lo alto y me tomó; me sacó de las muchas aguas.

Me sacó del hoyo de la destrucción, del lodo cenagoso; asentó mis pies sobre una roca y afirmó mis pasos. * Y El os dio vida a vosotros, que estabais muertos en vuestros delitos y pecados, en los cuales anduvisteis en otro tiempo según la corriente de este mundo, conforme al príncipe de la potestad del aire, el espíritu que ahora opera en los hijos de desobediencia, entre los cuales también todos nosotros en otro tiempo vivíamos en las pasiones de nuestra carne, satisfaciendo los deseos de la carne y de la mente, y éramos por naturaleza hijos de ira, lo mismo que los demás.

Oye, oh Dios, mi clamor; atiende a mi oración. * Desde los confines de la tierra te invoco, cuando mi corazón desmaya. Condúceme a la roca que es más alta que yo. * En mi angustia clamé al SEÑOR, y El me respondió. Desde el seno del Seol pedí auxilio, y tú escuchaste mi voz; pues me habías echado a lo profundo, en el corazón de los mares, y la corriente me envolvió; todas tus encrespadas olas y tus ondas pasaron sobre mí. Pasamos por el fuego y por el agua, pero tú nos sacaste a un lugar de abundancia.

Cuando pases por las aguas, yo estaré contigo, y si por los ríos, no te anegarán; cuando pases por el fuego, no te quemarás, ni la llama te abrasará.

Sal 18:16; 40:2 Ef. 2:1-3 Sal. 61:1,2 Jon. 2:2-3 Sal. 66:12 Is. 43:2

AGOSTO 5 - Sea hecha Tu voluntad.

Yo sé, oh SEÑOR, que no depende del hombre su camino, ni de quien anda el dirigir sus pasos.

...pero no sea como yo quiero, sino como tú quieras.

He calmado y acallado mi alma; como niño destetado en el regazo de su madre, como niño destetado reposa en mí mi alma.

No sabemos orar como debiéramos, pero el Espíritu mismo intercede por nosotros con gemidos indecibles; y aquel que escudriña los corazones sabe cuál es el sentir del Espíritu, porque El intercede por los santos conforme a la voluntad de Dios. * No sabéis lo que pedís. * El les concedió lo que pedían pero envió una plaga mortal sobre ellos. * Estas cosas sucedieron como ejemplo para nosotros, a fin de que no codiciemos lo malo, como ellos lo codiciaron. * Mas quiero que estéis libres de preocupación. * Al de firme propósito guardarás en perfecta paz, porque en ti confía.

Mt. 26:42 Jer. 10:23 Mt. 26:39 Sal. 131:2 Ro. 8:26,27 Mt. 20:22 Sal. 106:15 I Co. 10:6;7:32 Is. 26:3

AGOSTO 6 - Del Señor es la tierra y todo lo que hay en ella.

Pues ella no sabía que era yo el que le daba el trigo, el mosto y el aceite, y le prodigaba la plata y el oro.

Por tanto, volveré a tomar mi trigo a su tiempo y mi mosto a su sazón. También me llevaré mi lana y mi lino que le di para que cubriera su desnudez.

De ti proceden todas las cosas, y de lo recibido de tu mano te damos.

Porque somos forasteros y peregrinos delante de ti, como lo fueron todos nuestros padres; como una sombra son nuestros días sobre la tierra, y no hay esperanza. * Oh SEÑOR, Dios nuestro, toda esta abundancia que hemos preparado para edificarte una casa para tu santo nombre procede de tu mano, y todo es tuyo.

Porque de El, por El y para El son todas las cosas. A El sea la gloria para siempre. Amén. Dios, el cual nos da abundantemente todas las cosas para que las disfrutemos. Porque todo lo creado por Dios es bueno y nada se debe rechazar si se recibe con acción de gracias; porque es santificado mediante la palabra de Dios y la oración.

Y mi Dios proveerá a todas vuestras necesidades, conforme a sus riquezas en gloria en Cristo Jesús.

Sal. 24:1 Os. 2:8,9 I Cr. 29:14-16 Ro. 11:36 I Ti. 6:17; 4:4,5 Fil.4:19

AGOSTO 7 - ¿Cuál es vuestra opinión sobre el Cristo?

Alzad, oh puertas, vuestras cabezas, alzadlas, puertas eternas, para que entre el Rey de la gloria.

¿Quién es este Rey de la gloria? El Señor de los ejércitos, El es el Rey de la gloria. * Y en su manto y en su muslo tiene un nombre escrito: Rey de reyes y Señor de señores. Para los que no creen, la piedra que desecharon los constructores, esa, en piedra angular se ha convertido.

...Cristo crucificado, piedra de tropiezo para los judíos, y necedad para los gentiles; mas para los llamados, tanto judíos como griegos, Cristo es poder de Dios y sabiduría de Dios. Yo estimo como pérdida todas las cosas en vista del incomparable valor de conocer a Cristo Jesús, mi Señor, por quien lo he perdido todo, y lo considero como basura a fin de ganar a Cristo. * Señor, tú lo sabes todo; tú sabes que te quiero.

Mt. 22:42 Sal. 24:9,10 Ap. 19:16 I P. 2:7 I Co. 1:23,24 Fil. 3:8 Jn. 21:17

AGOSTO 8 - Todo aquel que invoque el nombre del Señor será salvo.

Al que viene a mí, de ningún modo lo echaré fuera.* Jesús, acuérdate de mí cuando vengas en tu reino. Entonces El le dijo: En verdad te digo: hoy estarás conmigo en el paraíso. * ¿Qué queréis que yo haga por vosotros? Ellos le dijeron: Señor, deseamos que nuestros ojos sean abiertos. Entonces Jesús, movido a compasión, tocó los ojos de ellos, y al instante recobraron la vista, y le siguieron. * Si vosotros siendo malos, sabéis dar buenas dádivas a vuestros hijos, ¿cuánto más vuestro * Padre celestial dará el Espíritu Santo a los que se lo pidan? * Pondré dentro de vosotros mi espíritu y haré que andéis en mis estatutos, y que cumpláis cuidadosamente mis ordenanzas.* Así dice el Señor DIOS: Aún permitiré a la casa de Israel que me pida hacer esto por ellos. * Y esta es la confianza que tenemos delante de El, que si pedimos cualquier cosa conforme a su voluntad, El nos oye. Y si sabemos que El nos oye en cualquier cosa que pidamos, sabemos que tenemos las peticiones que le hemos hecho.

Ro. 10:13 Jn. 6:37 Lc. 23:42,43 Mt. 20:32-34 Lc. 11:13 Eze. 36:27,37 I Jn. 5:14,15

AGOSTO 9 - Cisternas agrietadas que no retienen el agua.

Eva...dio a luz a Caín, y dijo: He adquirido varón con la ayuda del SEÑOR. * Vamos, edifiquémonos una ciudad y una torre cuya cúspide llegue hasta los cielos, y hagámonos un nombre famoso, para que no seamos dispersados sobre la faz de toda la tierra. *Así los dispersó el Señor desde allí sobre la faz de toda la tierra, y dejaron de edificar la ciudad. * Y escogió Lot para sí todo el valle del Jordán. Y alzó Lot los ojos y vio todo el valle del Jordán, el cual estaba bien regado por todas partes, como el huerto del SEÑOR. Y los hombres de Sodoma eran malos y pecadores contra el Señor en gran manera. * Y apliqué mi corazón a conocer la sabiduría y a conocer la locura y la insensatez; me di cuenta de que esto también es correr tras el viento. * Porque en la mucha sabiduría hay mucha angustia, y quien aumenta el conocimiento, aumenta el dolor. Engrandecí mis obras, me edifiqué casas, planté viñas para mí; Reuní también para mí plata y oro y el tesoro de los reyes y de las provincias. Me proveí de cantores y cantoras, y de los placeres de los hombres, de muchas concubinas. * Consideré luego todas las obras que mis manos habían hecho y el trabajo en que me había empeñado, y he aquí, todo era vanidad y correr tras el viento, y sin provecho bajo el sol * Y en el último día, el gran día de la fiesta, Jesús puesto en pie, exclamó en alta voz, diciendo: Si alguno tiene sed, que venga a mí y beba. * Porque El ha saciado al alma sedienta, y ha llenado de bienes al alma hambrienta. Poned la mira en las cosas de arriba, no en las de la tierra.

Jer. 2:13 Gn. 4:1; 11:4,8; 13:11,10,13 Ec. 1:17,18; 2:4,8,11 Jn. 7:37 Sal. 107:9 Col. 3:2

AGOSTO 10 - El que confía en el Señor estará seguro.

Exaltado es el SEÑOR, pues mora en lo alto.

Excelso sobre todas las naciones es el SEÑOR; su gloria está sobre los cielos. El levanta al pobre del polvo, y al necesitado saca del muladar, para sentarlos con príncipes, con los príncipes de su pueblo.

Dios, que es rico en misericordia, por causa del gran amor con que nos amó, aun cuando estábamos muertos en nuestros delitos, nos dio vida juntamente con Cristo (por gracia habéis sido salvados), y con El nos resucitó, y con El nos sentó en los lugares celestiales en Cristo Jesús,

El que no eximió ni a su propio Hijo, sino que lo entregó por todos nosotros, ¿cómo no nos concederá también con El todas las cosas?

Porque estoy convencido de que ni la muerte, ni la vida, ni ángeles, ni principados, ni lo presente, ni lo por venir, ni los poderes, ni lo alto, ni lo profundo, ni ninguna otra cosa creada nos podrá separar del amor de Dios que es en Cristo Jesús Señor nuestro.

Pr. 29:25 Is. 35:5 Sal. 113:4,7,8 Ef. 2:4-6 Ro. 8:32, 38,39

AGOSTO 11 - ¿Dónde está el camino a la morada de la luz?

Dios es luz, y en El no hay tiniebla alguna.

Mientras estoy en el mundo, yo soy la luz del mundo.

Si decimos que tenemos comunión con El, pero andamos en tinieblas, mentimos y no practicamos la verdad; mas si andamos en la luz, como El está en la luz, tenemos comunión los unos con los otros, y la sangre de Jesús su Hijo nos limpia de todo pecado. El Padre... que nos ha capacitado para compartir la herencia de los santos en luz. Porque El nos libró del dominio de las tinieblas y nos trasladó al reino de su Hijo amado, en quien tenemos redención: el perdón de los pecados.

Todos vosotros sois hijos de luz e hijos del día. No somos de la noche ni de las tinieblas. Vosotros sois la luz del mundo. Una ciudad situada sobre un monte no se puede ocultar; Así brille vuestra luz delante de los hombres, para que vean vuestras buenas acciones y glorifiquen a vuestro Padre que está en los cielos.

Job 38:19 I Jn. 1:5 Jn. 9:5 I Jn. 1:6,7 Col. 1:12-14 I Ts. 5:5 Mt. 5:14,16

AGOSTO 12 - Dios ha escogido lo débil del mundo, para avergonzar a lo que es fuerte.

Pero los hijos de Israel clamaron al SEÑOR, y el Señor les levantó un libertador, a Aod, el cual era zurdo. Después de Aod vino Samgar, el cual hirió a seiscientos filisteos con una aguijada de bueyes; y él también salvó a Israel.

Y el Señor lo miró, (a Gedeón) y dijo: Ve con esta tu fuerza, y libra a Israel de la mano de los madianitas. ¿No te he enviado yo? Y él respondió: Ah Señor, ¿cómo libraré a Israel? He aquí que mi familia es la más pobre en Manasés, y yo el menor de la casa de mi padre. * Y el Señor dijo a Gedeón: El pueblo que está contigo es demasiado numeroso...no sea que Israel se vuelva orgulloso, diciendo: "Mi propia fortaleza me ha librado."

No por el poder ni por la fuerza, sino por mi Espíritu"–dice el Señor de los ejércitos. Hermanos mios, fortaleceos en el Señor y en el poder de su fuerza.

I Co. 1:27 Jue 3:15, 31; 6:14,15; 7:2 Zac. 4:6 Ef. 6:10

AGOSTO 13- Lo vil y despreciado del mundo ha escogido Dios.

No os dejéis engañar: ni los inmorales, ni los idólatras, ni los adúlteros, ni los afeminados, ni los homosexuales, ni los ladrones, ni los avaros, ni los borrachos, ni los difamadores, ni los estafadores heredarán el reino de Dios. Y esto erais algunos de vosotros; pero fuisteis lavados, pero fuisteis santificados, pero fuisteis justificados en el nombre del Señor Jesucristo y en el Espíritu de nuestro Dios.

Y El os dio vida a vosotros, que estabais muertos en vuestros delitos y pecados, en los cuales anduvisteis en otro tiempo según la corriente de este mundo, conforme al príncipe de la potestad del aire, el espíritu que ahora opera en los hijos de desobediencia, entre los cuales también todos nosotros en otro tiempo vivíamos en las pasiones de nuestra carne, satisfaciendo los deseos de la carne y de la mente, y éramos por naturaleza hijos de ira, lo mismo que los demás.

El nos salvó, no por obras de justicia que nosotros hubiéramos hecho, sino conforme a su misericordia, por medio del lavamiento de la regeneración y la renovación por el Espíritu Santo, que El derramó sobre nosotros abundantemente por medio de Jesucristo nuestro Salvador

Mis pensamientos no son vuestros pensamientos, ni vuestros caminos mis caminos–declara el SEÑOR.

I Co. 1:28; 6:9-11 Ef. 2:1-3 Tit.3:5,6 Is. 55:8

AGOSTO 14 - El ha hecho conmigo un pacto eterno, ordenado en todo y seguro.

Yo sé en quién he creído, y estoy convencido de que es poderoso para guardar mi depósito hasta aquel día.

Bendito sea el Dios y Padre de nuestro Señor Jesucristo, que nos ha bendecido con toda bendición espiritual en los lugares celestiales en Cristo, según nos escogió en El antes de la fundación del mundo, para que fuéramos santos y sin mancha delante de El. En amor nos predestinó para adopción como hijos para sí mediante Jesucristo, conforme al beneplácito de su voluntad.

Y sabemos que para los que aman a Dios, todas las cosas cooperan para bien, esto es, para los que son llamados conforme a su propósito. Porque a los que de antemano conoció, también los predestinó a ser hechos conforme a la imagen de su Hijo, para que El sea el primogénito entre muchos hermanos; y a los que predestinó, a ésos también llamó; y a los que llamó, a ésos también justificó; y a los que justificó, a ésos también glorificó.

II S. 23:5 II Ti. 1:12 Ef. 1:3-5 Ro. 8:28-30

AGOSTO 15 - La seduciré y la llevaré al desierto, y le hablaré al corazón.

Salid de en medio de ellos y apartaos, dice el Señor y no toquéis lo inmundo, y yo os recibiré.

Y yo seré para vosotros padre, y vosotros seréis para mí hijos e hijas, dice el Señor Todopoderoso.

Por tanto, amados, teniendo estas promesas, limpiémonos de toda inmundicia de la carne y del espíritu, perfeccionando la santidad en el temor de Dios.

Jesús, para santificar al pueblo mediante su propia sangre, padeció fuera de la puerta. Así pues, salgamos a El fuera del campamento, llevando su oprobio. * Y El les dijo: Venid, apartaos de los demás a un lugar solitario y descansad un poco. El Señor es mi pastor, nada me faltará.

En lugares de verdes pastos me hace descansar; junto a aguas de reposo me conduce. El restaura mi alma; me guía por senderos de justicia por amor de su nombre.

Hos. 2:14 II Co. 6:17,18; 7:1 Heb. 13:12,13 Mr. 6:31 Sal. 23:1-3

AGOSTO 16 - El es antes de todas las cosas.

El Amén, el Testigo fiel y verdadero, el Principio de la creación de Dios.

El es el principio, el primogénito de entre los muertos, a fin de que El tenga en todo la primacía.

El Señor me poseyó al principio de su camino, antes de sus obras de tiempos pasados. Desde la eternidad fui establecida, desde el principio, desde los orígenes de la tierra. Cuando estableció los cielos, allí estaba yo; cuando trazó un círculo sobre la faz del abismo, cuando arriba afirmó los cielos, cuando las fuentes del abismo se afianzaron, cuando al mar puso sus límites para que las aguas no transgredieran su mandato, cuando señaló los cimientos de la tierra, yo estaba entonces junto a El, como arquitecto; y era su delicia de día en día, regocijándome en todo tiempo en su presencia. * Aun desde la eternidad, yo soy.

...desde la fundación del mundo... el Cordero que fue inmolado.

...Jesús, el autor y consumador de la fe, quien por el gozo puesto delante de El soportó la cruz, menospreciando la vergüenza, y se ha sentado a la diestra del trono de Dios.

Col. 1:17 Ap. 3:14 Col. 1:18 Pr. 8: 22,23, 27-30 Is. 43:13 Ap. 13:8 He. 12:2

AGOSTO 17 - El hombre, como la hierba son sus días; como la flor del campo, así florece; cuando el viento pasa sobre ella, deja de ser, y su lugar ya no la reconoce.

Enséñanos a contar de tal modo nuestros días, que traigamos al corazón sabiduría. * ¿De qué le sirve a un hombre ganar el mundo entero y perder su alma? En verdad el pueblo es hierba. Sécase la hierba, marchítase la flor, mas la palabra del Dios nuestro permanece para siempre. * Y el mundo pasa, y también sus pasiones, pero el que hace la voluntad de Dios permanece para siempre.

He aquí, ahora es el tiempo propicio; he aquí, ahora es el día de salvación.

...y los que aprovechan el mundo, como si no lo aprovecharan plenamente; porque la apariencia de este mundo es pasajera. * Consideremos cómo estimularnos unos a otros al amor y a las buenas obras, no dejando de congregarnos, como algunos tienen por costumbre, sino exhortándonos unos a otros, y mucho más al ver que el día se acerca.

Sal. 103:15,16; 90:12 Mr. 8:36 Is. 40:7,8 I Jn. 2:17 II Co. 6:2 I Co. 7:31 He. 10:24,25

AGOSTO 18 - El que se gloría, que se gloríe en el Señor.

No se gloríe el sabio de su sabiduría, ni se gloríe el poderoso de su poder, ni el rico se gloríe de su riqueza; mas el que se gloríe, gloríese de esto: de que me entiende y me conoce, pues yo soy el Señor que hago misericordia, derecho y justicia en la tierra, porque en estas cosas me complazco–declara el SEÑOR.

Y aún más, yo estimo como pérdida todas las cosas en vista del incomparable valor de conocer a Cristo Jesús, mi Señor, por quien lo he perdido todo, y lo considero como basura a fin de ganar a Cristo.

Porque no me avergüenzo del evangelio, pues es el poder de Dios para la salvación de todo el que cree; del judío primeramente y también del griego.

Por tanto, en Cristo Jesús he hallado razón para gloriarme en las cosas que se refieren a Dios.

¿A quién tengo yo en los cielos, sino a ti? Y fuera de ti, nada deseo en la tierra. * Mi corazón se regocija en el SEÑOR, mi fortaleza en el Señor se exalta; mi boca sin temor habla contra mis enemigos, por cuanto me regocijo en tu salvación. * No a nosotros, SEÑOR, no a nosotros, sino a tu nombre da gloria, por tu misericordia, por tu verdad.

I Co. 1:31 Jer. 9:23,24 Fil. 3:8 Ro. 1:16; 15:17 Sal. 73:25 I S. 2:1 Sal. 115:1

AGOSTO 19 - Preguntadme acerca de las cosas venideras tocante a mis hijos, y dejaréis a mi cuidado la obra de mis manos.

Además, os daré un corazón nuevo y pondré un espíritu nuevo dentro de vosotros; quitaré de vuestra carne el corazón de piedra y os daré un corazón de carne.

Pondré dentro de vosotros mi espíritu y haré que andéis en mis estatutos, y que cumpláis cuidadosamente mis ordenanzas. * Así dice el Señor DIOS: 'Aún permitiré a la casa de Israel que me pida hacer esto por ellos. Si dos de vosotros se ponen de acuerdo sobre cualquier cosa que pidan aquí en la tierra, les será hecho por mi Padre que está en los cielos.

Porque donde están dos o tres reunidos en mi nombre, allí estoy yo en medio de ellos. Tened fe en Dios. En verdad os digo que cualquiera que diga a este monte: "Quítate y arrójate al mar", y no dude en su corazón, sino crea que lo que dice va a suceder, le será concedido.

Is. 45:11 Ez. 36:26,27,37 Mt. 18:19,20 Mr. 11:22,23

AGOSTO 20 - Si eres débil en día de angustia, tu fuerza es limitada.

El da fuerzas al fatigado, y al que no tiene fuerzas, aumenta el vigor.

Te basta mi gracia, pues mi poder se perfecciona en la debilidad. Por tanto, muy gustosamente me gloriaré más bien en mis debilidades, para que el poder de Cristo more en mí. * Me invocará, y le responderé; yo estaré con él en la angustia; lo rescataré y lo honraré; * El eterno Dios es tu refugio, y debajo están los brazos eternos. El echó al enemigo delante de ti.

La afrenta ha quebrantado mi corazón, y estoy enfermo; esperé compasión, pero no la hubo; busqué consoladores, pero no los hallé. * Todo sumo sacerdote tomado de entre los hombres es constituido a favor de los hombres en las cosas que a Dios se refieren, y puede obrar con benignidad para con los ignorantes y extraviados, puesto que él mismo está sujeto a flaquezas; De la misma manera, Cristo no se glorificó a sí mismo para hacerse sumo sacerdote, sino que lo glorificó el que le dijo: Hijo mío eres tu, yo te he engendrado hoy.

...y aunque era Hijo, aprendió obediencia por lo que padeció; y habiendo sido hecho perfecto, vino a ser fuente de eterna salvación para todos los que le obedecen, Ciertamente El llevó nuestras enfermedades, y cargó con nuestros dolores.

Pr. 24:10 Is. 40:29 II Co. 12:9 Sal.91:15 Dt. 33:27 Sal. 69:20 Heb. 5:1,2,5,8,9 Is. 53:4

AGOSTO 21 - Hay camino que al hombre le parece derecho, pero al final, es camino de muerte. El que confía en su propio corazón es un necio, pero el que anda con sabiduría será librado. * Lámpara es a mis pies tu palabra, y luz para mi camino.

En cuanto a las obras de los hombres, por la palabra de tus labios yo me he guardado de las sendas de los violentos. * Si se levanta en medio de ti un profeta o soñador de sueños, y te anuncia una señal o un prodigio, y la señal o el prodigio se cumple, acerca del cual él te había hablado, diciendo: "Vamos en pos de otros dioses (a los cuales no has conocido) y sirvámosles", no darás oído a las palabras de ese profeta o de ese soñador de sueños; porque el Señor tu Dios te está probando para ver si amas al Señor tu Dios con todo tu corazón y con toda tu alma. En pos del Señor vuestro Dios andaréis y a El temeréis; guardaréis sus mandamientos, escucharéis su voz, le serviréis y a El os uniréis. * Yo te haré saber y te enseñaré el camino en que debes andar; te aconsejaré con mis ojos puestos en ti.

Pr. 14:12; 28:26 Sal. 119:105; 17:4 Dt. 13:1-4 Sal.32:8

AGOSTO 22 - Dios dio a Salomón sabiduría, gran discernimiento y amplitud de corazón como la arena que está a la orilla del mar.

Mirad, algo más grande que Salomón está aquí. El Príncipe de Paz. * Porque a duras penas habrá alguien que muera por un justo, aunque tal vez alguno se atreva a morir por el bueno. Pero Dios demuestra su amor para con nosotros, en que siendo aún pecadores, Cristo murió por nosotros.

El cual, aunque existía en forma de Dios, no consideró el ser igual a Dios como algo a qué aferrarse, sino que se despojó a sí mismo tomando forma de siervo, haciéndose semejante a los hombres. Y hallándose en forma de hombre, se humilló a sí mismo, haciéndose obediente hasta la muerte, y muerte de cruz. * El amor de Cristo que sobrepasa el conocimiento. Cristo es poder de Dios y sabiduría de Dios. * En quien están escondidos todos los tesoros de la sabiduría y del conocimiento.

...las inescrutables riquezas de Cristo. * Mas por obra suya estáis vosotros en Cristo Jesús, el cual se hizo para nosotros sabiduría de Dios, y justificación, y santificación, y redención.

I R. 4:29 Mt. 12:42 Is. 9:6 Ro. 5:7,8 Fil. 2:6-8 Ef. 3:19 I Co. 1:24 Col. 2:3 Ef. 3:8 I Co.1:30

AGOSTO 23 - Yo lo he hecho, y yo os cargaré.

Así dice el Señor tu Creador, oh Jacob, y el que te formó, oh Israel: No temas, porque yo te he redimido, te he llamado por tu nombre; mío eres tú. * Cuando pases por las aguas, yo estaré contigo, y si por los ríos, no te anegarán; cuando pases por el fuego, no te quemarás, ni la llama te abrasará.

Aun hasta vuestra vejez, yo seré el mismo, y hasta vuestros años avanzados, yo os sostendré. Yo lo he hecho, y yo os cargaré; yo os sostendré, y yo os libraré. * Como un águila que despierta su nidada, que revolotea sobre sus polluelos, extendió sus alas y los tomó, los llevó sobre su plumaje. * El Señor solo lo guió, y con él no hubo Dios extranjero.

En todas sus angustias El fue afligido, y el ángel de su presencia los salvó; en su amor y en su compasión los redimió, os levantó y los sostuvo todos los días de antaño. * Porque estoy convencido de que ni la muerte, ni la vida, ni ángeles, ni principados, ni lo presente, ni lo por venir, ni los poderes, ni lo alto, ni lo profundo, ni ninguna otra cosa creada nos podrá separar del amor de Dios que es en Cristo Jesús Señor nuestro * ¿Puede una mujer olvidar a su niño de pecho, sin compadecerse del hijo de sus entrañas? Aunque ellas se olvidaran, yo no te olvidaré.

Is. 46:4; 43:1,2; 46:4 Dt. 32:11,12 Is. 63:9 Heb. 13:8 Ro. 8:38,39 Is. 49:15

AGOSTO 24 - Debo hacer las obras del que me envió mientras es de día.

El alma del perezoso desea, pero nada consigue, mas el alma de los diligentes queda satisfecha. * El alma generosa será prosperada, y el que riega será también regado. * Mi comida es hacer la voluntad del que me envió y llevar a cabo su obra. ¿No decís vosotros: "Todavía faltan cuatro meses, y después viene la siega"? He aquí, yo os digo: Alzad vuestros ojos y ved los campos que ya están blancos para la siega. Ya el segador recibe salario y recoge fruto para vida eterna, para que el que siembra se regocije juntamente con el que siega.

El reino de los cielos es semejante a un hacendado que salió muy de mañana para contratar obreros para su viña. Y habiendo convenido con los obreros en un denario al día, los envió a su viña. * Predica la palabra; insiste a tiempo y fuera de tiempo; redarguye, reprende, exhorta con mucha paciencia e instrucción. * Negociad con esto hasta que regrese. * He trabajado mucho más que todos ellos, aunque no yo, sino la gracia de Dios en mí. Jn. 9:4 Pr. 13:4; 11:25 Jn.4:34-36 Mt.20:1,2 II Ti. 4:2 Lc.19:13 I Co.15:10

AGOSTO 25 - En gran manera me gozaré en el Señor, mi alma se regocijará en mi Dios.

Bendeciré al Señor en todo tiempo; continuamente estará su alabanza en mi boca. En el Señor se gloriará mi alma; lo oirán los humildes y se regocijarán. Engrandeced al Señor conmigo, y exaltemos a una su nombre.

Porque sol y escudo es el Señor Dios; gracia y gloria da el SEÑOR; nada bueno niega a los que andan en integridad.

Oh Señor de los ejércitos, ¡cuán bienaventurado es el hombre que en ti confía! Bendice, alma mía, al SEÑOR, y bendiga todo mi ser su santo nombre.*¿Sufre alguno entre vosotros? Que haga oración. ¿Está alguno alegre? Que cante alabanzas. * No os embriaguéis con vino, en lo cual hay disolución, sino sed llenos del Espíritu, hablando entre vosotros con salmos, himnos y cantos espirituales, cantando y alabando con vuestro corazón al Señor; dando siempre gracias por todo, en el nombre de nuestro Señor Jesucristo, a Dios, el Padre. * Que la palabra de Cristo habite en abundancia en vosotros, con toda sabiduría enseñándoos y amonestándoos unos a otros con salmos, himnos y canciones espirituales, cantando a Dios con acción de gracias en vuestros corazones. * Como a medianoche, Pablo y Silas oraban y cantaban himnos a Dios, y los presos los escuchaban. * Regocijaos en el Señor siempre. Otra vez lo diré: ¡Regocijaos!

Is. 61:10 Sal. 34:1-3; 84:11,12; 103:1 Stg. 5:13 Ef. 5:18-20 Col. 3:16 Hch. 16:25 Fil. 4:4

AGOSTO 26 - Mi copa está rebosando.

Probad y ved que el Señor es bueno. ¡Cuán bienaventurado es el hombre que en El se refugia! Temed al SEÑOR, vosotros sus santos, pues nada les falta a aquellos que le temen. Los leoncillos pasan necesidad y tienen hambre, mas los que buscan al Señor no carecerán de bien alguno. * Que las misericordias del Señor jamás terminan, pues nunca fallan sus bondades; son nuevas cada mañana; ¡grande es tu fidelidad!

El Señor es la porción de mi herencia y de mi copa; tú sustentas mi suerte. Las cuerdas cayeron para mí en lugares agradables; en verdad mi herencia es hermosa para mí. * Ya sea... el mundo, o la vida, o la muerte, o lo presente, o lo por venir, todo es vuestro. Bendito sea el Dios y Padre de nuestro Señor Jesucristo, que nos ha bendecido con toda bendición espiritual en los lugares celestiales en Cristo.* He aprendido a contentarme cualquiera que sea mi situación. Pero la piedad, en efecto, es un medio de gran ganancia cuando va acompañada de contentamiento.

Y mi Dios proveerá a todas vuestras necesidades, conforme a sus riquezas en gloria en Cristo Jesús.

Sal. 23:5; 34:8-10 Lam. 3:22,23 Sal. 16:5,6 I Co. 3:22 Ef. 1:3 Fil. 4:11 I Ti. 6:6 Fil. 4:19

AGOSTO 27 - ¿Cómo es que estás durmiendo? ¡Levántate.

Este no es lugar de descanso por la impureza que trae destrucción. Poned la mira en las cosas de arriba, no en las de la tierra.

 Si las riquezas aumentan, no pongáis el corazón en ellas.

Disponed ahora vuestro corazón y vuestra alma para buscar al Señor vuestro Dios; levantaos, pues.* ¿Por qué dormís? Levantaos y orad para que no entréis en tentación. * Estad alerta, no sea que vuestro corazón se cargue con disipación y embriaguez y con las preocupaciones de la vida, y aquel día venga súbitamente sobre vosotros como un lazo; Al tardarse el novio, a todas les dio sueño y se durmieron.

Porque dentro de muy poco tiempo, el que ha de venir vendrá y no tardará. * Ya es hora de despertaros del sueño; porque ahora la salvación está más cerca de nosotros que cuando creímos. *Velad, porque no sabéis cuándo viene el Señor de la casa, si al atardecer, o a la medianoche, o al canto del gallo, o al amanecer; no sea que venga de repente y os halle dormidos.

Jonás 1:6 Mi. 2:10 Col.3:2 Sal. 62:10 I Cr. 22:19 Lc. 22:46; 21:34 Mt. 25:5 Heb. 10:37 Ro. 13:11 Mr. 13:35,36

AGOSTO 28 - El árbol de la vida.

Dios nos ha dado vida eterna, y esta vida está en su Hijo.

El dio a su Hijo unigénito, para que todo aquel que cree en El, no se pierda, mas tenga vida eterna. * Así como el Padre levanta a los muertos y les da vida, asimismo el Hijo también da vida a los que El quiere.

Así como el Padre tiene vida en sí mismo, así también le dio al Hijo el tener vida en sí mismo. * Al vencedor le daré a comer del árbol de la vida, que está en el paraíso de Dios. * En medio de la calle de la ciudad, y a cada lado del río estaba el árbol de la vida, que produce doce clases de fruto, dando su fruto cada mes; y las hojas del árbol eran para sanidad de las naciones.

Bienaventurado el hombre que halla sabiduría y el hombre que adquiere entendimiento; Larga vida hay en su mano derecha, en su mano izquierda, riquezas y honra. Es árbol de vida para los que de ella echan mano, y felices son los que la abrazan.

...Cristo Jesús, el cual se hizo para nosotros sabiduría de Dios.

Gn. 2:9 I Jn. 5:11 Jn. 3:16; 5:21, 26 Ap. 2:7; 22:2 Pr. 3:13,16,18 I Co. 1:30

AGOSTO 29 - En paz me acostaré y así también dormiré; porque sólo tú, Señor, me haces habitar seguro.

No temerás el terror de la noche, ni la flecha que vuela de día. Con sus plumas te cubre, y bajo sus alas hallas refugio; escudo y baluarte es su fidelidad.

...Como la gallina junta sus pollitos debajo de sus alas... * No permitirá que tu pie resbale; no se adormecerá el que te guarda. He aquí, no se adormecerá ni dormirá el que guarda a Israel. El Señor es tu guardador; el Señor es tu sombra a tu mano derecha.

Que more yo en tu tienda para siempre; y me abrigue en el refugio de tus alas. * Ni aun las tinieblas son oscuras para ti, y la noche brilla como el día. Las tinieblas y la luz son iguales para ti. * El que no eximió ni a su propio Hijo, sino que lo entregó por todos nosotros, ¿cómo no nos concederá también con El todas las cosas?

Vosotros sois de Cristo, y Cristo de Dios. Confiaré y no temeré.

Sal. 4:8; 91:5,4 Mt. 23:3 Sal. 121:3-5; 61:4; 139:12 Ro. 8:32 I Co. 3:23 Is. 12:2

AGOSTO 30 - Dijeron...Es maná: porque no sabían lo que era.

E indiscutiblemente, grande es el misterio de la piedad: El fue manifestado en la carne. * El pan de Dios es el que baja del cielo, y da vida al mundo. Vuestros padres comieron el maná en el desierto, y murieron.

Yo soy el pan vivo que descendió del cielo; si alguno come de este pan, vivirá para siempre; y el pan que yo también daré por la vida del mundo es mi carne. * Porque mi carne es verdadera comida, y mi sangre es verdadera bebida.

Y así lo hicieron los hijos de Israel, y unos recogieron mucho y otros poco. Cuando lo midieron con el gomer, al que había recogido mucho no le sobró, ni le faltó al que había recogido poco; cada uno había recogido lo que iba a comer. Lo recogían cada mañana, cada uno lo que iba a comer; pero cuando el sol calentaba, se derretía. * No os preocupéis, diciendo: "¿Qué comeremos?" o "¿qué beberemos?" o "¿con qué nos vestiremos?" ...Vuestro Padre celestial sabe que necesitáis todas estas cosas. Pero buscad primero su reino y su justicia, y todas estas cosas os serán añadidas.

Ex. 16:15 I Ti. 3:16 Jn. 6:33, 49,51,55 Ex. 16:17,18,21 Mt. 6:31-33

AGOSTO 31 - Negociad con esto hasta que regrese.

El Hijo del Hombre es como un hombre que se fue de viaje, y al salir de su casa dejó a sus siervos encargados, asignándole a cada uno su tarea, y ordenó al portero que estuviera alerta.

A uno le dio cinco talentos, a otro dos, y a otro uno, a cada uno conforme a su capacidad; y se fue de viaje. * Nosotros debemos hacer las obras del que me envió mientras es de día; la noche viene cuando nadie puede trabajar.

¿Acaso no sabíais que me era necesario estar en la casa de mi Padre?

....dejándoos ejemplo para que sigáis sus pisadas.

Predica la palabra; insiste a tiempo y fuera de tiempo; redarguye, reprende, exhorta con mucha paciencia e instrucción.

La obra de cada uno se hará evidente; porque el día la dará a conocer. * Por tanto, mis amados hermanos, estad firmes, constantes, abundando siempre en la obra del Señor, sabiendo que vuestro trabajo en el Señor no es en vano.

Lc. 19:13 Mr. 13:34 Mt. 25:15 Jn. 9:4 Lc. 2:49 I P. 2:21 II Ti. 4:2 I Co. 3:13; 15:58

Mes de Septiembre

SEPTIEMBRE 1 - Si alguno quiere venir en pos de mí, niéguese a sí mismo, tome su cruz cada día y sígame.

En honra y en deshonra, en mala fama y en buena fama. * Todos los que quieren vivir piadosamente en Cristo Jesús, serán perseguidos. * ...El escándalo de la cruz.... * Si yo todavía estuviera tratando de agradar a los hombres, no sería siervo de Cristo. * Si sois vituperados por el nombre de Cristo, dichosos sois, pues el Espíritu de gloria y de Dios reposa sobre vosotros. Ciertamente, por ellos El es blasfemado, pero por vosotros es glorificado. Que de ninguna manera sufra alguno de vosotros como homicida, o ladrón, o malhechor, o por entrometido. Pero si alguno sufre como cristiano, que no se avergüence, sino que como tal glorifique a Dios. * Porque a vosotros se os ha concedido por amor de Cristo, no sólo creer en El, sino también sufrir por El, * Uno murió por todos, por consiguiente, todos murieron; y por todos murió, para que los que viven, ya no vivan para sí, sino para aquel que murió y resucitó por ellos. * Si perseveramos, también reinaremos con El.

Lc. 9:23 II Co. 6:8 II Ti. 3:12 Gal. 5:11; 1:10 I P. 4:14-16 Fil. 1:29 II Co. 5:14,15 II Ti.2:12

SEPTIEMBRE 2 - En lugares de verdes pastos me hace descansar.

Pero los impíos son como el mar agitado, que no puede estar quieto. No hay paz–dice mi Dios–para los impíos. * Venid a mí, todos los que estáis cansados y cargados, y yo os haré descansar. Confía callado en el Señor y espérale con paciencia; no te irrites a causa del que prospera en su camino, por el hombre que lleva a cabo sus intrigas. * Pues el que ha entrado a su reposo, él mismo ha reposado de sus obras, como Dios reposó de las suyas. * No os dejéis llevar por doctrinas diversas y extrañas, porque buena cosa es para el corazón el ser fortalecido con la gracia.

...para que ya no seamos niños, sacudidos por las olas y llevados de aquí para allá por todo viento de doctrina, por la astucia de los hombres, por las artimañas engañosas del error; sino que hablando la verdad en amor, crezcamos en todos los aspectos en aquel que es la cabeza, es decir, Cristo, * Por lo demás, fortaleceos en el Señor y en el poder de su fuerza. * Revestíos con toda la armadura de Dios para que podáis estar firmes contra las insidias del diablo. * A su sombra placentera me he sentado, y su fruto es dulce a mi paladar. El me ha traído a la sala del banquete, y su estandarte sobre mí es el amor.

Sal. 23:2 Is. 57:20,21 Mt. 11:28 Sal. 37:7 Heb. 4:10; 13:9 Ef. 4:14,15 Cant. 2:3,4

SEPTIEMBRE 3 - Y la serpiente dijo a la mujer: Ciertamente no moriréis...serán abiertos vuestros ojos y seréis como Dios, conociendo el bien y el mal.

Pero temo que, así como la serpiente con su astucia engañó a Eva, vuestras mentes sean desviadas de la sencillez y pureza de la devoción a Cristo.

Por lo demás, fortaleceos en el Señor y en el poder de su fuerza. Revestíos con toda la armadura de Dios para que podáis estar firmes contra las insidias del diablo. Por tanto, tomad toda la armadura de Dios, para que podáis resistir en el día malo, y habiéndolo hecho todo, estar firmes. Estad, pues, firmes, ceñida vuestra cintura con la verdad, revestidos con la coraza de la justicia, y calzados los pies con el apresto del evangelio de la paz; en todo, tomando el escudo de la fe con el que podréis apagar todos los dardos encendidos del maligno. Tomad también el yelmo de la salvación, y la espada del Espíritu que es la palabra de Dios.

...para que Satanás no tome ventaja sobre nosotros, pues no ignoramos sus ardides. Gn. 3:4,5 II Co. 11:3 Ef. 6:10,11, 13-17 II Co. 2:11

SEPTIEMBRE 4 - Ahora tú no comprendes lo que yo hago, pero lo entenderás después.

Y te acordarás de todo el camino por donde el Señor tu Dios te ha traído por el desierto durante estos cuarenta años, para humillarte, probándote, a fin de saber lo que había en tu corazón, si guardarías o no sus mandamientos.

'Entonces pasé junto a ti y te vi, y he aquí, tu tiempo era tiempo de amores; extendí mi manto sobre ti y cubrí tu desnudez. Te hice juramento y entré en pacto contigo'–declara el Señor DIOS–'y fuiste mía.

El Señor al que ama, disciplina, y azota a todo el que recibe por hijo.

Amados, no os sorprendáis del fuego de prueba que en medio de vosotros ha venido para probaros, como si alguna cosa extraña os estuviera aconteciendo; antes bien, en la medida en que compartís los padecimientos de Cristo, regocijaos, para que también en la revelación de su gloria os regocijéis con gran alegría.

Pues esta aflicción leve y pasajera nos produce un eterno peso de gloria que sobrepasa toda comparación, al no poner nuestra vista en las cosas que se ven, sino en las que no se ven; porque las cosas que se ven son temporales, pero las que no se ven son eternas.

Jn. 13:7 Dt. 8:2 Eze. 16:8 Heb. 12:6 I P 4:12,13 II Co. 4:17,18

SEPTIEMBRE 5 - Fuente de aguas vivas.

¡Cuán preciosa es, oh Dios, tu misericordia! Por eso los hijos de los hombres se refugian a la sombra de tus alas. Se sacian de la abundancia de tu casa, y les das a beber del río de tus delicias. Porque en ti está la fuente de la vida; en tu luz vemos la luz.

Por tanto, así dice el Señor DIOS: He aquí, mis siervos comerán, mas vosotros tendréis hambre; he aquí, mis siervos beberán, mas vosotros tendréis sed.

El que beba del agua que yo le daré, no tendrá sed jamás, sino que el agua que yo le daré se convertirá en él en una fuente de agua que brota para vida eterna. * El decía esto del Espíritu, que los que habían creído en El habían de recibir; porque el

Espíritu no había sido dado todavía, pues Jesús aún no había sido glorificado. * Todos los sedientos, venid a las aguas; y los que no tenéis dinero, venid, comprad y comed. Venid, comprad vino y leche sin dinero y sin costo alguno.

El Espíritu y la esposa dicen: Ven. Y el que oye, diga: Ven. Y el que tiene sed, venga; y el que desea, que tome gratuitamente del agua de la vida.

Jer. 2:13 Sal. 36:7-9 Is. 65:13 Jn. 4:14; 7:39 Is. 55:1 Ap. 22:17

SEPTIEMBRE 6 -Centinela, ¿qué hora es de la noche?

Ya es hora de despertaros del sueño; porque ahora la salvación está más cerca de nosotros que cuando creímos. La noche está muy avanzada, y el día está cerca. Por tanto, desechemos las obras de las tinieblas y vistámonos con las armas de la luz.

Y de la higuera aprended la parábola: cuando su rama ya se pone tierna y echa las hojas, sabéis que el verano está cerca. Así también vosotros, cuando veáis todas estas cosas, sabed que El está cerca, a las puertas. El cielo y la tierra pasarán, mas mis palabras no pasarán.

Espero en el SEÑOR; en El espera mi alma, y en su palabra tengo mi esperanza. Mi alma espera al Señor más que los centinelas a la mañana; sí, más que los centinelas a la mañana.

El que testifica de estas cosas dice: Sí, vengo pronto. Amén. Ven, Señor Jesús. Velad, pues, porque no sabéis ni el día ni la hora.

Is. 21:11 Ro. 13:11,12 Mt. 24:32,33,35 Sal.130:5,6 Ap. 22:20 Mt. 25:13

SEPTIEMBRE 7 - Por cuanto yo estoy afligido y necesitado, el Señor me tiene en cuenta.

"Porque yo sé los planes que tengo para vosotros"–declara el SEÑOR–
"planes de bienestar y no de calamidad, para daros un futuro y una esperanza. * Porque mis pensamientos no son vuestros pensamientos, ni vuestros caminos mis caminos–declara el SEÑOR. * Porque como los cielos son más altos que la tierra, así mis caminos son más altos que vuestros caminos, y mis pensamientos más que vuestros pensamientos. * ¡Cuán preciosos también son para mí, oh Dios, tus pensamientos! ¡Cuán inmensa es la suma de ellos! Si los contara, serían más que la arena; al despertar aún estoy contigo. * ¡Qué grandes son tus obras, oh SEÑOR, cuán profundos tus pensamientos! * Muchas son, SEÑOR, Dios mío, las maravillas que tú has hecho, y muchos tus designios para con nosotros; nadie hay que se compare contigo; si los anunciara, y hablara de ellos, no podrían ser enumerados.

Pues considerad, hermanos, vuestro llamamiento; no hubo muchos sabios conforme a la carne, ni muchos poderosos, ni muchos nobles. * ¿No escogió Dios a los pobres de este mundo para ser ricos en fe y herederos del reino que El prometió a los que le aman? como entristecidos, mas siempre gozosos; como pobres, pero enriqueciendo a muchos; como no teniendo nada, aunque poseyéndolo todo. * ....las inescrutables riquezas de Cristo.

Sal. 40:17 Jer. 29:11 Is. 55:8,9 Sal. 139:17,18; 92:5; I Co. 1:26 Stg. 2:5 II Co. 6:10 Ef.3:8

SEPTIEMBRE 8 - Cristo, las primicias.

Si el grano de trigo no cae en tierra y muere, queda él solo; pero si muere, produce mucho fruto. *Si el primer pedazo de masa es santo, también lo es toda la masa; y si la raíz es santa, también lo son las ramas.* Mas ahora Cristo ha resucitado de entre los muertos, primicias de los que durmieron. Porque si hemos sido unidos a El en la semejanza de su muerte, ciertamente lo seremos también en la semejanza de su resurrección. * El Señor Jesucristo, el cual transformará el cuerpo de nuestro estado de humillación en conformidad al cuerpo de su gloria, por el ejercicio del poder que tiene aun para sujetar todas las cosas a sí mismo....el primogénito de entre los muertos.* Pero si el Espíritu de aquel que resucitó a Jesús de entre los muertos habita en vosotros, el mismo que resucitó a Cristo Jesús de entre los muertos, también dará vida a vuestros cuerpos mortales por medio de su Espíritu que habita en vosotros.

Yo soy la resurrección y la vida; el que cree en mí, aunque muera, vivirá.

I Co. 15:23 Jn. 12:24 Ro. 11:16 I Co. 15:20 Ro. 6:5 Fil. 3:20,21 Col. 1:18 Ro. 8:11 Jn.11:25

SEPTIEMBRE 9 - Mis pies estuvieron a punto de tropezar, casi resbalaron mis pasos.

Si digo: Mi pie ha resbalado, tu misericordia, oh SEÑOR, me sostendrá.

El Señor dijo: Simón, Simón, mira que Satanás os ha reclamado para zarandearos como a trigo; pero yo he rogado por ti para que tu fe no falle; y tú, una vez que hayas regresado, fortalece a tus hermanos.

El justo cae siete veces; y vuelve a levantarse, pero los impíos caerán en la desgracia. Cuando caiga, no quedará derribado, porque el Señor sostiene su mano.

No te alegres de mí, enemiga mía. Aunque caiga, me levantaré, aunque more en tinieblas, el Señor es mi luz. * De seis aflicciones te librará, y en siete no te tocará el mal.

Si alguno peca, Abogado tenemos para con el Padre, a Jesucristo el justo. * El también es poderoso para salvar para siempre a los que por medio de El se acercan a

Dios, puesto que vive perpetuamente para interceder por ellos.

Sal. 73:2; 94:18 Lc. 22:31,32 Pr. 24:16 Sal.37:24 Mi. 7:8 Job 5:19 I Jn. 2:1 Heb. 7:25

SEPTIEMBRE 10 - Los que esperan en el Señor renovarán sus fuerzas.

Cuando soy débil, entonces soy fuerte. Mi Dios ha sido mi fortaleza.

Y El me ha dicho: Te basta mi gracia, pues mi poder se perfecciona en la debilidad. Por tanto, muy gustosamente me gloriaré más bien en mis debilidades, para que el poder de Cristo more en mí.

.....que él confíe en mi protección. * Echa sobre el Señor tu carga, y El te sustentará.

Sus brazos fueron ágiles por las manos del Poderoso de Jacob. No te soltaré si no me bendices. * Tú vienes a mí con espada, lanza y jabalina, pero yo vengo a ti en el nombre del Señor de los ejércitos, el Dios de los escuadrones de Israel, a quien tú has desafiado. * Combate, oh SEÑOR, a los que me combaten; ataca a los que me atacan. Echa mano del broquel y del escudo, y levántate en mi ayuda.

Is. 40:31 II Co. 12:10 Is. 49:5 II Co. 12:9 Is. 27:5 Sal. 55:22 Gn. 49:24; 32:26 I S. 17:45 Sal. 35:1,2

SEPTIEMBRE 11 - Sale el hombre a su trabajo, y a su labor hasta el atardecer.

Con el sudor de tu rostro comerás el pan hasta que vuelvas a la tierra. * Cuando estábamos con vosotros os ordenábamos esto: Si alguno no quiere trabajar, que tampoco coma.*Que tengáis por vuestra ambición el llevar una vida tranquila, y os ocupéis en vuestros propios asuntos y trabajéis con vuestras manos. * Todo lo que tu mano halle para hacer, hazlo según tus fuerzas; porque no hay actividad ni propósito ni conocimiento ni sabiduría en el Seol, adonde vas. * Nosotros debemos hacer las obras del que me envió mientras es de día; la noche viene cuando nadie puede trabajar

No nos cansemos de hacer el bien, pues a su tiempo, si no nos cansamos, segaremos. * Por tanto, mis amados hermanos, estad firmes, constantes, abundando siempre en la obra del Señor, sabiendo que vuestro trabajo en el Señor no es en vano. * Queda, por tanto, un reposo sagrado para el pueblo de Dios.

....a nosotros que hemos soportado el peso y el calor abrasador del día. Aquí hay reposo, dad reposo al cansado; y: Aquí hay descanso.

Sal.104:23 Gen. 3:19 II Ts. 3:10 I Ts. 4:11 Ec. 9:10 Jn. 9:4 Gal.6:9 I Co. 15:58 Heb. 4:9 Mt. 20:12 Is. 28:12

SEPTIEMBRE 12 - El Señor está por mí.

Que el Señor te responda en el día de la angustia. Que el nombre del Dios de Jacob te ponga en alto. Que desde el santuario te envíe ayuda, y desde Sión te sostenga. * Nosotros cantaremos con gozo por tu victoria, y en el nombre de nuestro Dios alzaremos bandera. Que el Señor cumpla todas tus peticiones. Algunos confían en carros, y otros en caballos; mas nosotros en el nombre del Señor nuestro Dios confiaremos. Ellos se doblegaron y cayeron; pero nosotros nos hemos levantado y nos mantenemos en pie. Temerán desde el occidente el nombre del Señor y desde el nacimiento del sol su gloria, porque El vendrá como torrente impetuoso, que el viento del Señor impele. * No os ha sobrevenido ninguna tentación que no sea común a los hombres; y fiel es Dios, que no permitirá que vosotros seáis tentados más allá de lo que podéis soportar, sino que con la tentación proveerá también la vía de escape, a fin de que podáis resistirla.

Si Dios está por nosotros, ¿quién estará contra nosotros? * El Señor está a mi favor; no temeré. ¿Qué puede hacerme el hombre?* Ciertamente nuestro Dios a quien servimos puede librarnos del horno de fuego ardiente; y de tu mano, oh rey, nos librará.

Sal.118:7; 20:1,2,5,7,8 Is. 59:19 I Co. 10:13 Ro. 8:31 Sal. 118:6 Dan. 3:17

SEPTIEMBRE 13 - Vosotros sois la sal de la tierra.

....con el adorno incorruptible de un espíritu tierno y sereno.

Pues habéis nacido de nuevo, no de una simiente corruptible, sino de una que es incorruptible, es decir, mediante la palabra de Dios que vive y permanece.* El que cree en mí, aunque muera, vivirá.

....Los hijos de Dios, siendo hijos de la resurrección. Dios incorruptible.

Si alguno no tiene el Espíritu de Cristo, el tal no es de El. Y si Cristo está en vosotros, aunque el cuerpo esté muerto a causa del pecado, sin embargo, el espíritu está vivo a causa de la justicia. Pero si el Espíritu de aquel que resucitó a Jesús de entre los muertos habita en vosotros, el mismo que resucitó a Cristo Jesús de entre los muertos, también dará vida a vuestros cuerpos mortales por medio de su Espíritu que habita en vosotros. Se siembra un cuerpo corruptible, se resucita un cuerpo incorruptible. * Tened sal en vosotros y estad en paz los unos con los otros.

No salga de vuestra boca ninguna palabra mala, sino sólo la que sea buena para edificación, según la necesidad del momento, para que imparta gracia a los que escuchan. Mt. 5:13 I P. 3:4; 1:23 Jn. 11:25 Lc. 20:36 Ro. 1:23; 8:9-11 I Co. 15:42 Mr. 9:50 Ef. 4:29

SEPTIEMBRE 14 - Fuisteis llamados a la comunión con su Hijo Jesucristo, Señor nuestro.

Pues cuando El recibió honor y gloria de Dios Padre, la majestuosa Gloria le hizo esta declaración: Este es mi Hijo amado en quien me he complacido; * Mirad cuán gran amor nos ha otorgado el Padre, para que seamos llamados hijos de Dios. Sed, pues, imitadores de Dios como hijos amados.

...y si hijos, también herederos; herederos de Dios y coherederos con Cristo, si en verdad padecemos con El a fin de que también seamos glorificados con El. * El es el resplandor de su gloria y la expresión exacta de su naturaleza.

Así brille vuestra luz delante de los hombres, para que vean vuestras buenas acciones y glorifiquen a vuestro Padre que está en los cielos. * Jesús, el autor y consumador de la fe, quien por el gozo puesto delante de El soportó la cruz, menospreciando la vergüenza. * Hablo esto en el mundo para que tengan mi gozo completo en sí mismos. *Porque así como los sufrimientos de Cristo son nuestros en abundancia, así también abunda nuestro consuelo por medio de Cristo

I Co. 1:9 II P. 1:17 I Jn. 3:1 Ef. 5:1 Ro. 8:17 Heb. 1:3 Mt. 5:16 Heb. 12:2 Jn. 17:13 II Co.1:5

SEPTIEMBRE 15 - El hombre de doble ánimo es inestable en todos sus caminos.

Nadie, que después de poner la mano en el arado mira atrás, es apto para el reino de Dios. * Y sin fe es imposible agradar a Dios; porque es necesario que el que se acerca a Dios crea que El existe, y que es remunerador de los que le buscan. * Pero que pida con fe, sin dudar; porque el que duda es semejante a la ola del mar, impulsada por el viento y echada de una parte a otra. No piense, pues, ese hombre, que recibirá cosa alguna del Señor. - Todas las cosas por las que oréis y pidáis, creed que ya las habéis recibido, y os serán concedidas.

Para que ya no seamos niños, sacudidos por las olas y llevados de aquí para allá por todo viento de doctrina, por la astucia de los hombres, por las artimañas engañosas del error; sino que hablando la verdad en amor, crezcamos en todos los aspectos en aquel que es la cabeza, es decir, Cristo. * Permaneced en mí. * Por tanto, mis amados hermanos, estad firmes, constantes, abundando siempre en la obra del Señor, sabiendo que vuestro trabajo en el Señor no es en vano.

Stg. 1:8 Lc. 9:62 Heb. 11:6 Stg. 1:6,7 Mr. 11:24 Ef. 4:14,15 Jn. 15:4 I Co. 15:58

SEPTIEMBRE 16 - El llanto puede durar toda la noche, pero a la mañana vendrá el grito de alegría.

Estas cosas os he hablado para que en mí tengáis paz. En el mundo tenéis tribulación; pero confiad, yo he vencido al mundo. * En cuanto a mí, me saciaré cuando contemple tu imagen. La noche está muy avanzada, y el día está cerca.*El es como la luz de la mañana cuando se levanta el sol en una mañana sin nubes, cuando brota de la tierra la tierna hierba por el resplandor del sol tras la lluvia.

El destruirá la muerte para siempre; el Señor Dios enjugará las lágrimas de todos los rostros, y quitará el oprobio de su pueblo de sobre toda la tierra, porque el Señor ha hablado. * El enjugará toda lágrima de sus ojos, y ya no habrá muerte, ni habrá más duelo, ni clamor, ni dolor, porque las primeras cosas han pasado. * Entonces nosotros, los que estemos vivos y que permanezcamos, seremos arrebatados juntamente con ellos en las nubes al encuentro del Señor en el aire, y así estaremos con el Señor siempre. Por tanto, confortaos unos a otros con estas palabras.

Sal. 30:5 I Ts. 3:3,4 Jn. 16:33 Sal.17:15 Ro. 13:12 II S. 23:4 Is. 25:8 Ap. 21:4 I Ts.4:17,18

SEPTIEMBRE 17 - Probad y ved que el Señor es bueno. ¡Cuán bienaventurado es el hombre que en El se refugia!

Cuando el maestresala probó el agua convertida en vino, y como no sabía de dónde era

...el maestresala llamó al novio, y le dijo: Todo hombre sirve primero el vino bueno, y cuando ya han tomado bastante, entonces el inferior; pero tú has guardado hasta ahora el vino bueno. * Porque el oído distingue las palabras, como el paladar prueba la comida. Creí, por tanto hable. * Yo sé en quién he creído. * A su sombra placentera me he sentado, y su fruto es dulce a mi paladar. La bondad de Dios. * El que no eximió ni a su propio Hijo, sino que lo entregó por todos nosotros, ¿cómo no nos concederá también con El todas las cosas? * Desead como niños recién nacidos, la leche pura de la palabra, para que por ella crezcáis para salvación, si es que habéis probado la benignidad del Señor.

Pero alégrense todos los que en ti se refugian; para siempre canten con júbilo, porque tú los proteges; regocíjense en ti los que aman tu nombre.

Sal. 34:8 Jn. 2:9,10 Job:34:3 II Co. 4:13 II Ti. 1:12 Cant 2:3 Ro. 2:4; 8:32 I P 2:2,3 Sal. 5:11

SEPTIEMBRE 18 - En-hacore (o El pozo de aquel que clamó).

Si tú conocieras el don de Dios, y quién es el que te dice: "Dame de beber", tú le habrías pedido a El, y El te hubiera dado agua viva. * Si alguno tiene sed, que venga a mí y beba. Pero El decía esto del Espíritu, que los que habían creído en El habían de recibir; porque el Espíritu no había sido dado todavía, pues Jesús aún no había sido glorificado.

Traed todo el diezmo al alfolí, para que haya alimento en mi casa; y ponedme ahora a prueba en esto–dice el Señor de los ejércitos–si no os abriré las ventanas del cielo, y derramaré para vosotros bendición hasta que sobreabunde.

Pues si vosotros siendo malos, sabéis dar buenas dádivas a vuestros hijos, ¿cuánto más vuestro Padre celestial dará el Espíritu Santo a los que se lo pidan. * Pedid, y se os dará; buscad, y hallaréis; llamad, y se os abrirá. * Y porque sois hijos, Dios ha enviado el Espíritu de su Hijo a nuestros corazones, clamando: ¡Abba! ¡Padre! * Pues no habéis recibido un espíritu de esclavitud para volver otra vez al temor, sino que habéis recibido un espíritu de adopción como hijos, por el cual clamamos: ¡Abba, Padre!

Jue. 15:19 Jn. 4:10; 7:37,39 Mal. 3:10 Lc. 11:13,9 Gal. 4:6 Ro. 8:15

SEPTIEMBRE 19 - Levantaré mis ojos a los montes; ¿de dónde vendrá mi socorro? Mi socorro viene del Señor.

Como los montes rodean a Jerusalén, así el Señor rodea a su pueblo desde ahora y para siempre.

A ti levanto mis ojos, ¡oh tú que reinas en los cielos! He aquí, como los ojos de los siervos miran a la mano de su señor, como los ojos de la sierva a la mano de su señora, así nuestros ojos miran al Señor nuestro Dios hasta que se apiade de nosotros. * Porque tú has sido mi socorro, y a la sombra de tus alas canto gozoso. * Oh Dios nuestro, ¿no los juzgarás? Porque no tenemos fuerza alguna delante de esta gran multitud que viene contra nosotros, y no sabemos qué hacer; pero nuestros ojos están vueltos hacia ti. * De continuo están mis ojos hacia el SEÑOR, porque El sacará mis pies de la red. * Nuestro socorro está en el nombre del SEÑOR, que hizo los cielos y la tierra.

Sal. 121:1,2; 125:2; 123:1,2; 63:7 II Cr. 20:12 Sal. 25:15; 124:8

SEPTIEMBRE 20 - Pobres, pero enriqueciendo a muchos.

Porque conocéis la gracia de nuestro Señor Jesucristo, que siendo rico, sin embargo por amor a vosotros se hizo pobre, para que vosotros por medio de su pobreza llegarais a ser ricos.

Pues de su plenitud todos hemos recibido, y gracia sobre gracia.

 Mi Dios proveerá a todas vuestras necesidades, conforme a sus riquezas en gloria en Cristo Jesús.

Y Dios puede hacer que toda gracia abunde para vosotros, a fin de que teniendo siempre todo lo suficiente en todas las cosas, abundéis para toda buena obra.

 ¿No escogió Dios a los pobres de este mundo para ser ricos en fe y herederos del reino que El prometió a los que le aman?

...no hubo muchos sabios conforme a la carne, ni muchos poderosos, ni muchos nobles; sino que Dios ha escogido lo necio del mundo, para avergonzar a los sabios; y Dios ha escogido lo débil del mundo, para avergonzara lo que es fuerte.

Tenemos este tesoro en vasos de barro, para que la extraordinaria grandeza del poder sea de Dios y no de nosotros.

II Co.6:10 II Co.8:9 Jn.1:16 Fil. 4:19 II Co. 9:8 Stg. 2:5 I Co.1:26,27 II Co.4:7

SEPTIEMBRE 21 - La comunión del Espíritu Santo sean con todos vosotros.

Yo rogaré al Padre, y El os dará otro Consolador para que esté con vosotros para siempre; es decir, el Espíritu de verdad, a quien el mundo no puede recibir, porque ni le ve ni le conoce, pero vosotros sí le conocéis porque mora con vosotros y estará en vosotros.

...no hablará por su propia cuenta, sino que hablará todo lo que oiga, y os hará saber lo que habrá de venir. El me glorificará, porque tomará de lo mío y os lo hará saber. * El amor de Dios ha sido derramado en nuestros corazones por medio del Espíritu Santo que nos fue dado.

Pero el que se une al Señor, es un espíritu con El. ¿O no sabéis que vuestro cuerpo es templo del Espíritu Santo, que está en vosotros, el cual tenéis de Dios, y que no sois vuestros? * Y no entristezcáis al Espíritu Santo de Dios, por el cual fuisteis sellados para el día de la redención.

El Espíritu nos ayuda en nuestra debilidad; porque no sabemos orar como debiéramos, pero el Espíritu mismo intercede por nosotros con gemidos indecibles;

II Co.3:14 Jn. 14:16,17; 16:13,14 Ro. 5:5 I Co. 6:17,19 Ef. 4:30 Ro. 8:26

SEPTIEMBRE 22 - Padre mío, si es posible, que pase de mí esta copa; pero no sea como yo quiero, sino como tú quieras.

Ahora mi alma se ha angustiado; y ¿qué diré: "Padre, sálvame de esta hora"? Pero para esto he llegado a esta hora. * Porque he descendido del cielo, no para hacer mi voluntad, sino la voluntad del que me envió.

Se humilló a sí mismo, haciéndose obediente hasta la muerte, y muerte de cruz. * Cristo, en los días de su carne, habiendo ofrecido oraciones y súplicas con gran clamor y lágrimas al que podía librarle de la muerte, fue oído a causa de su temor reverente; y aunque era Hijo, aprendió obediencia por lo que padeció.

¿O piensas que no puedo rogar a mi Padre, y El pondría a mi disposición ahora mismo más de doce legiones de ángeles?

Así está escrito, que el Cristo padeciera y resucitara de entre los muertos al tercer día; y que en su nombre se predicara el arrepentimiento para el perdón de los pecados a todas las naciones, comenzando desde Jerusalén.

Mt. 26:39 Jn. 12:27 Jn. 6:38 Fil. 2:8 Heb. 5:7,8 Mt. 26:53 Lc. 24:46,47

SEPTIEMBRE 23 - El vencedor heredará estas cosas.

Si hemos esperado en Cristo para esta vida solamente, somos, de todos los hombres, los más dignos de lástima.* Pero en realidad, anhelan una patria mejor, es decir, celestial. Por lo cual, Dios no se avergüenza de ser llamado Dios de ellos, pues les ha preparado una ciudad.

...una herencia incorruptible, inmaculada, y que no se marchitará, reservada en los cielos para vosotros. * ... todo es vuestro; o el mundo, o la vida, o la muerte, o lo presente, o lo por venir, todo es vuestro, * Cosas que ojo no vio, ni oído oyó, ni han entrado al corazón del hombre, son las cosas que Dios ha preparado para los que le aman. Pero Dios nos las reveló por medio del Espíritu, porque el Espíritu todo lo escudriña, aun las profundidades de Dios.* Tened cuidado para que no perdáis lo que hemos logrado, sino que recibáis abundante recompensa. * Despojémonos también de todo peso y del pecado que tan fácilmente nos envuelve, y corramos con paciencia la carrera que tenemos por delante,

Ap. 21:7 I Co. 15:19 Heb. 11:16 I P. 1:4 I Co. 3:21,22 I Co. 2:9,10 II Jn. 8 Heb. 12:1

SEPTIEMBRE 24 - Porque conocéis la gracia de nuestro Señor Jesucristo.

El Verbo se hizo carne, y habitó entre nosotros, y vimos su gloria, gloria como del unigénito del Padre, lleno de gracia y de verdad. *Eres el más hermoso de los hijos de los hombres; la gracia se derrama en tus labios; por tanto, Dios te ha bendecido para siempre. * Todos hablaban bien de El y se maravillaban de las palabras llenas de gracia que salían de su boca. * Habéis probado la benignidad del Señor. * El que cree en el Hijo de Dios tiene el testimonio en sí mismo; el que no cree a Dios, ha hecho a Dios mentiroso, porque no ha creído en el testimonio que Dios ha dado respecto a su Hijo. * En verdad, en verdad te digo que hablamos lo que sabemos y damos testimonio de lo que hemos visto, pero vosotros no recibís nuestro testimonio.

Probad y ved que el Señor es bueno. ¡Cuán bienaventurado es el hombre que en El se refugia! * A su sombra placentera me he sentado, y su fruto es dulce a mi paladar. * Y El me ha dicho: Te basta mi gracia, pues mi poder se perfecciona en la debilidad. * A cada uno de nosotros se nos ha concedido la gracia conforme a la medida del don de Cristo. * Según cada uno ha recibido un don especial, úselo sirviéndoos los unos a los otros como buenos administradores de la multiforme gracia de Dios.

II Co. 8:9 Jn. 1:14 Sal. 45:2 Lc. 4:22 I P. 2:3 I Jn. 5:10 Jn. 3:11 Sal. 34:8 Cant. 2:3 II Co. 12:9 Ef. 4:7 I P. 4:10

SEPTIEMBRE 25 - Dios juzgará los secretos de los hombres mediante Cristo Jesús.

No juzguéis antes de tiempo, sino esperad hasta que el Señor venga, el cual sacará a la luz las cosas ocultas en las tinieblas y también pondrá de manifiesto los designios de los corazones; y entonces cada uno recibirá su alabanza de parte de Dios.

Porque ni aun el Padre juzga a nadie, sino que todo juicio se lo ha confiado al Hijo...y le dio autoridad para ejecutar juicio, porque es el Hijo del Hombre.

El Hijo de Dios... tiene ojos como llama de fuego.

Y dicen: ¿Cómo lo sabe Dios? ¿Y hay conocimiento en el Altísimo?

Estas cosas has hecho, y yo he guardado silencio; pensaste que yo era tal como tú; pero te reprenderé, y delante de tus ojos expondré tus delitos.

Nada hay encubierto que no haya de ser revelado, ni oculto que no haya de saberse. Señor, todo mi anhelo está delante de ti, y mi suspiro no te es oculto.

Examíname, oh SEÑOR, y pruébame; escudriña mi mente y mi corazón.

Ro. 2:16 I Co. 4:5 Jn. 5:22,27 Ap. 2:18 Sal. 73:11; 50:21 Lc.12:2 Sal. 38:9; Sal. 26:2

SEPTIEMBRE 26 - Devorada ha sido la muerte en victoria.

A Dios gracias, que nos da la victoria por medio de nuestro Señor Jesucristo.

Por cuanto los hijos participan de carne y sangre, El igualmente participó también de lo mismo, para anular mediante la muerte el poder de aquel que tenía el poder de la muerte, es decir, el diablo, y librar a los que por el temor a la muerte, estaban sujetos a esclavitud durante toda la vida.

Y si hemos muerto con Cristo, creemos que también viviremos con El, sabiendo que Cristo, habiendo resucitado de entre los muertos, no volverá a morir; ya la muerte no tiene dominio sobre El. Porque por cuanto El murió, murió al pecado de una vez para siempre; pero en cuanto vive, vive para Dios. Así también vosotros, consideraos muertos para el pecado, pero vivos para Dios en Cristo Jesús.

Pero en todas estas cosas somos más que vencedores por medio de aquel que nos amó.

I Co. 15:54, 57 Heb. 2:14,15 Ro. 6:8-11; 8:37

SEPTIEMBRE 27 - ¿Conque Dios os ha dicho...?

Y acercándose el tentador, le dijo: Si eres Hijo de Dios.. Jesús le dijo: Está escrito... También está escrito ....Porque escrito está. ...El diablo entonces le dejó.

Y él respondió: No puedo volver contigo ni ir contigo; tampoco comeré pan ni beberé agua contigo en este lugar. Porque me vino un mandato por palabra del SEÑOR: "No comerás pan ni beberás agua allí, ni volverás por el camino que fuiste." Y el otro le respondió: Yo también soy profeta como tú, y un ángel me habló por palabra del SEÑOR, diciendo: "Tráelo contigo a tu casa, para que coma pan y beba agua." Pero le estaba mintiendo. Entonces se volvió con él, comió pan en su casa y bebió agua. * Y cuando el profeta que le había hecho volver del camino lo oyó, dijo: Es el hombre de Dios, que desobedeció el mandato del SEÑOR; por tanto el Señor lo ha entregado al león que lo ha desgarrado y matado, conforme a la palabra que el Señor le había hablado.

Pero si aun nosotros, o un ángel del cielo, os anunciara otro evangelio contrario al que os hemos anunciado, sea anatema.* En mi corazón he atesorado tu palabra, para no pecar contra ti.

Gen. 3:1 Mt. 4:3,4,7,10,11 I R. 13:16-19, 26 Gal. 1:8 Sal. 119:11

SEPTIEMBRE 28 - Los cielos proclaman la gloria de Dios, y la expansión anuncia la obra de sus manos.

 Desde la creación del mundo, sus atributos invisibles, su eterno poder y divinidad, se han visto con toda claridad, siendo entendidos por medio de lo creado. * No dejó de dar testimonio de sí mismo.

Un día transmite el mensaje al otro día, y una noche a la otra noche revela sabiduría. No hay mensaje, no hay palabras; no se oye su voz.

Cuando veo tus cielos, obra de tus dedos, la luna y las estrellas que tú has establecido, digo: ¿Qué es el hombre para que de él te acuerdes, y el hijo del hombre para que lo cuides?

Hay una gloria del sol, y otra gloria de la luna, y otra gloria de las estrellas; pues una estrella es distinta de otra estrella en gloria. Así es también la resurrección de los muertos. Se siembra un cuerpo corruptible, se resucita un cuerpo incorruptible; * Los entendidos brillarán como el resplandor del firmamento, y los que guiaron a muchos a la justicia, como las estrellas, por siempre jamás.

Sal. 19:1 Ro. 1:20 Hch. 14:17 Sal. 19:2,3; 8:3,4 I Co. 15:41,42 Dan. 12:3

SEPTIEMBRE 29 -Todo lo que hace el Padre, eso también hace el Hijo de igual manera.

El Señor da sabiduría, de su boca vienen el conocimiento y la inteligencia.

Yo os daré palabras y sabiduría que ninguno de vuestros adversarios podrá resistir ni refutar.

Espera al SEÑOR; esfuérzate y aliéntese tu corazón. Sí, espera al SEÑOR. Te basta mi gracia, pues mi poder se perfecciona en la debilidad.

... los santificados en Dios Padre...

Porque tanto el que santifica como los que son santificados, son todos de un Padre; por lo cual El no se avergüenza de llamarlos hermanos. *¿No lleno yo los cielos y la tierra?–declara el SEÑOR. La plenitud de aquel que lo llena todo en todo. * Yo, yo soy el SEÑOR, y fuera de mí no hay salvador.

Gracia y paz de Dios el Padre y de Cristo Jesús nuestro Salvador.

Jn. 5:19 Pr. 2:6 Lc. 21:15 Sal. 27:14 II Co. 12:9 Jud 1:1 Heb. 2:11 Jer. 23:24 Ef. 1:23 Is.43:11 Jn. 4:42 Tit. 1:4

SEPTIEMBRE 30 - Señor, muéstrame tus caminos, y enséñame tus sendas.

Moisés dijo al SEÑOR: Si he hallado gracia ante tus ojos, te ruego que me hagas conocer tus caminos para que yo te conozca y halle gracia ante tus ojos. Y El respondió: Mi presencia irá contigo, y yo te daré descanso.

A Moisés dio a conocer sus caminos, y a los hijos de Israel sus obras. * Dirige a los humildes en la justicia, y enseña a los humildes su camino. ¿Quién es el hombre que teme al SEÑOR? El le instruirá en el camino que debe escoger.

Confía en el Señor con todo tu corazón, y no te apoyes en tu propio entendimiento. Reconócele en todos tus caminos, y El enderezará tus sendas. * Me darás a conocer la senda de la vida; en tu presencia hay plenitud de gozo; en tu diestra, deleites para siempre.

Yo te haré saber y te enseñaré el camino en que debes andar; te aconsejaré con mis ojos puestos en ti. * Mas la senda de los justos es como la luz de la aurora, que va aumentando en resplandor hasta que es pleno día.

Sal. 25:4 Ex. 33:12-14 Sal. 103:7; 25:9,12 Pr. 3:5,6 Sal. 16:11; 32:8 Pr. 4:18

Mes de Octubre

OCTUBRE 1 - Mas el fruto del Espíritu es templanza.

Y todo el que compite en los juegos se abstiene de todo. Ellos lo hacen para recibir una corona corruptible, pero nosotros, una incorruptible. Por tanto, yo de esta manera corro, no como sin tener meta; de esta manera peleo, no como dando golpes al aire, sino que golpeo mi cuerpo y lo hago mi esclavo, no sea que habiendo predicado a otros, yo mismo sea descalificado. * No os embriaguéis con vino, en lo cual hay disolución, sino sed llenos del Espíritu. Si alguno quiere venir en pos de mí, niéguese a sí mismo, tome su cruz y sígame.

No durmamos como los demás, sino estemos alerta y seamos sobrios. Porque los que duermen, de noche duermen, y los que se emborrachan, de noche se emborrachan. Pero puesto que nosotros somos del día, seamos sobrios, habiéndonos puesto la coraza de la fe y del amor, y por yelmo la esperanza de la salvación. * Negando la impiedad y los deseos mundanos, vivamos en este mundo sobria, justa y piadosamente, aguardando la esperanza bienaventurada y la manifestación de la gloria de nuestro gran Dios y Salvador Cristo Jesús.

Gal. 5:22 I Co. 9:25-27 Ef. 5:18 Mt.16:24 I Ts.5:6-8 Tito 2:12,13

OCTUBRE 2 - El macho cabrío llevará sobre sí todas sus iniquidades a una tierra solitaria; y el hombre soltará el macho cabrío en el desierto.

Como está de lejos el oriente del occidente, así alejó de nosotros nuestras transgresiones. En aquellos días y en aquel tiempo–declara el SEÑOR–se buscará la iniquidad de Israel, pero no habrá ninguna, y los pecados de Judá, pero no se hallarán; porque perdonaré a los que yo haya dejado como remanente. * Sí, arrojarás a las profundidades del mar todos sus pecados.

¿Qué Dios hay como tú, que perdona la iniquidad y pasa por alto la rebeldía del remanente de su heredad? * No persistirá en su ira para siempre, porque se complace en la misericordia.

Todos nosotros nos descarriamos como ovejas, nos apartamos cada cual por su camino; pero el Señor hizo que cayera sobre El la iniquidad de todos nosotros. El ... cargará las iniquidades de ellos. *Por tanto, yo le daré parte con los grandes y con los fuertes repartirá despojos, porque derramó su alma hasta la muerte y con los transgresores fue contado, llevando El el pecado de muchos, e intercediendo por los transgresores. * He ahí el Cordero de Dios que quita el pecado del mundo.

Lev. 16:22 Sal.103:12 Jer. 50:20 Mi.7:19,18 Is. 53:6, 11,12 Jn. 1:29

OCTUBRE 3 - Al que nos ama y nos libertó de nuestros pecados con su sangre.

Las muchas aguas no pueden extinguir el amor, ni los ríos lo anegarán;...porque fuerte como la muerte es el amor. * Nadie tiene un amor mayor que éste: que uno dé su vida por sus amigos * El mismo llevó nuestros pecados en su cuerpo sobre la cruz, a fin de que muramos al pecado y vivamos a la justicia, porque por sus heridas fuisteis sanados. * En El tenemos redención mediante su sangre, el perdón de nuestros pecados según las riquezas de su gracia. *Y esto erais algunos de vosotros; pero fuisteis lavados, pero fuisteis santificados, pero fuisteis justificados en el nombre del Señor Jesucristo y en el Espíritu de nuestro Dios. * Pero vosotros sois linaje escogido, real sacerdocio, nación santa, pueblo adquirido para posesión de Dios, a fin de que anunciéis las virtudes de aquel que os llamó de las tinieblas a su luz admirable; * Por consiguiente, hermanos, os ruego por las misericordias de Dios que presentéis vuestros cuerpos como sacrificio vivo y santo, aceptable a Dios, que es vuestro culto racional.

Ap. 1:5 Cant. 8:7,6 Jn. 15:13 I P. 2:24 Ef. 1:7 I Co.6:11 I P:2:9 Ro.12:1

OCTUBRE 4 - Moisés no sabía que la piel de su rostro resplandecía por haber hablado con Dios.

No a nosotros, SEÑOR, no a nosotros, sino a tu nombre da gloria, por tu misericordia, por tu verdad. * Señor, ¿cuándo te vimos hambriento, y te dimos de comer, o sediento, y te dimos de beber?

Nada hagáis por egoísmo o por vanagloria, sino que con actitud humilde cada uno de vosotros considere al otro como más importante que a sí mismo.

...revestíos de humildad en vuestro trato mutuo, porque Dios resiste a los soberbios, pero da gracia a los humildes. * Jesús se transfiguró delante de ellos; y su rostro resplandeció como el sol, y sus vestiduras se volvieron blancas como la luz. * Y al fijar la mirada en él, (Esteban) todos los que estaban sentados en el concilio vieron su rostro como el rostro de un ángel. * La gloria que me diste les he dado, para que sean uno, así como nosotros somos uno. * Pero nosotros todos, con el rostro descubierto, contemplando como en un espejo la gloria del Señor, estamos siendo transformados en la misma imagen de gloria en gloria, como por el Señor, el Espíritu.

Vosotros sois la luz del mundo. Una ciudad situada sobre un monte no se puede ocultar; ni se enciende una lámpara y se pone debajo de un almud, sino sobre el candelero, y alumbra a todos los que están en la casa.

Ex.34:29 Sal.115:1 Mt. 25:37 Fil. 2:3 I P. 5:5 Mt. 17:2 Hch.6:15 Jn. 17:22 II Co. 3:18 Mt.5:14,15

OCTUBRE 5 - Invócame en el día de la angustia; yo te libraré, y tú me honrarás.

¿Por qué te abates, alma mía, y por qué te turbas dentro de mí? Espera en Dios, pues he de alabarle otra vez. ¡El es la salvación de mi ser, y mi Dios!

Oh SEÑOR, tú has oído el deseo de los humildes; tú fortalecerás su corazón e inclinarás tu oído

Pues tú, Señor, eres bueno y perdonador, abundante en misericordia para con todos los que te invocan.

Entonces Jacob dijo a los de su casa y a todos los que estaban con él: ...levantémonos, y subamos a Betel; y allí haré un altar a Dios, quien me respondió en el día de mi angustia, y que ha estado conmigo en el camino por donde he andado. * Bendice, alma mía, al SEÑOR, y no olvides ninguno de sus beneficios.* Amo al SEÑOR, porque oye mi voz y mis súplicas. * Porque a mí ha inclinado su oído; por tanto le invocaré mientras yo viva. * Los lazos de la muerte me rodearon, y los terrores del Seol vinieron sobre mí; angustia y tristeza encontré. Invoqué entonces el nombre del SEÑOR, diciendo: Te ruego, oh SEÑOR: salva mi vida.

Salmo 50:15; 42:11; 10:17; 86:5 Gn.35:2,3 Sal. 103:2; 116:1-4

OCTUBRE 6 - El Señor nuestro Dios Todopoderoso reina.

Yo sé que tú puedes hacer todas las cosas. * Lo imposible para los hombres, es posible para Dios. * El actúa conforme a su voluntad en el ejército del cielo y entre los habitantes de la tierra; nadie puede detener su mano, ni decirle: "¿Qué has hecho?" * Aun desde la eternidad, yo soy, y no hay quien libre de mi mano; yo actúo, ¿y quién lo revocará? * ¡Abba, Padre! Para ti todas las cosas son posibles. * ¿Creéis que puedo hacer esto? Ellos le respondieron: Sí, Señor. Entonces les tocó los ojos, diciendo: Hágase en vosotros según vuestra fe. * Señor, si quieres, puedes limpiarme. Y extendiendo Jesús la mano, lo tocó, diciendo: Quiero; sé limpio. Y al instante quedó limpio de su lepra.

Dios, poderoso. * Toda autoridad me ha sido dada en el cielo y en la tierra. * Algunos confían en carros, y otros en caballos; mas nosotros en el nombre del Señor nuestro Dios confiaremos. * Sed fuertes y valientes; no temáis ni os acobardéis a causa del rey de Asiria, ni a causa de toda la multitud que está con él, porque el que está con nosotros es más poderoso que el que está con él.

Ap. 19:6 Job. 42:2 Lc. 18:27 Dan. 4:35 Is. 43:13 Mr.14:36 Mt.9:28,29; 8:2,3 Is. 9:6 Mt.28:18 Sal.20:7 II Cr.32:7

OCTUBRE 7 - Dirige a los humildes en la justicia, y enseña a los humildes su camino.

Bienaventurados los humildes, pues ellos heredarán la tierra.* Vi además que bajo el sol no es de los ligeros la carrera, ni de los valientes la batalla; y que tampoco de los sabios es el pan, ni de los entendidos las riquezas, ni de los hábiles el favor, sino que el tiempo y la suerte les llegan a todos. * La mente del hombre planea su camino, pero el Señor dirige sus pasos. * A ti levanto mis ojos, ¡oh tú que reinas en los cielos! He aquí, como los ojos de los siervos miran a la mano de su señor, como los ojos de la sierva a la mano de su señora, así nuestros ojos miran al Señor nuestro Dios hasta que se apiade de nosotros. Enséñame el camino por el que debo andar, pues a ti elevo mi alma. * Oh Dios nuestro, ¿no los juzgarás? Porque no tenemos fuerza alguna delante de esta gran multitud que viene contra nosotros, y no sabemos qué hacer; pero nuestros ojos están vueltos hacia ti. * Si alguno de vosotros se ve falto de sabiduría, que la pida a Dios, el cual da a todos abundantemente y sin reproche, y le será dada. * Pero cuando El, el Espíritu de verdad, venga, os guiará a toda la verdad.

Sal.25:9 Mt. 5:5 Ec. 9:11 Pr. 16:9 Sal.123:1,2; 143:8 II Cr. 20:12 Stg. 1:5 Jn. 16:13

OCTUBRE 8 - No temeré. ¿Qué podrá hacerme el hombre?

¿Quién nos separará del amor de Cristo? ¿Tribulación, o angustia, o persecución, o hambre, o desnudez, o peligro, o espada? Pero en todas estas cosas somos más que vencedores por medio de aquel que nos amó.

No temáis a los que matan el cuerpo, y después de esto no tienen más nada que puedan hacer. Pero yo os mostraré a quién debéis temer: temed al que, después de matar, tiene poder para arrojar al infierno; sí, os digo: a éste, ¡temed!

Bienaventurados aquellos que han sido perseguidos por causa de la justicia, pues de ellos es el reino de los cielos. Bienaventurados seréis cuando os insulten y persigan, y digan todo género de mal contra vosotros falsamente, por causa de mí. Regocijaos y alegraos, porque vuestra recompensa en los cielos es grande, porque así persiguieron a los profetas que fueron antes que vosotros.

Pero en ninguna manera estimo mi vida como valiosa para mí mismo, a fin de poder terminar mi carrera y el ministerio que recibí del Señor Jesús, para dar testimonio solemnemente del evangelio de la gracia de Dios. * Hablaré también de tus testimonios delante de reyes y no me avergonzaré.

Heb. 13:6 Ro.8:35,37 Lc.12:4,5 Mt. 5: 10-12 Hch. 20:24 Sal.119:46

OCTUBRE 9 - Pero tú eres un Dios de perdón, clemente y compasivo, lento para la ira y abundante en misericordia.

El Señor no se tarda en cumplir su promesa, según algunos entienden la tardanza, sino que es paciente para con vosotros, no queriendo que nadie perezca, sino que todos vengan al arrepentimiento. * Considerad la paciencia de nuestro Señor como salvación. * Sin embargo, por esto hallé misericordia, para que en mí, como el primero, Jesucristo demostrara toda su paciencia como un ejemplo para los que habrían de creer en El para vida eterna. * Porque todo lo que fue escrito en tiempos pasados, para nuestra enseñanza se escribió, a fin de que por medio de la paciencia y del consuelo de las Escrituras tengamos esperanza. * ¿O tienes en poco las riquezas de su bondad, tolerancia y paciencia, ignorando que la bondad de Dios te guía al arrepentimiento? * Rasgad vuestro corazón y no vuestros vestidos; volved ahora al Señor vuestro Dios, porque El es compasivo y clemente, lento para la ira, abundante en misericordia, y se arrepiente de infligir el mal.

Neh. 9:17 II P. 3:9,15 I Ti.1:16 Ro.15:4; 2:4 Joel 2:13

OCTUBRE 10 - ...toda familia en el cielo y en la tierra.

Un solo Dios y Padre de todos, que está sobre todos, por todos y en todos. Todos sois hijos de Dios mediante la fe en Cristo Jesús. * En el cumplimiento de los tiempos, es decir, de reunir todas las cosas en Cristo, tanto las que están en los cielos, como las que están en la tierra.

...por lo cual El no se avergüenza de llamarlos hermanos.

Y extendiendo su mano hacia sus discípulos, dijo: ¡He aquí mi madre y mis hermanos! Porque cualquiera que hace la voluntad de mi Padre que está en los cielos, ése es mi hermano y mi hermana y mi madre. * Jesús le dijo: ..pero ve a mis hermanos, y diles: "Subo a mi Padre y a vuestro Padre, a mi Dios y a vuestro Dios."

Vi debajo del altar las almas de los que habían sido muertos a causa de la palabra de Dios y del testimonio que habían mantenido; y clamaban a gran voz, diciendo: ¿Hasta cuándo, oh Señor santo y verdadero, esperarás para juzgar y vengar nuestra sangre de los que moran en la tierra? Y se les dio a cada uno una vestidura blanca; y se les dijo que descansaran un poco más de tiempo, hasta que se completara también el número de sus consiervos y de sus hermanos que habrían de ser muertos como ellos lo habían sido

...a fin de que ellos no fueran hechos perfectos sin nosotros.

Ef. 3:15; 4:6 Gal. 3:26 Ef.1:10 Heb. 2:11 Mt.12:49,50 Jn.20:17 Ap- 6:9-11 He.11:40

OCTUBRE 11 - No estés lejos de mí, porque la angustia está cerca.

¿Hasta cuándo, oh SEÑOR? ¿Me olvidarás para siempre?¿Hasta cuándo esconderás de mí tu rostro? ¿Hasta cuándo he de tomar consejo en mi alma, teniendo pesar en mi corazón todo el día?

No escondas tu rostro de mí; no rechaces con ira a tu siervo; tú has sido mi ayuda. No me abandones ni me desampares, oh Dios de mi salvación.

En Dios solamente espera en silencio mi alma; de El viene mi salvación.

Me invocará, y le responderé; yo estaré con él en la angustia; lo rescataré y lo honraré.

El Señor está cerca de todos los que le invocan, de todos los que le invocan en verdad. Cumplirá el deseo de los que le temen, también escuchará su clamor y los salvará * No os dejaré huérfanos; vendré a vosotros. * He aquí, yo estoy con vosotros todos los días, hasta el fin del mundo* Dios es nuestro refugio y fortaleza, nuestro pronto auxilio en las tribulaciones. Alma mía, espera en silencio solamente en Dios, pues de El viene mi esperanza. Sal.22:11; 13:1,2; 27:9; 91:15; 145:18,19 Jn. 14:18 Mt. 28:20 Sal.46:1; 62:1,5

OCTUBRE 12 - Dios estaba en Cristo reconciliando al mundo consigo mismo, no tomando en cuenta a los hombres sus transgresiones.

Porque agradó al Padre que en El habitara toda la plenitud, y por medio de El reconciliar todas las cosas consigo. * La misericordia y la verdad se han encontrado, la justicia y la paz se han besado. * Porque yo sé los planes que tengo para vosotros"–declara el SEÑOR–"planes de bienestar y no de calamidad, para daros un futuro y una esperanza.

Venid ahora, y razonemos –dice el SEÑOR– aunque vuestros pecados sean como la grana, como la nieve serán emblanquecidos; aunque sean rojos como el carmesí, como blanca lana quedarán. * ¿Qué Dios hay como tú, que perdona la iniquidad? Haz la paz con El, así te vendrá el bien.

Ocupaos en vuestra salvación con temor y temblor; porque Dios es quien obra en vosotros tanto el querer como el hacer, para su beneplácito.

SEÑOR, tú establecerás paz para nosotros, ya que también todas nuestras obras tú las hiciste por nosotros.

II Co. 5:19 Col.1:19,20 Sal.85:10 Jer.29:11 Is. 1:18 Mic. 7:18 Job 22:21 Fil.2:12,13 Is.26:12

OCTUBRE 13 - Desde el primer día en que te propusiste en tu corazón entender y humillarte delante de tu Dios, fueron oídas tus palabras.

Porque así dice el Alto y Sublime que vive para siempre, cuyo nombre es Santo: Habito en lo alto y santo, y también con el contrito y humilde de espíritu, para vivificar el espíritu de los humildes y para vivificar el corazón de los contritos.

Los sacrificios de Dios son el espíritu contrito; al corazón contrito y humillado, oh Dios, no despreciarás. *Porque el Señor es excelso, y atiende al humilde, mas al altivo conoce de lejos. Humillaos, pues, bajo la poderosa mano de Dios, para que El os exalte a su debido tiempo. * Dios resiste a los soberbios pero da gracia a los humildes.

Por tanto, someteos a Dios. Resistid, pues, al diablo y huirá de vosotros. * Pues tú, Señor, eres bueno y perdonador, abundante en misericordia para con todos los que te invocan.

Escucha, oh SEÑOR, mi oración, y atiende a la voz de mis súplicas. En el día de la angustia te invocaré, porque tú me responderás.

Dan. 10:12 Is. 57:15 Sal. 51:17 Sal. 138:6 I P. 5:6 Stg. 4:6,7 Sal. 86:5-7

OCTUBRE 14 - Cristo murió y resucitó, para ser Señor tanto de los muertos como de los vivos.

Pero quiso el Señor quebrantarle, sometiéndole a padecimiento. Cuando El se entregue a sí mismo como ofrenda de expiación, verá a su descendencia, prolongará sus días, y la voluntad del Señor en su mano prosperará. Debido a la angustia de su alma, El lo verá y quedará satisfecho. Por su conocimiento, el Justo, mi Siervo, justificará a muchos, y cargará las iniquidades de ellos. *¿No era necesario que el Cristo padeciera todas estas cosas y entrara en su gloria?

Pues el amor de Cristo nos apremia, habiendo llegado a esta conclusión: que uno murió por todos, por consiguiente, todos murieron; y por todos murió, para que los que viven, ya no vivan para sí, sino para aquel que murió y resucitó por ellos. * Sepa, pues, con certeza toda la casa de Israel, que a este Jesús a quien vosotros crucificasteis, Dios le ha hecho Señor y Cristo.

Porque El estaba preparado desde antes de la fundación del mundo, pero se ha manifestado en estos últimos tiempos por amor a vosotros que por medio de El sois creyentes en Dios, que le resucitó de entre los muertos y le dio gloria, de manera que vuestra fe y esperanza sean en Dios.

Ro. 14:9 Is. 53:10,11 Lc. 24:26 II Co. 5:14,15 Hch. 2:36 I P. 1:20,21

OCTUBRE 15 - Perdónanos nuestras deudas, como también nosotros hemos perdonado a nuestros deudores.

¿Cuántas veces pecará mi hermano contra mí que yo haya de perdonarlo? ¿Hasta siete veces? Jesús le dijo: No te digo hasta siete veces, sino hasta setenta veces siete. * Siervo malvado, te perdoné toda aquella deuda porque me suplicaste. "¿No deberías tú también haberte compadecido de tu consiervo, así como yo me compadecí de ti?" Y enfurecido su señor, lo entregó a los verdugos hasta que pagara todo lo que le debía. Así también mi Padre celestial hará con vosotros, si no perdonáis de corazón cada uno a su hermano. * Sed más bien amables unos con otros, misericordiosos, perdonándoos unos a otros, así como también Dios os perdonó en Cristo.

Y cuando estabais muertos en vuestros delitos y en la incircuncisión de vuestra carne, os dio vida juntamente con El, habiéndonos perdonado todos los delitos, habiendo cancelado el documento de deuda que consistía en decretos contra nosotros y que nos era adverso, y lo ha quitado de en medio, clavándolo en la cruz. * Como Cristo os perdonó, así también hacedlo vosotros.

Mt. 6:12; 18:21,22, 32-35 Ef. 4:32 Col.2:13,14; 3:13

OCTUBRE 16 - No nos metas en tentación, mas líbranos del mal.

El que confía en su propio corazón es un necio, pero el que anda con sabiduría será librado.

Que nadie diga cuando es tentado: Soy tentado por Dios; porque Dios no puede ser tentado por el mal y El mismo no tienta a nadie. Sino que cada uno es tentado cuando es llevado y seducido por su propia pasión.

Por tanto, salid de en medio de ellos y apartaos, dice el SEÑOR; y no toquéis lo inmundo, y yo os recibiré. *Y alzó Lot los ojos y vio todo el valle del Jordán, el cual estaba bien regado por todas partes... como el huerto del SEÑOR, como la tierra de Egipto rumbo a Zoar. Y escogió Lot para sí todo el valle del Jordán; y viajó Lot hacia el oriente. Así se separaron el uno del otro. Y los hombres de Sodoma eran malos y pecadores contra el Señor en gran manera.

Si (Dios) rescató al justo Lot, abrumado por la conducta sensual de hombres libertinos el Señor, entonces, sabe rescatar de tentación a los piadosos.

...y en pie se mantendrá, porque poderoso es el Señor para sostenerlo en pie.

Mt. 6:13 Pr. 28:26 Stg. 1:13,14 II Co. 6:17 Gen. 13:10,11,13 II P. 2:7,9 Ro. 14:4

OCTUBRE 17 - Tuyo es el reino y el poder y la gloria para siempre jamás.

El Señor reina, vestido está de majestad; el Señor se ha vestido y ceñido de poder; Desde la antigüedad está establecido tu trono; tú eres desde la eternidad. * El Señor es... grande en poder. * Entonces, ¿qué diremos a esto? Si Dios está por nosotros, ¿quién estará contra nosotros? Ciertamente nuestro Dios a quien servimos puede librarnos... y nos librará. * Mi Padre que me las dio es mayor que todos, y nadie las puede arrebatar de la mano del Padre. * Mayor es el que está en vosotros que el que está en el mundo. * No a nosotros, SEÑOR, no a nosotros, sino a tu nombre da gloria, por tu misericordia, por tu verdad. * Tuya es, oh SEÑOR, la grandeza y el poder y la gloria y la victoria y la majestad, en verdad, todo lo que hay en los cielos y en la tierra; tuyo es el dominio, oh SEÑOR, y tú te exaltas como soberano sobre todo. Ahora pues, Dios nuestro, te damos gracias y alabamos tu glorioso nombre.

Pero ¿quién soy yo y quién es mi pueblo para que podamos ofrecer tan generosamente todo esto? Porque de ti proceden todas las cosas, y de lo recibido de tu mano te damos. Mt. 6:13 Sal. 93:1,2 Nahum 1:3 Ro.8:31 Dan. 3:17 Jn.10:29 I Jn. 4:4 Sal.115:1 I Cr. 29:11,13,14

OCTUBRE 18 - Amén.

¡Amén! Así lo diga también el SEÑOR, el Dios de mi Señor el rey.

Porque el que es bendecido en la tierra, será bendecido por el Dios de la verdad; (en Hebreo: El Amén) y el que jura en la tierra, jurará por el Dios de la verdad; (El Amén) Cuando Dios hizo la promesa a Abraham, no pudiendo jurar por uno mayor, juró por sí mismo, Porque los hombres juran por uno mayor que ellos mismos, y para ellos un juramento dado como confirmación es el fin de toda discusión. De la misma manera Dios, deseando mostrar más plenamente a los herederos de la promesa la inmutabilidad de su propósito, interpuso un juramento, a fin de que por dos cosas inmutables, en las cuales es imposible que Dios mienta, seamos grandemente animados los que hemos huido para refugiarnos, echando mano de la esperanza puesta delante de nosotros * El Amén, el Testigo fiel y verdadero, el Principio de la creación de Dios, dice esto... Pues tantas como sean las promesas de Dios, en El todas son sí; por eso también por medio de El, Amén, para la gloria de Dios por medio de nosotros. * Bendito sea el Señor Dios, el Dios de Israel, el único que hace maravillas. * Bendito sea su glorioso nombre para siempre, sea llena de su gloria toda la tierra. Amén y amén.

Mt. 6:13 I R. 1:36 Is. 65:16 Heb. 6:13,16-18 Ap. 3:14 II Co. 1:20 Sal. 72:18,19

OCTUBRE 19 - Si hay algún estímulo en Cristo, si hay algún consuelo de amor, si hay alguna comunión del Espíritu.

El hombre, nacido de mujer, corto de días y lleno de turbaciones, como una flor brota y se marchita, y como una sombra huye y no permanece. * Mi carne y mi corazón pueden desfallecer, pero Dios es la fortaleza de mi corazón y mi porción para siempre. * Y yo rogaré al Padre, y El os dará otro Consolador para que esté con vosotros para siempre; * El Consolador, el Espíritu Santo, a quien el Padre enviará en mi nombre, El os enseñará todas las cosas, y os recordará todo lo que os he dicho. * Bendito sea el Dios y Padre de nuestro Señor Jesucristo, Padre de misericordias y Dios de toda consolación, el cual nos consuela en toda tribulación nuestra, para que nosotros podamos consolar a los que están en cualquier aflicción con el consuelo con que nosotros mismos somos consolados por Dios. * Porque si creemos que Jesús murió y resucitó, así también Dios traerá con El a los que durmieron en Jesús. Entonces nosotros, los que estemos vivos y que permanezcamos, seremos arrebatados juntamente con ellos en las nubes al encuentro del Señor en el aire, y así estaremos con el Señor siempre. Por tanto, confortaos unos a otros con estas palabras.

Fil. 2:1 Job. 14:1,2 Sal. 73:26 Jn. 14:16,26 II Co. 1:3,4 I Ts. 4:14,17,18

OCTUBRE 20 - Que el Señor tu Dios te sea propicio.

¿Con qué me presentaré al Señor y me postraré ante el Dios de lo alto? ¿Me presentaré delante de El con holocaustos, con becerros de un año?

¿Se agrada el Señor de millares de carneros, de miríadas de ríos de aceite? ¿Ofreceré mi primogénito por mi rebeldía, el fruto de mis entrañas por el pecado de mi alma? * El te ha declarado, oh hombre, lo que es bueno. ¿Y qué es lo que demanda el Señor de ti, sino sólo practicar la justicia, amar la misericordia, y andar humildemente con tu Dios? Todos nosotros somos como el inmundo, y como trapo de inmundicia todas nuestras obras justas;

No hay justo, ni aún uno; por cuanto todos pecaron y no alcanzan la gloria de Dios, siendo justificados gratuitamente por su gracia por medio de la redención que es en Cristo Jesús, a quien Dios exhibió públicamente como propiciación por su sangre a través de la fe, como demostración de su justicia, porque en su tolerancia, Dios pasó por alto los pecados cometidos anteriormente, para demostrar en este tiempo su justicia, a fin de que El sea justo y sea el que justifica al que tiene fe en Jesús.

...para alabanza de la gloria de su gracia que gratuitamente ha impartido sobre nosotros en el Amado. * Habéis sido hechos completos en El.

II S. 24:23 Mic. 6:6-8 Is. 64:6 Ro. 3:10, 23-26 Ef. 1:6 Col. 2:10

OCTUBRE 21 - Un siervo no es mayor que su señor, ni un enviado es mayor que el que le envió. Si sabéis esto, seréis felices si lo practicáis.

Se suscitó también entre ellos un altercado, sobre cuál de ellos debería ser considerado como el mayor. Y Jesús les dijo: Los reyes de los gentiles se enseñorean de ellos; y los que tienen autoridad sobre ellos son llamados bienhechores. Pero no es así con vosotros; antes, el mayor entre vosotros hágase como el menor, y el que dirige como el que sirve. Porque, ¿cuál es mayor, el que se sienta a la mesa, o el que sirve? ¿No lo es el que se sienta a la mesa? Sin embargo, entre vosotros yo soy como el que sirve.

El Hijo del Hombre no vino para ser servido, sino para servir y para dar su vida en rescate por muchos.

Jesús...se levantó de la cena y se quitó su manto, y tomando una toalla, se la ciñó. Luego echó agua en una vasija, y comenzó a lavar los pies de los discípulos y a secárselos con la toalla que tenía ceñida.

Jn. 13:16,17 Lc. 22:24-27 Mt. 20:28 Jn. 13:3-5

OCTUBRE 22 - El Señor ha establecido su trono en los cielos, y su reino domina sobre todo.

La suerte se echa en el regazo mas del Señor viene toda decisión. Si sucede una calamidad en la ciudad, ¿no la ha causado el SEÑOR?

Yo soy el SEÑOR, y no hay ningún otro; fuera de mí no hay Dios. Yo te ceñiré, aunque no me has conocido, para que se sepa que desde el nacimiento del sol hasta donde se pone, no hay ninguno fuera de mí. Yo soy el SEÑOR, y no hay otro; el que forma la luz y crea las tinieblas, el que causa bienestar y crea calamidades, yo soy el SEÑOR, el que hace todo esto.

El actúa conforme a su voluntad en el ejército del cielo y entre los habitantes de la tierra; nadie puede detener su mano, ni decirle: "¿Qué has hecho?"

Entonces, ¿qué diremos a esto? Si Dios está por nosotros, ¿quién estará contra nosotros? Pues El debe reinar hasta que haya puesto a todos sus enemigos debajo de sus pies.

No temas, rebaño pequeño, porque vuestro Padre ha decidido daros el reino.

Sal. 103:19 Pr. 16:33 Am. 3:6 Is. 45:5-7 Dn. 4:35 Ro. 8:31 I Co. 15:25 Lc. 12:32

OCTUBRE 23 - El Espíritu es el que da vida.

El primer hombre, Adán, fue hecho alma viviente. El último Adán, espíritu que da vida.

Lo que es nacido de la carne, carne es, y lo que es nacido del Espíritu, espíritu es. * El nos salvó, no por obras de justicia que nosotros hubiéramos hecho, sino conforme a su misericordia, por medio del lavamiento de la regeneración y la renovación por el Espíritu Santo.

Pero si alguno no tiene el Espíritu de Cristo, el tal no es de El. Y si Cristo está en vosotros, aunque el cuerpo esté muerto a causa del pecado, sin embargo, el espíritu está vivo a causa de la justicia. Pero si el Espíritu de aquel que resucitó a Jesús de entre los muertos habita en vosotros, el mismo que resucitó a Cristo Jesús de entre los muertos, también dará vida a vuestros cuerpos mortales por medio de su Espíritu que habita en vosotros.

Ya no soy yo el que vive, sino que Cristo vive en mí; y la vida que ahora vivo en la carne, la vivo por fe en el Hijo de Dios, el cual me amó y se entregó a sí mismo por mí. * Así también vosotros, consideraos muertos para el pecado, pero vivos para Dios en Cristo Jesús.

Jn. 6:63 I Co. 15:45 Jn. 3:6 Tit.3:5 Ro.8:9-ll Gal. 2:20 Ro.6:11

OCTUBRE 24 -Los afligidos y los necesitados buscan agua, pero no la hay y su lengua está reseca de sed.

Yo, el SEÑOR, les responderé. * Muchos dicen: ¿Quién nos mostrará el bien?

Pues, ¿qué recibe el hombre de todo su trabajo y del esfuerzo de su corazón con que se afana bajo el sol? Porque durante todos sus días su tarea es dolorosa y penosa; ni aun de noche descansa su corazón. También esto es vanidad. Y aborrecí la vida, porque me era penosa la obra que se hace bajo el sol, pues todo es vanidad y correr tras el viento. * Me han abandonado a mí, fuente de aguas vivas, y han cavado para sí cisternas, cisternas agrietadas que no retienen el agua. * Al que viene a mí, de ningún modo lo echaré fuera. * Porque derramaré agua sobre la tierra sedienta, y torrentes sobre la tierra seca; derramaré mi Espíritu sobre tu posteridad, y mi bendición sobre tus descendientes. * Bienaventurados los que tienen hambre y sed de justicia, pues ellos serán saciados.

Oh Dios, tú eres mi Dios; te buscaré con afán. Mi alma tiene sed de ti, mi carne te anhela cual tierra seca y árida donde no hay agua.

Is. 41:17 Sal. 4:6 Ec. 2:22,23 17 Jer.2:13 Jn. 6:37 Is. 44:3 Mt. 5:6 Sal. 63:1

OCTUBRE 25 - Mas el fin de todas las cosas se acerca.

Y vi un gran trono blanco y al que estaba sentado en él, de cuya presencia huyeron la tierra y el cielo. * Los cielos y la tierra actuales están reservados por su palabra para el fuego, guardados para el día del juicio.

Dios es nuestro refugio y fortaleza nuestro pronto auxilio en las tribulaciones. Por tanto, no temeremos aunque la tierra sufra cambios, y aunque los montes se deslicen al fondo de los mares; aunque bramen y se agiten sus aguas, aunque tiemblen los montes con creciente enojo.

Y habréis de oír de guerras y rumores de guerras. ¡Cuidado! No os alarméis. Tenemos de Dios un edificio, una casa no hecha por manos, eterna en los cielos. Nosotros esperamos nuevos cielos y nueva tierra, en los cuales mora la justicia.

Por tanto, amados, puesto que aguardáis estas cosas, procurad con diligencia ser hallados por El en paz, sin mancha e irreprensibles.

I P. 4:7 Ap. 20:11 II P. 3:7 Sal. 46:1-3 Mt. 24:6 II Co. 5:1 II P. 3:13,14

OCTUBRE 26 - Prestad atención, pues, a vuestro espíritu.

Maestro, vimos a uno echando fuera demonios en tu nombre, y tratamos de impedírselo porque no anda con nosotros. Pero Jesús le dijo: No se lo impidáis; porque el que no está contra vosotros, está con vosotros. Al ver esto, sus discípulos Jacobo y Juan, dijeron: Señor, ¿quieres que mandemos que descienda fuego del cielo y los consuma? Pero El, volviéndose, los reprendió, y dijo: Vosotros no sabéis de qué espíritu sois.

Eldad y Medad están profetizando en el campamento. Entonces respondió Josué, hijo de Nun, ayudante de Moisés desde su juventud, y dijo: Moisés, Señor mío, detenlos. Pero Moisés le dijo: ¿Tienes celos por causa mía? ¡Ojalá todo el pueblo del Señor fuera profeta, que el Señor pusiera su Espíritu sobre ellos!

Mas el fruto del Espíritu es amor, gozo, paz, paciencia, benignidad, bondad, fidelidad, mansedumbre, dominio propio; contra tales cosas no hay ley.

Pues los que son de Cristo Jesús han crucificado la carne con sus pasiones y deseos. Si vivimos por el Espíritu, andemos también por el Espíritu.

No nos hagamos vanagloriosos, provocándonos unos a otros, envidiándonos unos a otros.

Mal. 2:15 Lc. 9:49,50,54,55 Nu. 11:27-29 Gal. 5:22-26

OCTUBRE 27 - A quien tú bendices es bendecido.

Bienaventurados los pobres en espíritu, pues de ellos es el reino de los cielos. Bienaventurados los que lloran, pues ellos serán consolados. * Bienaventurados los humildes, pues ellos heredarán la tierra.

Bienaventurados los que tienen hambre y sed de justicia, pues ellos serán saciados. Bienaventurados los misericordiosos, pues ellos recibirán misericordia. Bienaventurados los de limpio corazón, pues ellos verán a Dios.

Bienaventurados los que procuran la paz, pues ellos serán llamados hijos de Dios. Bienaventurados aquellos que han sido perseguidos por causa de la justicia, pues de ellos es el reino de los cielos. * Bienaventurados seréis cuando os insulten y persigan, y digan todo género de mal contra vosotros falsamente, por causa de mí. * Regocijaos y alegraos, porque vuestra recompensa en los cielos es grande, porque así persiguieron a los profetas que fueron antes que vosotros.

Dichosos los que oyen la palabra de Dios y la guardan. * Bienaventurados los que obedecen sus mandamientos para tener derecho al árbol de la vida y para entrar por las puertas a la ciudad.

Nu. 22:6 Mt. 5:3-12 Lc. 11:28 Ap. 22:14

OCTUBRE 28 - El enemigo.

Sed de espíritu sobrio, estad alerta. Vuestro adversario, el diablo, anda al acecho como león rugiente, buscando a quien devorar. * Por tanto, someteos a Dios. Resistid, pues, al diablo y huirá de vosotros.

Revestíos con toda la armadura de Dios para que podáis estar firmes contra las insidias del diablo. * Porque nuestra lucha no es contra sangre y carne, sino contra principados, contra potestades, contra los poderes de este mundo de tinieblas, contra las huestes espirituales de maldad en las regiones celestes.

Por tanto, tomad toda la armadura de Dios, para que podáis resistir en el día malo, y habiéndolo hecho todo, estar firmes. * Estad, pues, firmes, ceñida vuestra cintura con la verdad, revestidos con la coraza de la justicia, y calzados los pies con el apresto del evangelio de la paz; en todo, tomando el escudo de la fe con el que podréis apagar todos los dardos encendidos del maligno. * No te alegres de mí, enemiga mía. Aunque caiga, me levantaré, aunque more en tinieblas, el Señor es mi luz.

Lc. 10:19 I P. 5:8 Stg. 4:7 Ef. 6:11-16 Miq. 7:8

OCTUBRE 29 - David se fortaleció en el Señor su Dios.

Señor, ¿a quién iremos? Tú tienes palabras de vida eterna. * Yo sé en quién he creído, y estoy convencido de que es poderoso para guardar mi depósito hasta aquel día.

En mi angustia invoqué al SEÑOR, y clamé a mi Dios; desde su templo oyó mi voz, y mi clamor delante de El llegó a sus oídos. * Se enfrentaron a mí el día de mi infortunio, mas el Señor fue mi sostén. También me sacó a un lugar espacioso; me rescató, porque se complació en mí. Bendeciré al Señor en todo tiempo; continuamente estará su alabanza en mi boca.

En el Señor se gloriará mi alma; lo oirán los humildes y se regocijarán. Engrandeced al Señor conmigo, y exaltemos a una su nombre. Busqué al SEÑOR, y El me respondió, y me libró de todos mis temores. * Probad y ved que el Señor es bueno. ¡Cuán bienaventurado es el hombre que en El se refugia!

I S. 30:6 Jn. 6:68 II Ti. 1:12 Sal.18:6,18,19; 34:1-4, 8

OCTUBRE 30 - Cazadnos las zorras, las zorras pequeñas que arruinan las viñas, pues nuestras viñas están en flor.

¿Quién puede discernir sus propios errores? Absuélveme de los que me son ocultos. Mirad bien de que nadie deje de alcanzar la gracia de Dios; de que ninguna raíz de amargura, brotando, cause dificultades y por ella muchos sean contaminados. Vosotros corríais bien, ¿quién os impidió obedecer a la verdad?

El que comenzó en vosotros la buena obra, la perfeccionará hasta el día de Cristo Jesús. Solamente comportaos de una manera digna del evangelio de Cristo, de modo que ya sea que vaya a veros, o que permanezca ausente, pueda oír que vosotros estáis firmes en un mismo espíritu, luchando unánimes por la fe del evangelio.

La lengua es un miembro pequeño, y sin embargo, se jacta de grandes cosas. Mirad, ¡qué gran bosque se incendia con tan pequeño fuego! * Y la lengua es un fuego, un mundo de iniquidad. La lengua está puesta entre nuestros miembros, la cual contamina todo el cuerpo, es encendida por el infierno e inflama el curso de nuestra vida.

... ningún hombre puede domar la lengua; es un mal turbulento y lleno de veneno mortal. Que vuestra conversación sea siempre con gracia, sazonada como con sal, para que sepáis cómo debéis responder a cada persona.

Cant. 2:15 Sal.19:12 Heb. 12:15 Gal. 5:7 Fil. 1:6,27 Stg. 3:5,6,8 Col. 4:6

OCTUBRE 31 - Haz según has hablado.

Confirma a tu siervo tu palabra, que inspira reverencia por ti.

Y tendré respuesta para el que me afrenta, pues confío en tu palabra. Acuérdate de la palabra dada a tu siervo, en la cual me has hecho esperar. Cánticos para mí son tus estatutos en la casa de mi peregrinación. * Mejor es para mí la ley de tu boca que millares de piezas de oro y de plata. Para siempre, oh SEÑOR, tu palabra está firme en los cielos. * Tu fidelidad permanece por todas las generaciones; tú estableciste la tierra, y ella permanece. * De la misma manera Dios, deseando mostrar más plenamente a los herederos de la promesa la inmutabilidad de su propósito, interpuso un juramento, a fin de que por dos cosas inmutables, en las cuales es imposible que Dios mienta, seamos grandemente animados los que hemos huido para refugiarnos, echando mano de la esperanza puesta delante de nosotros, la cual tenemos como ancla del alma, una esperanza segura y firme, y que penetra hasta detrás del velo, donde Jesús entró por nosotros como precursor, hecho, según el orden de Melquisedec, sumo sacerdote para siempre. * Nos ha concedido sus preciosas y maravillosas promesas,

II S. 7:25 Sal. 119:38, 42, 49, 54, 72, 89, 90 Heb. 6:17-26 II P.1:4

Mes de Noviembre

NOVIEMBRE 1 - Se llamará su nombre Consejero.

Y reposará sobre El, el Espíritu del SEÑOR, espíritu de sabiduría y de inteligencia, espíritu de consejo y de poder, espíritu de conocimiento y de temor del SEÑOR. Se deleitará en el temor del SEÑOR.

¿No clama la sabiduría, y levanta su voz la prudencia? Oh hombres, a vosotros clamo, para los hijos de los hombres es mi voz. * Oh simples, aprended prudencia; y vosotros, necios, aprended sabiduría. Escuchad, porque hablaré cosas excelentes, y con el abrir de mis labios rectitud.

Mío es el consejo y la prudencia, yo soy la inteligencia, el poder es mío. * También esto procede del Señor de los ejércitos, que ha hecho maravilloso su consejo y grande su sabiduría. * Pero si alguno de vosotros se ve falto de sabiduría, que la pida a Dios, el cual da a todos abundantemente y sin reproche, y le será dada. *Confía en el Señor con todo tu corazón, y no te apoyes en tu propio entendimiento. Reconócele en todos tus caminos, y El enderezará tus sendas.

Is. 9:6; 11:2,3 Pr. 8:1, 4-6, 14 Is. 28:29 Stg. 1:5 Pr. 3:5,6

NOVIEMBRE 2 - Dios Poderoso.

Eres el más hermoso de los hijos de los hombres; la gracia se derrama en tus labios; por tanto, Dios te ha bendecido para siempre. Ciñe tu espada sobre el muslo, oh valiente, en tu esplendor y tu majestad. * En tu majestad cabalga en triunfo, por la causa de la verdad, de la humildad y de la justicia; que tu diestra te enseñe cosas tremendas. * Tu trono, oh Dios, es eterno y para siempre; cetro de equidad es el cetro de tu reino. * Una vez hablaste en visión a tus santos, y dijiste: He ayudado a un poderoso; he exaltado a uno escogido de entre el pueblo.

He aquí, Dios es mi salvador, confiaré y no temeré; porque mi fortaleza y mi canción es el Señor Dios, El ha sido mi salvación. * Pero gracias a Dios, que en Cristo siempre nos lleva en triunfo, y que por medio de nosotros manifiesta en todo lugar la fragancia de su conocimiento. * Y a aquel que es poderoso para guardaros sin caída y para presentaros sin mancha en presencia de su gloria con gran alegría, al único Dios nuestro Salvador, por medio de Jesucristo nuestro Señor, sea gloria, majestad, dominio y autoridad, antes de todo tiempo, y ahora y por todos los siglos. Amén.

Is. 9:6 Sal. 45:2-4,6; 89:19 Zac. 13:7 Is. 12:2 II Co. 2:14 Judas 24,25

NOVIEMBRE 3 - Padre Eterno.

Escucha, oh Israel, el Señor es nuestro Dios, el Señor uno es. Yo y el Padre somos uno. * Creed las obras; para que sepáis y entendáis que el Padre está en mí y yo en el Padre. Si me conocierais a mí, conoceríais también a mi Padre. * Felipe le dijo: Señor, muéstranos al Padre, y nos basta. Jesús le dijo: ¿Tanto tiempo he estado con vosotros, y todavía no me conoces, Felipe? El que me ha visto a mí, ha visto al Padre; ¿cómo dices tú: "Muéstranos al Padre"? * Y otra vez: Yo en el confiaré. y otra vez: He aquí, yo y los hijos que Dios me ha dado. Debido a la angustia de su alma, El lo verá y quedará satisfecho.

Yo soy el Alfa y la Omega–dice el Señor Dios–el que es y que era y que ha de venir, el Todopoderoso. * Jesús les dijo: En verdad, en verdad os digo: antes que Abraham naciera, yo soy. * Y dijo Dios a Moisés: Yo Soy el que soy. Y añadió: Así dirás a los hijos de Israel: "Yo Soy me ha enviado a vosotros." * Pero del Hijo dice: Tu trono, oh Dios, es por los siglos de los siglos, y cetro de equidad es el cetro de tu reino. * Y El es antes de todas las cosas, y en El todas las cosas permanecen. Porque toda la plenitud de la Deidad reside corporalmente en El,

Is. 9:6 Dt. 6:4 Jn. 10:30,38; 8:19; 14:8,9 Heb. 2:13 Is. 53:11 Ap. 1:8 Jn. 8:58 Ex. 3:14 Heb. 1:8 Col. 1:17; 2:9

NOVIEMBRE 4 - Príncipe de Paz.

Juzgue él a tu pueblo con justicia, y a tus afligidos con equidad. Traigan paz los montes al pueblo, y justicia los collados. Haga él justicia a los afligidos del pueblo, salve a los hijos de los pobres, y aplaste al opresor. Que te teman mientras duren el sol y la luna, por todas las generaciones. Descienda él como la lluvia sobre la hierba cortada, como aguaceros que riegan la tierra. Florezca la justicia en sus días, y abundancia de paz hasta que no haya luna. * Gloria a Dios en las alturas, y en la tierra paz entre los hombres en quienes El se complace por la entrañable misericordia de nuestro Dios, con que la Aurora nos visitará desde lo alto, para dar luz a los que habitan en tinieblas y en sombra de muerte, para guiar nuestros pies en el camino de paz * El mensaje que El envió a los hijos de Israel, predicando paz por medio de Jesucristo (El es Señor de todos),

Estas cosas os he hablado para que en mí tengáis paz. En el mundo tenéis tribulación; pero confiad, yo he vencido al mundo. * La paz os dejo, mi paz os doy; no os la doy como el mundo la da. No se turbe vuestro corazón, ni tenga miedo. * Y la paz de Dios, que sobrepasa todo entendimiento, guardará vuestros corazones y vuestras mentes en Cristo Jesús.

Is.9:6 Sal.27:2-7 Lc. 2:14; 1:78,79 Hch. 10:36 Jn. 16:33; 14:27 Fil.4:7

NOVIEMBRE 5 - La apariencia de este mundo es pasajera.

El total de los días de Matusalén fue de novecientos sesenta y nueve años, y murió. Pero que el hermano de condición humilde se gloríe en su alta posición, y el rico en su humillación, pues él pasará como la flor de la hierba. Porque el sol sale con calor abrasador y seca la hierba, y su flor se cae y la hermosura de su apariencia perece; así también se marchitará el rico en medio de sus empresas.

No sabéis cómo será vuestra vida mañana. Sólo sois un vapor que aparece por un poco de tiempo y luego se desvanece. * Y el mundo pasa, y también sus pasiones, pero el que hace la voluntad de Dios permanece para siempre.

Señor, hazme saber mi fin, y cuál es la medida de mis días, para que yo sepa cuán efímero soy. * Que cuando estén diciendo: Paz y seguridad, entonces la destrucción vendrá sobre ellos repentinamente, como dolores de parto a una mujer que está encinta, y no escaparán.

Mas vosotros, hermanos, no estáis en tinieblas, para que el día os sorprenda como ladrón;

I Co. 7:31 Gn. 5:27 Stg. 1:9-11; 4:14 I Jn. 2:17 Sal. 39:4 I Ts. 5:3,4

NOVIEMBRE 6 - Guíame en tu verdad y enséñame.

Pero cuando El, el Espíritu de verdad, venga, os guiará a toda la verdad, porque no hablará por su propia cuenta, sino que hablará todo lo que oiga, y os hará saber lo que habrá de venir. * Pero vosotros tenéis unción del Santo, y todos vosotros lo sabéis * ¡A la ley y al testimonio! Si no hablan conforme a esta palabra, es porque no hay luz en ellos. * Toda Escritura es inspirada por Dios y útil para enseñar, para reprender, para corregir, para instruir en justicia, a fin de que el hombre de Dios sea perfecto, equipado para toda buena obra.

...las Sagradas Escrituras, las cuales te pueden dar la sabiduría que lleva a la salvación mediante la fe en Cristo Jesús. * La lámpara del cuerpo es el ojo; por eso, si tu ojo está sano, todo tu cuerpo estará lleno de luz. * Si alguien quiere hacer su voluntad, sabrá si mi enseñanza es de Dios o si hablo de mí mismo. * Allí habrá una calzada, un camino, y será llamado Camino de Santidad; el inmundo no transitará por él, sino que será para el que ande en ese camino; los necios no vagarán por él .

Sal. 25:5 Jn. 16:13 I Jn. 2:20 Is. 8:20 II Ti. 3:16, 17, 15 Sal.32:8 Mt. 6:22 Jn. 7:17 Is. 35:8

NOVIEMBRE 7 - Mirad que tenemos por bienaventurados a los que sufrieron.

Y no sólo esto, sino que también nos gloriamos en las tribulaciones, sabiendo que la tribulación produce paciencia; y la paciencia, carácter probado; y el carácter probado, esperanza; y la esperanza no desilusiona, porque el amor de Dios ha sido derramado en nuestros corazones por medio del Espíritu Santo que nos fue dado. * Al presente ninguna disciplina parece ser causa de gozo, sino de tristeza; sin embargo, a los que han sido ejercitados por medio de ella, les da después fruto apacible de justicia. Tened por sumo gozo, hermanos míos, el que os halléis en diversas pruebas, sabiendo que la prueba de vuestra fe produce paciencia, y que la paciencia ha de tener su perfecto resultado, para que seáis perfectos y completos, sin que os falte nada.

Bienaventurado el hombre que persevera bajo la prueba, porque una vez que ha sido aprobado, recibirá la corona de la vida que el Señor ha prometido a los que le aman. * Te basta mi gracia, pues mi poder se perfecciona en la debilidad. Por tanto, muy gustosamente me gloriaré más bien en mis debilidades, para que el poder de Cristo more en mí. * Por eso me complazco en las debilidades, en insultos, en privaciones, en persecuciones y en angustias por amor a Cristo; porque cuando soy débil, entonces soy fuerte.

Stg. 5:11 Ro. 5:3-5 Heb. 12:11 Stg. 1:2-4, 12 II Co. 12:9,10

NOVIEMBRE 8 - Los hijos de Israel acamparon delante de ellos como dos rebañuelos de cabras pero los arameos llenaban la tierra.

Así dice el SEÑOR: "Porque los arameos han dicho: 'El Señor es un Dios de los montes, pero no es un Dios de los valles; por tanto, entregaré a toda esta gran multitud en tu mano, y sabrás que yo soy el SEÑOR." Acamparon unos frente a otros por siete días. Y sucedió que al séptimo día comenzó la batalla, y los hijos de Israel mataron de los arameos a cien mil hombres de a pie en un solo día. * Hijos míos, vosotros sois de Dios y los habéis vencido, porque mayor es el que está en vosotros que el que está en el mundo.

No temas, porque yo estoy contigo; no te desalientes, porque yo soy tu Dios.

Te fortaleceré, ciertamente te ayudaré, sí, te sostendré con la diestra de mi justicia. Pelearán contra ti, pero no te vencerán, porque yo estoy contigo– declara el SEÑOR–para librarte.

I R. 20:27, 28, 29 I Jn. 4:4 Is. 41:10 Jer. 1:19

NOVIEMBRE 9 - Juntadme a mis santos, los que han hecho conmigo pacto con sacrificio.

Cristo, habiendo sido ofrecido una vez para llevar los pecados de muchos, aparecerá por segunda vez, sin relación con el pecado, para salvación de los que ansiosamente le esperan. * Y por eso El es el mediador de un nuevo pacto, a fin de que habiendo tenido lugar una muerte para la redención de las transgresiones que se cometieron bajo el primer pacto, los que han sido llamados reciban la promesa de la herencia eterna.

Padre, quiero que los que me has dado, estén también conmigo donde yo estoy, para que vean mi gloria, la gloria que me has dado; porque me has amado desde antes de la fundación del mundo. Y entonces enviará a los ángeles, y reunirá a sus escogidos de los cuatro vientos, desde el extremo de la tierra hasta el extremo del cielo.

Si tus desterrados están en los confines de la tierra, de allí el Señor tu Dios te recogerá y de allí te hará volver.

Pues el Señor mismo descenderá del cielo con voz de mando, con voz de arcángel y con la trompeta de Dios, y los muertos en Cristo se levantarán primero. * Entonces nosotros, los que estemos vivos y que permanezcamos, seremos arrebatados juntamente con ellos en las nubes al encuentro del Señor en el aire, y así estaremos con el Señor siempre.

Sal. 50:5 Heb. 9:28, 15 Jn. 17:24 Mr. 13:27 Dt. 30:4 I Ts. 4:16,17

NOVIEMBRE 10 - Lo busqué, mas no lo hallé.

Vuelve, oh Israel, al Señor tu Dios, pues has tropezado a causa de tu iniquidad. Tomad con vosotros palabras, y volveos al SEÑOR. Decidle: Quita toda iniquidad, y acéptanos bondadosamente. * Que nadie diga cuando es tentado: Soy tentado por Dios; porque Dios no puede ser tentado por el mal y El mismo no tienta a nadie. Sino que cada uno es tentado cuando es llevado y seducido por su propia pasión. Después, cuando la pasión ha concebido, da a luz el pecado; y cuando el pecado es consumado, engendra la muerte. Amados hermanos míos, no os engañéis. Toda buena dádiva y todo don perfecto viene de lo alto, desciende del Padre de las luces, con el cual no hay cambio ni sombra de variación.

Espera al SEÑOR; esfuérzate y aliéntese tu corazón. Sí, espera al SEÑOR. Bueno es esperar en silencio la salvación del SEÑOR.

¿Y no hará Dios justicia a sus escogidos, que claman a El día y noche? ¿Se tardará mucho en responderles? * En Dios solamente espera en silencio mi alma; de El viene mi salvación. * Alma mía, espera en silencio solamente en Dios, pues de El viene mi esperanza.

Cant. 3:1 Os. 14:1,2 Stg. 1:13-17 Sal.27:14 Lam. 3:26 Lc. 18:7 Sal. 62:1,5

NOVIEMBRE 11 - Fuisteis lavados,... fuisteis santificados,...fuisteis justificados.

La sangre de Jesús su Hijo nos limpia de todo pecado.

El castigo, por nuestra paz, cayó sobre El, y por sus heridas hemos sido sanados. Cristo amó a la iglesia y se dio a sí mismo por ella, para santificarla, habiéndola purificado por el lavamiento del agua con la palabra, a fin de presentársela a sí mismo, una iglesia en toda su gloria, sin que tenga mancha ni arruga ni cosa semejante, sino que fuera santa e inmaculada.

Y a ella le fue concedido vestirse de lino fino, resplandeciente y limpio, porque las acciones justas de los santos son el lino fino. Acerquémonos con corazón sincero, en plena certidumbre de fe, teniendo nuestro corazón purificado de mala conciencia y nuestro cuerpo lavado con agua pura.

¿Quién acusará a los escogidos de Dios? Dios es el que justifica. * ¡Cuán bienaventurado es aquel cuya transgresión es perdonada, cuyo pecado es cubierto! * ¡Cuán bienaventurado es el hombre a quien el Señor no culpa de iniquidad, y en cuyo espíritu no hay engaño!

I Co. 6:11 I Jn. 1:7 Is. 53:5 Ef. 5:25-27 Ap. 19:8 Heb. 10:22 Ro. 8:33 Sal. 32:1,2

NOVIEMBRE 12 - ¿Te va bien a ti? ...Y ella respondió: Bien.

Pero teniendo el mismo espíritu de fe.

...como desconocidos, pero bien conocidos; como moribundos, y he aquí, vivimos; como castigados, pero no condenados a muerte; como entristecidos, mas siempre gozosos; como pobres, pero enriqueciendo a muchos; como no teniendo nada, aunque poseyéndolo todo. Afligidos en todo, pero no agobiados; perplejos, pero no desesperados; perseguidos, pero no abandonados; derribados, pero no destruidos; llevando siempre en el cuerpo por todas partes la muerte de Jesús, para que también la vida de Jesús se manifieste en nuestro cuerpo. * Por tanto no desfallecemos, antes bien, aunque nuestro hombre exterior va decayendo, sin embargo nuestro hombre interior se renueva de día en día.

Pues esta aflicción leve y pasajera nos produce un eterno peso de gloria que sobrepasa toda comparación, al no poner nuestra vista en las cosas que se ven, sino en las que no se ven; porque las cosas que se ven son temporales, pero las que no se ven son eternas. Amado, ruego que seas prosperado en todo así como prospera tu alma, y que tengas buena salud.

II R. 4:26 II Co. 4:13; 6:9,10; 4:8-10, 16-18 III Jn. 2

NOVIEMBRE 13 - Por medio de El los unos y los otros tenemos nuestra entrada al Padre en un mismo Espíritu.

Yo en ellos, y tú en mí, para que sean perfeccionados en unidad. * Todo lo que pidáis en mi nombre, lo haré, para que el Padre sea glorificado en el Hijo. Si me pedís algo en mi nombre, yo lo haré. Y yo rogaré al Padre, y El os dará otro Consolador para que esté con vosotros para siempre; es decir, el Espíritu de verdad, a quien el mundo no puede recibir, porque ni le ve ni le conoce, pero vosotros sí le conocéis porque mora con vosotros y estará en vosotros.

Hay un solo cuerpo y un solo Espíritu, así como también vosotros fuisteis llamados en una misma esperanza de vuestra vocación; un solo Señor, una sola fe, un solo bautismo, un solo Dios y Padre de todos, que está sobre todos, por todos y en todos. * Cuando oréis, decid: Padre nuestro, que estás en los cielos.

Entonces, hermanos, puesto que tenemos confianza para entrar al Lugar Santísimo por la sangre de Jesús, por un camino nuevo y vivo que El inauguró para nosotros por medio del velo, es decir, su carne, acerquémonos con corazón sincero.

Ef. 2:18 Jn. 17:23; 14:13,14, 16,17 Ef. 4:4-6 Lc. 11:2 Heb. 10:19,20,22

NOVIEMBRE 14 - ¿Cómo te irá en la espesura del Jordán?

Porque el Jordán se desborda por todas sus riberas todos los días de la cosecha.

Los sacerdotes que llevaban el arca del pacto del Señor estuvieron en tierra seca en medio del Jordán mientras que todo Israel cruzaba sobre tierra seca, hasta que todo el pueblo acabó de pasar el Jordán.

Vemos a aquel que fue hecho un poco inferior a los ángeles, es decir, a Jesús, coronado de gloria y honor a causa del padecimiento de la muerte, para que por la gracia de Dios probara la muerte por todos.

Aunque pase por el valle de sombra de muerte, no temeré mal alguno, porque tú estás conmigo; tu vara y tu cayado me infunden aliento.

Cuando pases por las aguas, yo estaré contigo, y si por los ríos, no te anegarán; cuando pases por el fuego, no te quemarás, ni la llama te abrasará.

No temas, yo soy el primero y el último, y el que vive, y estuve muerto; y he aquí, estoy vivo por los siglos de los siglos, y tengo las llaves de la muerte y del Hades.

Jer. 12:5 Jos. 3:15, 17 Heb. 2:9 Sal. 23:4 Is. 43:2 Ap. 1:17,18

NOVIEMBRE 15 - Somos hechura suya.

Sacaron grandes piedras, piedras costosas, para echar los cimientos de la casa con piedras labradas. * La casa, mientras se edificaba, se construía de piedras preparadas en la cantera; y no se oyó ni martillo ni hacha ni ningún instrumento de hierro en la casa mientras la construían. También vosotros, como piedras vivas, sed edificados como casa espiritual.

Edificados sobre el fundamento de los apóstoles y profetas, siendo Cristo Jesús mismo la piedra angular, en quien todo el edificio, bien ajustado, va creciendo para ser un templo santo en el Señor, en quien también vosotros sois juntamente edificados para morada de Dios en el Espíritu.

Pues vosotros en otro tiempo no erais pueblo, pero ahora sois el pueblo de Dios. Vosotros sois edificio de Dios. * De modo que si alguno está en Cristo, nueva criatura es; las cosas viejas pasaron; he aquí, son hechas nuevas.

Y el que nos preparó para esto mismo es Dios, quien nos dio el Espíritu como garantía.

Ef. 2:10 I R.5:17; 6:7 I P 2:5 Ef.2:20:22 I P.2:10 I Co. 3:9 II Co. 5:17; 5:5

NOVIEMBRE 16 - Sois conciudadanos de los santos.

Os habéis acercado al monte Sión y a la ciudad del Dios vivo, la Jerusalén celestial, y a miríadas de ángeles, a la asamblea general e iglesia de los primogénitos que están inscritos en los cielos, y a Dios, el Juez de todos, y a los espíritus de los justos hechos ya perfectos.

Todos éstos murieron en fe, sin haber recibido las promesas, pero habiéndolas visto y aceptado con gusto desde lejos, confesando que eran extranjeros y peregrinos sobre la tierra.

Porque nuestra ciudadanía está en los cielos, de donde también ansiosamente esperamos a un Salvador, el Señor Jesucristo, el cual transformará el cuerpo de nuestro estado de humillación en conformidad al cuerpo de su gloria, por el ejercicio del poder que tiene aun para sujetar todas las cosas a sí mismo.

El Padre que nos ha capacitado para compartir la herencia de los santos en luz. Porque El nos libró del dominio de las tinieblas y nos trasladó al reino de su Hijo amado, * Amados, os ruego como a extranjeros y peregrinos, que os abstengáis de las pasiones carnales que combaten contra el alma.

Ef. 2:19 Heb. 12:22,23; 11:13 Fil. 3:20,21 Col. 1:12,13 I P. 2:11

NOVIEMBRE 17 - Todo lo que el hombre siembre, eso también segará.

Los que aran iniquidad y los que siembran aflicción, eso siegan. Porque siembran viento, y recogerán tempestades.

El que siembra para su propia carne, de la carne segará corrupción, El que siembra justicia recibe verdadera recompensa.

El que siembra para el Espíritu, del Espíritu segará vida eterna. * Y no nos cansemos de hacer el bien, pues a su tiempo, si no nos cansamos, segaremos. Así que entonces, hagamos bien a todos según tengamos oportunidad, y especialmente a los de la familia de la fe.

Hay quien reparte, y le es añadido más, y hay quien retiene lo que es justo, sólo para venir a menos.

El alma generosa será prosperada, y el que riega será también regado. * El que siembra escasamente, escasamente también segará; y el que siembra abundantemente, abundantemente también segará.

Gal. 6:7 Job 4:8 Os. 8:7 Gal. 6:8 Pr. 11:18 Gal. 6:8-10 Pr. 11:24,25 II Co. 9:6

NOVIEMBRE 18 - Pero yo no creía lo que me decían, hasta que he venido y mis ojos lo han visto. Y he aquí, no se me había contado ni la mitad.

La Reina del Sur se levantará con esta generación en el juicio y la condenará, porque ella vino desde los confines de la tierra para oír la sabiduría de Salomón; y mirad, algo más grande que Salomón está aquí.

Vimos su gloria, gloria como del unigénito del Padre, lleno de gracia y de verdad.

Mi mensaje ni mi predicación fueron con palabras persuasivas de sabiduría, sino con demostración del Espíritu y de poder, para que vuestra fe no descanse en la sabiduría de los hombres, sino en el poder de Dios. Como está escrito: Cosas que ojo no vio, ni oído oyó, ni han entrado al corazón del hombre, son las cosas que Dios ha preparado para los que le aman. Pero Dios nos las reveló por medio del Espíritu, porque el Espíritu todo lo escudriña, aun las profundidades de Dios.

Tus ojos contemplarán al Rey en su hermosura. Le veremos como El es.

En mi carne veré a Dios; Seré saciado.

I R.10:7 Mt. 12:42 Jn. 1:14 I Co. 2:4,5,9,10 Is. 33:17 I Jn. 3:2 Job 19:26 Sal. 17:15

NOVIEMBRE 19 - Yo haré glorioso el lugar de mis pies.

Así dice el SEÑOR: El cielo es mi trono y la tierra el estrado de mis pies.

Pero, ¿morará verdaderamente Dios con los hombres en la tierra? He aquí, los cielos y los cielos de los cielos no te pueden contener, cuánto menos esta casa que yo he edificado. Porque así dice el Señor de los ejércitos: "Una vez más, dentro de poco, yo haré temblar los cielos y la tierra, el mar y la tierra firme. Y haré temblar a todas las naciones; vendrán entonces los tesoros de todas las naciones, y yo llenaré de gloria esta casa"–dice el Señor de los ejércitos. "La gloria postrera de esta casa será mayor que la primera"– dice el Señor de los ejércitos–"y en este lugar daré paz"–declara el Señor de los ejércitos.

Y vi un cielo nuevo y una tierra nueva, porque el primer cielo y la primera tierra pasaron, y el mar ya no existe. Entonces oí una gran voz que decía desde el trono: He aquí, el tabernáculo de Dios está entre los hombres, y El habitará entre ellos y ellos serán su pueblo, y Dios mismo estará entre ellos.

Is. 60:13; 66:1 II Cr. 6:18 Hageo 2:6,7,9 Ap. 21:1,3

NOVIEMBRE 20- Hay un solo Dios, y también un solo mediador entre Dios y los hombres, Cristo Jesús hombre.

Escucha, oh Israel, el Señor es nuestro Dios, el Señor uno es. Ahora bien, un mediador no es de uno solo, pero Dios es uno. * Nosotros hemos pecado como nuestros padres, hemos hecho iniquidad, nos hemos conducido impíamente. Nuestros padres en Egipto no entendieron tus maravillas; no se acordaron de tu infinito amor, sino que se rebelaron junto al mar, en el mar Rojo. El dijo que los hubiera destruido, de no haberse puesto Moisés, su escogido, en la brecha delante de El, a fin de apartar su furor para que no los destruyera. * Por tanto, hermanos santos, participantes del llamamiento celestial, considerad a Jesús, el Apóstol y Sumo Sacerdote de nuestra fe. El cual fue fiel al que le designó, como también lo fue Moisés en toda la casa de Dios. Porque El ha sido considerado digno de más gloria que Moisés, así como el constructor de la casa tiene más honra que la casa. * Es también el mediador de un mejor pacto, establecido sobre mejores promesas. Pues tendré misericordia de sus iniquidades, y nunca más me acordaré de sus pecados.

I Tim. 2:5 Dt. 6:4 Gal. 3:20 Sal. 106:7,23 Heb. 3:1-3; 8:6,12

NOVIEMBRE 21 - Su Hijo amado.

Y he aquí, se oyó una voz de los cielos que decía: Este es mi Hijo amado en quien me he complacido. * He aquí mi Siervo, a quien yo sostengo, mi escogido, en quien mi alma se complace.

...el unigénito Dios, que está en el seno del Padre. * En esto se manifestó el amor de Dios en nosotros: en que Dios ha enviado a su Hijo unigénito al mundo para que vivamos por medio de El. En esto consiste el amor: no en que nosotros hayamos amado a Dios, sino en que El nos amó a nosotros y envió a su Hijo como propiciación por nuestros pecados. * Y nosotros hemos llegado a conocer y hemos creído el amor que Dios tiene para nosotros. Dios es amor, y el que permanece en amor permanece en Dios y Dios permanece en él. * La gloria que me diste les he dado, para que sean uno, así como nosotros somos uno: yo en ellos, y tú en mí, para que sean perfeccionados en unidad, para que el mundo sepa que tú me enviaste, y que los amaste tal como me has amado a mí. Padre, quiero que los que me has dado, estén también conmigo donde yo estoy, para que vean mi gloria, la gloria que me has dado; porque me has amado desde antes de la fundación del mundo.

Mirad cuán gran amor nos ha otorgado el Padre, para que seamos llamados hijos de Dios; y eso somos. Por esto el mundo no nos conoce, porque no le conoció a El.

Col. 1:13 Mt. 3:17 Is. 42:1 Jn. 1:18 I Jn. 4:9,10,16 Jn. 17:22-24 I Jn. 3:1

NOVIEMBRE 22 - Hay esperanza para un árbol cuando es cortado, que volverá a retoñar, y sus renuevos no le faltarán.

No quebrará la caña cascada. El restaura mi alma.

La tristeza que es conforme a la voluntad de Dios produce un arrepentimiento que conduce a la salvación, sin dejar pesar; pero la tristeza del mundo produce muerte.

Al presente ninguna disciplina parece ser causa de gozo, sino de tristeza; sin embargo, a los que han sido ejercitados por medio de ella, les da después fruto apacible de justicia. Antes que fuera afligido, yo me descarrié, mas ahora guardo tu palabra. * Y después de todo lo que nos ha sobrevenido a causa de nuestras malas obras y nuestra gran culpa, puesto que tú, nuestro Dios, nos has pagado menos de lo que nuestras iniquidades merecen.

No te alegres de mí, enemiga mía. Aunque caiga, me levantaré, aunque more en tinieblas, el Señor es mi luz. * El me sacará a la luz, y yo veré su justicia

Job. 14:7 Is. 42:3 Sal. 23:3 II Co. 7:10 Heb. 12:11 Sal. 119:67 Esd. 9:13 Mi. 7:8,9

NOVIEMBRE 23 - Mi reino no es de aquí.

El, habiendo ofrecido un solo sacrificio por los pecados para siempre, se sentó a la diestra de Dios, esperando de ahí en adelante hasta que sus enemigos sean puestos por estrado de sus pies.

Desde ahora veréis al hijo del hombre sentado a la diestra del poder, y viniendo sobre las nubes del cielo. * Pues El debe reinar hasta que haya puesto a todos sus enemigos debajo de sus pies. A Dios gracias, que nos da la victoria por medio de nuestro Señor Jesucristo.

...el cual obró en Cristo cuando le resucitó de entre los muertos y le sentó a su diestra en los lugares celestiales, muy por encima de todo principado, autoridad, poder, dominio y de todo nombre que se nombra, no sólo en este siglo sino también en el venidero. Y todo sometió bajo sus pies, y a El lo dio por cabeza sobre todas las cosas a la iglesia, la cual es su cuerpo, la plenitud de aquel que lo llena todo en todo.

Manifestará a su debido tiempo el bienaventurado y único Soberano, el Rey de reyes y Señor de señores;

Jn.18:36 Heb. 10:12,13 Mt. 26:64 I Co. 15:25, 57 Ef. 1:20-23 I Ti. 6:15

NOVIEMBRE 24 - ¿Qué haces aquí, Elías?

El sabe el camino que tomo. * Oh SEÑOR, tú me has escudriñado y conocido. Tú conoces mi sentarme y mi levantarme; desde lejos comprendes mis pensamientos. Tú escudriñas mi senda y mi descanso, y conoces bien todos mis caminos. ¿Adónde me iré de tu Espíritu, o adónde huiré de tu presencia? Si tomo las alas del alba, y si habito en lo más remoto del mar, aun allí me guiará tu mano, y me asirá tu diestra.

Elías era un hombre de pasiones semejantes a las nuestras.

El temor al hombre es un lazo, pero el que confía en el Señor estará seguro. Cuando caiga, no quedará derribado, porque el Señor sostiene su mano.

El justo cae siete veces; y vuelve a levantarse, pero los impíos caerán en la desgracia. No nos cansemos de hacer el bien, pues a su tiempo, si no nos cansamos, segaremos. Velad y orad para que no entréis en tentación; el espíritu está dispuesto, pero la carne es débil.

Como un padre se compadece de sus hijos, así se compadece el Señor de los que le temen.

I R. 19:9 Job 23:10 Sal.139:1-3, 7,9,10 Stg. 5:17 Pr. 29:25 Sal.37:24 Pr.24:16 Gal. 6:9 Mt. 26:41 Sal. 103:13,14

NOVIEMBRE 25 - Todo aquel que invoque el nombre del Señor será salvo.

Manasés...hizo lo malo ante los ojos del SEÑOR, conforme a las abominaciones de las naciones que el Señor había desposeído delante de los hijos de Israel. Levantó también altares a Baal, y adoró a todo el ejército de los cielos y los sirvió. Edificó altares a todo el ejército de los cielos en los dos atrios de la casa del SEÑOR. Hizo pasar por fuego a su hijo, practicó la hechicería, usó la adivinación y trató con médium y espiritistas. Hizo mucho mal ante los ojos del SEÑOR, provocándole a ira . Cuando estaba en angustia, imploró al Señor su Dios, y se humilló grandemente delante del Dios de sus padres. Y cuando oró a El, Dios se conmovió por su ruego, oyó su súplica y lo trajo de nuevo a Jerusalén, a su reino.

Venid ahora, y razonemos–dice el SEÑOR– aunque vuestros pecados sean como la grana, como la nieve serán emblanquecidos; aunque sean rojos como el carmesí, como blanca lana quedarán.* El Señor no se tarda en cumplir su promesa...no queriendo que nadie perezca, sino que todos vengan al arrepentimiento.

Hch. 2:21 II R. 21:1,2,3,5,6 II Cr. 33:12,13 Is. 1:18 II P. 3:9

NOVIEMBRE 26 - La tristeza del mundo produce muerte.

Viendo Ahitofel que no habían seguido su consejo, aparejó su asno, se levantó y fue a su casa, a su ciudad, puso en orden su casa y se ahorcó. Así murió, y fue sepultado en la tumba de su padre. * El espíritu quebrantado, ¿quién lo puede sobrellevar? * ¿No hay bálsamo en Galaad? ¿No hay allí médico? ¿Por qué, pues, no se ha restablecido la salud de la hija de mi pueblo? * El Espíritu del Señor Dios está sobre mí, porque me ha ungido el Señor para traer buenas nuevas a los afligidos; me ha enviado para vendar a los quebrantados de corazón, para proclamar libertad a los cautivo y liberación a los prisioneros; para proclamar el año favorable del SEÑOR, y el día de venganza de nuestro Dios; para consolar a todos los que lloran, para conceder que a los que lloran en Sion se les dé diadema en vez de ceniza, aceite de alegría en vez de luto, manto de alabanza en vez de espíritu abatido;. * Venid a mí, todos los que estáis cansados y cargados, y yo os haré descansar. Tomad mi yugo sobre vosotros y aprended de mí, que soy manso y humilde de corazón, y hallaréis descanso para vuestras almas. Porque mi yugo es fácil y mi carga ligera. * Felipe le anunció el evangelio de Jesús. * El sana a los quebrantados de corazón, y venda sus heridas

II Co. 7:10 II S. 17:23 Pr. 18:14 Jer. 8:22 Is. 61:1-3 Mt. 11:28-30 Hch. 8:35 Sal. 147:3

NOVIEMBRE 27 - Hijo mío, si los pecadores te quieren seducir, no consientas.

La mujer ...tomó de su fruto y comió; y dio también a su marido que estaba con ella, y él comió.

¿No fue infiel Acán, hijo de Zera, en cuanto al anatema, y vino la ira sobre toda la congregación de Israel? Y aquel hombre no pereció solo en su iniquidad.* No seguirás a la multitud para hacer el mal. * Entrad por la puerta estrecha, porque ancha es la puerta y amplia es la senda que lleva a la perdición, y muchos son los que entran por ella. * Ninguno de nosotros vive para sí mismo. * Hermanos, a libertad fuisteis llamados; sólo que no uséis la libertad como pretexto para la carne, sino servíos por amor los unos a los otros. * Mas tened cuidado, no sea que esta vuestra libertad de alguna manera se convierta en piedra de tropiezo para el débil. Y así, al pecar contra los hermanos y herir su conciencia cuando ésta es débil, pecáis contra Cristo.

Todos nosotros nos descarriamos como ovejas, nos apartamos cada cual por su camino; pero el Señor hizo que cayera sobre El la iniquidad de todos nosotros.

Pr. 1:10 Gen. 3:6 Jos. 22:20 Ex. 23:2 Mt. 7:13 Ro. 14:7 Gal. 5:13 I Co. 8:9,12 Is. 53:6

NOVIEMBRE 28 - Por cuanto los hijos participan de carne y sangre, El igualmente participó también de lo mismo, para anular mediante la muerte el poder de aquel que tenía el poder de la muerte, es decir, el diablo, y librar a los que por el temor a la muerte, estaban sujetos a esclavitud durante toda la vida.

¿Dónde está, oh muerte, tu victoria? ¿dónde, oh sepulcro, tu aguijón? pero a Dios gracias, que nos da la victoria por medio de nuestro Señor Jesucristo. * Por tanto no desfallecemos, antes bien, aunque nuestro hombre exterior va decayendo, sin embargo nuestro hombre interior se renueva de día en día. * Sabemos que si la tienda terrenal que es nuestra morada, es destruida, tenemos de Dios un edificio, una casa no hecha por manos, eterna en los cielos. * Por tanto, animados siempre y sabiendo que mientras habitamos en el cuerpo, estamos ausentes del Señor (porque por fe andamos, no por vista); pero cobramos ánimo y preferimos más bien estar ausentes del cuerpo y habitar con el Señor. * No se turbe vuestro corazón; creed en Dios, creed también en mí. En la casa de mi Padre hay muchas moradas; si no fuera así, os lo hubiera dicho; porque voy a preparar un lugar para vosotros. Y si me voy y preparo un lugar para vosotros, vendré otra vez y os tomaré conmigo; para que donde yo estoy, allí estéis también vosotros.

Heb.2:14,15 I Co. 15:55,57 II Co. 4:16; 5:1,6-8 Jn. 14:1-3

NOVIEMBRE 29 - ¿Ahora creéis?

¿De qué sirve, hermanos míos, si alguno dice que tiene fe, pero no tiene obras? ¿Acaso puede esa fe salvarle? Así también la fe por sí misma, si no tiene obras, está muerta. Por la fe Abraham, cuando fue probado, ofreció a Isaac; y el que había recibido las promesas ofrecía a su único hijo; fue a él a quien se le dijo: En Isaac te será llamada descendencia. El consideró que Dios era poderoso para levantar aun de entre los muertos, de donde también, en sentido figurado, lo volvió a recibir.

¿No fue justificado por las obras Abraham nuestro padre cuando ofreció a Isaac su hijo sobre el altar?

Vosotros veis que el hombre es justificado por las obras y no sólo por la fe. * Pero el que mira atentamente a la ley perfecta, la ley de libertad, y permanece en ella, no habiéndose vuelto un oidor olvidadizo sino un hacedor eficaz, éste será bienaventurado en lo que hace. *Así que, por sus frutos los conoceréis. No todo el que me dice: "Señor, Señor", entrará en el reino de los cielos, sino el que hace la voluntad de mi Padre que está en los cielos. * Si sabéis esto, seréis felices si lo practicáis.

Jn.16:31 Stg.2:14,17 Heb.11:17-19 Stg. 2:21,24; 1:25 Mt.7:20,21 Jn. 13:17

NOVIEMBRE 30 - Nos gloriamos en las tribulaciones.

Si hemos esperado en Cristo para esta vida solamente, somos, de todos los hombres, los más dignos de lástima.

Amados, no os sorprendáis del fuego de prueba que en medio de vosotros ha venido para probaros, como si alguna cosa extraña os estuviera aconteciendo; antes bien, en la medida en que compartís los padecimientos de Cristo, regocijaos, para que también en la revelación de su gloria os regocijéis con gran alegría. * Como entristecidos, mas siempre gozosos.

Regocijaos en el Señor siempre. Otra vez lo diré: ¡Regocijaos! * Ellos, pues, salieron de la presencia del concilio, regocijándose de que hubieran sido tenidos por dignos de padecer afrenta por su Nombre. * Y el Dios de la esperanza os llene de todo gozo y paz en el creer, para que abundéis en esperanza por el poder del Espíritu Santo. * Aunque la higuera no eche brotes, ni haya fruto en las viñas; aunque falte el producto del olivo, y los campos no produzcan alimento, aunque falten las ovejas del aprisco, y no haya vacas en los establos, * Con todo yo me alegraré en el SEÑOR, me regocijaré en el Dios de mi salvación.

Ro. 5:3 I Co. 15:19 I P. 4:12,13 II Co. 6:10 Fil. 4:4 Hch. 5:41 Ro. 15:13 Hab. 3:17,18

Mes de Diciembre

DICIEMBRE 1 - He aquí, yo creo cielos nuevos y una tierra nueva.

Los cielos nuevos y la tierra nueva que yo hago permanecerán delante de mí–declara el SEÑOR– así permanecerá vuestra descendencia y vuestro nombre. * Nosotros esperamos nuevos cielos y nueva tierra, en los cuales mora la justicia.

Y vi un cielo nuevo y una tierra nueva, porque el primer cielo y la primera tierra pasaron, y el mar ya no existe. Vi la ciudad santa, la nueva Jerusalén, que descendía del cielo, de Dios, preparada como una novia ataviada para su esposo. Entonces oí una gran voz que decía desde el trono: He aquí, el tabernáculo de Dios está entre los hombres, y El habitará entre ellos y ellos serán su pueblo, y Dios mismo estará entre ellos. El enjugará toda lágrima de sus ojos, y ya no habrá muerte, ni habrá más duelo, ni clamor, ni dolor, porque las primeras cosas han pasado. Y el que está sentado en el trono dijo: He aquí, yo hago nuevas todas las cosas. Y añadió: Escribe, porque estas palabras son fieles y verdaderas.

Is. 65:17; 66:27 II P. 3:13 Ap. 21:1-5

DICIEMBRE 2 - Teniendo nuestro corazón purificado de mala conciencia.

Porque si la sangre de los machos cabríos y de los toros, y la ceniza de la becerra rociada sobre los que se han contaminado, santifican para la purificación de la carne, ¿cuánto más la sangre de Cristo, el cual por el Espíritu eterno se ofreció a sí mismo sin mancha a Dios, purificará vuestra conciencia de obras muertas para servir al Dios vivo? * La sangre rociada que habla mejor que la sangre de Abel. * En El tenemos redención mediante su sangre, el perdón de nuestros pecados según las riquezas de su gracia

Cuando Moisés terminó de promulgar todos los mandamientos a todo el pueblo, conforme a la ley, tomó la sangre de los becerros y de los machos cabríos, con agua, lana escarlata e hisopo, y roció el libro mismo y a todo el pueblo. Y de la misma manera roció con sangre tanto el tabernáculo como todos los utensilios del ministerio. Y según la ley, casi todo es purificado con sangre, y sin derramamiento de sangre no hay perdón.

Heb.10:22; 9:13,14; 12:24 Ef. 1:7 Heb. 9:19, 21, 22

DICIEMBRE 3 - Nuestro cuerpo lavado con agua pura.

Harás también una pila de bronce, con su base de bronce, para lavatorio; y la colocarás entre la tienda de reunión y el altar, y pondrás agua en ella. Y con ella se lavarán las manos y los pies Aarón y sus hijos. Al entraren la tienda de reunión, se lavarán con agua para que no mueran; también cuando se acerquen al altar a ministrar para quemar una ofrenda encendida al SEÑOR. Y se lavarán las manos y los pies para que no mueran; y será estatuto perpetuo para ellos, para Aarón y su descendencia, por todas sus generaciones. *¿O no sabéis que vuestro cuerpo es templo del Espíritu Santo, que está en vosotros, el cual tenéis de Dios, y que no sois vuestros?

Si alguno destruye el templo de Dios, Dios lo destruirá a él, porque el templo de Dios es santo, y eso es lo que vosotros sois. * Y después de deshecha mi piel, aun en mi carne veré a Dios; al cual yo mismo contemplaré, y a quien mis ojos verán y no los de otro. * Jamás entrará en ella nada inmundo, ni el que practica abominación y mentira, sino sólo aquellos cuyos nombres están escritos en el libro de la vida del Cordero. * Muy limpios son tus ojos para mirar el mal, y no puedes contemplar la opresión. Por consiguiente, hermanos, os ruego por las misericordias de Dios que presentéis vuestros cuerpos como sacrificio vivo y santo, aceptable a Dios, que es vuestro culto racional.

Heb. 10:22 Ex. 30:18-21 I Co. 6:19; 3:17 Job. 19:26,27 Ap. 21:27 Hab.1:13 Ro. 12:1

DICIEMBRE 4 - No he de vivir para siempre.

Y dije: ¡Quién me diera alas como de paloma! Volaría y hallaría reposo. Me apresuraría a buscar me un lugar de refugio contra el viento borrascoso y la tempestad.

Pues, en verdad, en esta morada gemimos, anhelando ser vestidos con nuestra habitación celestial; Porque asimismo, los que estamos en esta tienda, gemimos agobiados, pues no queremos ser desvestidos, sino vestidos, para que lo mortal sea absorbido por la vida.

...teniendo el deseo de partir y estar con Cristo, pues eso es mucho mejor;

Corramos con paciencia la carrera que tenemos por delante, puestos los ojos en Jesús, el autor y consumador de la fe, quien por el gozo puesto delante de El soportó la cruz, menospreciando la vergüenza, y se ha sentado a la diestra del trono de Dios. Considerad, pues, a aquel que soportó tal hostilidad de los pecadores contra sí mismo, para que no os canséis ni os desaniméis en vuestro corazón. * La paz os dejo, mi paz os doy; no os la doy como el mundo la da. No se turbe vuestro corazón, ni tenga miedo.

Job 7:16 Sal. 55:6,8 II Co. 5:2,4 Fil. 1:23 Heb. 12:1-3 Jn. 14:27

DICIEMBRE 5 - No por la fuerza ha de prevalecer el hombre.

Entonces dijo David al filisteo: Tú vienes a mí con espada, lanza y jabalina, pero yo vengo a ti en el nombre del Señor de los ejércitos, el Dios de los escuadrones de Israel, a quien tú has desafiado. David metió la mano en su saco, sacó de él una piedra, la lanzó con la honda, e hirió al filisteo en la frente. La piedra se hundió en su frente y Goliat cayó a tierra sobre su rostro. Así venció David al filisteo con una honda y una piedra, e hirió al filisteo y lo mató; mas no había espada en la mano de David.

El rey no se salva por gran ejército; ni es librado el valiente por la mucha fuerza. * He aquí, los ojos del Señor están sobre los que le temen, sobre los que esperan en su misericordia.

De ti proceden la riqueza y el honor; tú reinas sobre todo y en tu mano están el poder y la fortaleza, y en tu mano está engrandecer y fortalecer a todos. * Muy gustosamente me gloriaré más bien en mis debilidades, para que el poder de Cristo more en mí. Por eso me complazco en las debilidades, en insultos, en privaciones, en persecuciones y en angustias por amor a Cristo; porque cuando soy débil, entonces soy fuerte.

I S. 2:9; 17:45,49,50 Sal. 33:16,18 I Cr. 29:12 II Co. 12:9,10

DICIEMBRE 6 - El espíritu está dispuesto, pero la carne es débil.

Ciertamente, siguiendo la senda de tus juicios, oh SEÑOR, te hemos esperado; tu nombre y tu memoria son el anhelo del alma. En la noche te desea mi alma, en verdad mi espíritu dentro de mí te busca con diligencia.

Porque yo sé que en mí, es decir, en mi carne, no habita nada bueno; porque el querer está presente en mí, pero el hacer el bien, no.

Porque en el hombre interior me deleito con la ley de Dios, pero veo otra ley en los miembros de mi cuerpo que hace guerra contra la ley de mi mente, y me hace prisionero de la ley del pecado que está en mis miembros.

Todo lo puedo en Cristo que me fortalece. Nuestra suficiencia es de Dios,

Te basta mi gracia.

Mt. 26:41 Is. 26:8,9 Ro. 7:18, 22, 23 Gal. 5:17 Fil. 4:13 II Co. 3:5; 12:9

DICIEMBRE 7 - Seré como rocío para Israel.

La mansedumbre y la benignidad de Cristo.

No quebrará la caña cascada, ni apagará el pabilo mortecino.

El Espíritu del Señor esta sobre mí, porque me ha ungido para anunciar el evangelio a los pobres. me ha enviado para proclamar libertad a los cautivos, y la recuperación de la vista a los ciegos; para poner en libertad a los oprimidos; para proclamar el año favorable del Señor. Y comenzó a decirles: Hoy se ha cumplido esta Escritura que habéis oído. Y todos hablaban bien de El y se maravillaban de las palabras llenas de gracia que salían de su boca.

Entonces el Señor se volvió y miró a Pedro. Y recordó Pedro la palabra del Señor, cómo le había dicho: Antes que el gallo cante hoy, me negarás tres veces. Y saliendo fuera, lloró amargamente.

Como pastor apacentará su rebaño, en su brazo recogerá los corderos, y en su seno los llevará; guiará con cuidado a las recién paridas.

Os. 14:5 II Co. 10:1 Is. 42:3 Lc. 4:18,19,21,22; 22:61,62 Is. 40:11

DICIEMBRE 8 - Volverá el polvo a la tierra como lo que era.

Se siembra un cuerpo corruptible…se siembra en deshonra…se siembra en debilidad... Se siembra un cuerpo natural. * El primer hombre es de la tierra, terrenal; Polvo eres y al polvo volverás.

Uno muere en pleno vigor, estando completamente tranquilo y satisfecho; mientras otro muere con alma amargada, y sin haber probado nada bueno. Juntos yacen en el polvo, y los gusanos los cubren. * Mi carne morará segura. *Y después de deshecha mi piel, aun en mi carne veré a Dios;

.....el Señor Jesucristo, el cual transformará el cuerpo de nuestro estado de humillación en conformidad al cuerpo de su gloria, por el ejercicio del poder que tiene aun para sujetar todas las cosas a sí mismo.

SEÑOR, hazme saber mi fin, y cuál es la medida de mis días, para que yo sepa cuán efímero soy.

Enséñanos a contar de tal modo nuestros días, que traigamos al corazón sabiduría.

Ec. 12:7 I Co. 15:42-44, 47 Gn. 3:19 Job 21: 21,23,25,26 Sal. 16:9 Job 19:26 Fil.3:20, 21 Sal.39:4; 90:12

DICIEMBRE 9 - El espíritu volverá a Dios que lo dio.

Entonces el Señor Dios formó al hombre del polvo de la tierra, y sopló en su nariz el aliento de vida; y fue el hombre un ser viviente. * Pero hay un espíritu en el hombre, y el soplo del Todopoderoso le da entendimiento. El primer hombre, Adán, fue hecho alma viviente.

El aliento de vida del hombre asciende hacia arriba.

Por tanto, sabiendo que mientras habitamos en el cuerpo, estamos ausentes del Señor pero cobramos ánimo y preferimos más bien estar ausentes del cuerpo y habitar con el Señor ...y estar con Cristo, pues eso es mucho mejor

Pero no queremos, hermanos, que ignoréis acerca de los que duermen, para que no os entristezcáis como lo hacen los demás que no tienen esperanza. Porque si creemos que Jesús murió y resucitó, así también Dios traerá con El a los que durmieron en Jesús. Porque voy a preparar un lugar para vosotros. Y si me voy y preparo un lugar para vosotros, vendré otra vez y os tomaré conmigo; para que donde yo estoy, allí estéis también vosotros.

Ec.12:7 Gn. 2:7 Job 32:8 1 Co. 15:45 Ec. 3:21 II Co. 5:6,8 Fil. 1:23 I Ts. 4:13,14 Jn.14:2,3

DICIEMBRE 10 - La ley perfecta de la libertad.

Conoceréis la verdad, y la verdad os hará libres. * Jesús les respondió: En verdad, en verdad os digo que todo el que comete pecado es esclavo del pecado; Así que, si el Hijo os hace libres, seréis realmente libres.

Para libertad fue que Cristo nos hizo libres; por tanto, permaneced firmes, y no os sometáis otra vez al yugo de esclavitud.

Porque vosotros, hermanos, a libertad fuisteis llamados; sólo que no uséis la libertad como pretexto para la carne, sino servíos por amor los unos a los otros. Porque toda la ley en una palabra se cumple en el precepto: Amarás a tu prójimo como a ti mismo. * Habiendo sido libertados del pecado, os habéis hecho siervos de la justicia.

Pues la mujer casada está ligada por la ley a su marido mientras él vive; pero si su marido muere, queda libre de la ley en cuanto al marido. * Porque la ley del Espíritu de vida en Cristo Jesús te ha libertado de la ley del pecado y de la muerte. * Y andaré en libertad, porque busco tus preceptos.

Stg. 1:25 Jn. 8:32-34,36 Gal. 5:1,13,14 Ro. 6:18; 7:2; 8:2 Sal. 119:45

DICIEMBRE 11 - Despierta, tú que duermes, y levántate de entre los muertos, y te alumbrará Cristo.

Ya es hora de despertaros del sueño; porque ahora la salvación está más cerca de nosotros que cuando creímos.

Por tanto, no durmamos como los demás, sino estemos alerta y seamos sobrios. Porque los que duermen, de noche duermen, y los que se emborrachan, de noche se emborrachan. Pero puesto que nosotros somos del día, seamos sobrios, habiéndonos puesto la coraza de la fe y del amor, y por yelmo la esperanza de la salvación

Levántate, resplandece, porque ha llegado tu luz y la gloria del Señor ha amanecido sobre ti. Porque he aquí, tinieblas cubrirán la tierra y densa oscuridad los pueblos; pero sobre ti amanecerá el SEÑOR, y sobre ti aparecerá su gloria. * Por tanto, ceñid vuestro entendimiento para la acción; sed sobrios en espíritu, poned vuestra esperanza completamente en la gracia que se os traerá en la revelación de Jesucristo.

Estad siempre preparados y mantened las lámparas encendidas, y sed semejantes a hombres que esperan a su señor.

Ef. 5:14 Ro.13:11 I Ts.5:6-8 Is.60:1,2 I P. 1:13 Lc. 12:35,36

DICIEMBRE 12 - ¿Por qué clamas a mí? Di a los hijos de Israel que se pongan en marcha.

Esfuérzate, y mostrémonos valientes por amor a nuestro pueblo y por amor a las ciudades de nuestro Dios; y que el Señor haga lo que le parezca bien.

Entonces oramos a nuestro Dios, y para defendernos montamos guardia contra ellos de día y de noche. * No todo el que me dice: "Señor, Señor", entrará en el reino de los cielos, sino el que hace la voluntad de mi Padre que está en los cielos. * Si alguien quiere hacer su voluntad, sabrá si mi enseñanza es de Dios o si hablo de mí mismo. Conozcamos, pues, esforcémonos por conocer al SEÑOR.

Velad y orad para que no entréis en tentación; el espíritu está dispuesto, pero la carne es débil. * Estad alerta, permaneced firmes en la fe, portaos varonilmente, sed fuertes.

No seáis perezosos en lo que requiere diligencia; fervientes en espíritu, sirviendo al Señor, fortaleced las manos débiles y afianzad las rodillas vacilantes. Decid a los de corazón tímido: Esforzaos, no temáis.

Ex. 14:15 I Cr. 19:13 Ne. 4:9 Mt. 7:21 Jn. 7:17 Os. 6:3 Mt. 26:41 I Co. 16:13 Ro. 12:11 Is. 35:3,4

DICIEMBRE 13 - Tú pagas al hombre conforme a sus obras.

Pues nadie puede poner otro fundamento que el que ya está puesto, el cual es Jesucristo. Si permanece la obra de alguno que ha edificado sobre el fundamento, recibirá recompensa. Si la obra de alguno es consumida por el fuego, sufrirá pérdida; sin embargo, él será salvo, aunque así como por fuego.

Porque todos nosotros debemos comparecer ante el tribunal de Cristo, para que cada uno sea recompensado por sus hechos estando en el cuerpo, de acuerdo con lo que hizo, sea bueno o sea malo.

Pero tú, cuando des limosna, que no sepa tu mano izquierda lo que hace tu derecha, para que tu limosna sea en secreto; y tu Padre, que ve en lo secreto, te recompensará. * Después de mucho tiempo vino el Señor de aquellos siervos, y arregló cuentas con ellos. No que seamos suficientes en nosotros mismos para pensar que cosa alguna procede de nosotros, sino que nuestra suficiencia es de Dios. * SEÑOR, tú establecerás paz para nosotros, ya que también todas nuestras obras tú las hiciste por nosotros.

Sal. 62:12 I Co. 3:11,14,15 II Co. 5:10 Mt. 6:3,4 Mt. 25:19 II Co. 3:5 Is. 26:12

DICIEMBRE 14 - Éramos por naturaleza hijos de ira, lo mismo que los demás.

Porque nosotros también en otro tiempo éramos necios, desobedientes, extraviados, esclavos de deleites y placeres diversos, viviendo en malicia y envidia, aborrecibles y odiándonos unos a otros. * No te asombres de que te haya dicho: "Os es necesario nacer de nuevo."

Entonces Job respondió al Señor y dijo: He aquí, yo soy insignificante; ¿qué puedo yo responderte? Mi mano pongo sobre la boca. * Y el Señor dijo a Satanás: ¿Te has fijado en mi siervo Job? Porque no hay ninguno como él sobre la tierra, hombre intachable y recto, temeroso de Dios y apartado del mal. He aquí, yo nací en iniquidad, y en pecado me concibió mi madre.

David, del cual Dios también testificó y dijo: "He hallado a David, hijo de Isaí, un hombre conforme a mi corazón, que hará toda mi voluntad." * Aun habiendo sido yo antes blasfemo, perseguidor y agresor. Sin embargo, se me mostró misericordia. porque lo hice por ignorancia en mi incredulidad.

Lo que es nacido de la carne, carne es, y lo que es nacido del Espíritu, espíritu es. Ef. 2:3 Tit. 3:3 Jn. 3:7 Job 40:3,4; 1:8 Sal. 51:5 Hch. 13:22 I Tim. 1:13 Jn. 3:6

DICIEMBRE 15 - Hijo, ve, trabaja hoy en la viña.

Por tanto, ya no eres siervo, sino hijo; y si hijo, también heredero por medio de Dios.

Dios en Cristo Jesús. Por tanto, no reine el pecado en vuestro cuerpo mortal para que no obedezcáis sus lujurias; ni presentéis los miembros de vuestro cuerpo al pecado como instrumentos de iniquidad, sino presentaos vosotros mismos a Dios como vivos de entre los muertos, y vuestros miembros a Dios como instrumentos de justicia.

Como hijos obedientes, no os conforméis a los deseos que antes teníais en vuestra ignorancia, sino que así como aquel que os llamó es santo, así también sed vosotros santos en toda vuestra manera de vivir. * Por tanto, si alguno se limpia de estas cosas, será un vaso para honra, santificado, útil para el Señor, preparado para toda buena obra.

Por tanto, mis amados hermanos, estad firmes, constantes, abundando siempre en la obra del Señor, sabiendo que vuestro trabajo en el Señor no es en vano.

Mt. 21:28 Gal. 4:7 Ro. 6:11-13 I P. 1:14,15 II Ti. 2:21 I Co. 15:58

DICIEMBRE 16 - Las profundidades de Dios.

Ya no os llamo siervos, porque el siervo no sabe lo que hace su señor; pero os he llamado amigos, porque os he dado a conocer todo lo que he oído de mi Padre.

Y respondiendo El, les dijo: Porque a vosotros se os ha concedido conocer los misterios del reino de los cielos, pero a ellos no se les ha concedido.

Y nosotros hemos recibido, no el espíritu del mundo, sino el Espíritu que viene de Dios, para que conozcamos lo que Dios nos ha dado gratuitamente. * Por esta causa, pues, doblo mis rodillas ante el Padre de nuestro Señor Jesucristo, de

quien recibe nombre toda familia en el cielo y en la tierra, que os conceda, conforme a las riquezas de su gloria, ser fortalecidos con poder por su Espíritu en el hombre interior; de manera que Cristo more por la fe en vuestros corazones; y que arraigados y cimentados en amor, seáis capaces de comprender con todos los santos cuál es la anchura, la longitud, la altura y la profundidad, y de conocer el amor de Cristo que sobrepasa el conocimiento, para que seáis llenos hasta la medida de toda la plenitud de Dios.

I Co. 2:10 Jn. 15:15 Mt. 13:11 I Co. 2:12 Ef. 3:14-19

DICIEMBRE 17 - Y no participéis en las obras estériles de las tinieblas, sino más bien, desenmascaradlas.

No os dejéis engañar: Las malas compañías corrompen las buenas costumbres.* ¿No sabéis que un poco de levadura fermenta toda la masa? Limpiad la levadura vieja para que seáis masa nueva, así como lo sois, sin levadura. Porque aun Cristo, nuestra Pascua, ha sido sacrificado. En mi carta os escribí que no anduvierais en compañía de personas inmorales; no me refería a la gente inmoral de este mundo, o a los avaros y estafadores, o a los idólatras, porque entonces tendríais que salir del mundo. Sino que en efecto os escribí que no anduvierais en compañía de ninguno que, llamándose hermano, es una persona inmoral, o avaro, o idólatra, o difamador, o borracho, o estafador; con ése, ni siquiera comáis.

Para que seáis irreprensibles y sencillos, hijos de Dios sin tacha en medio de una generación torcida y perversa, en medio de la cual resplandecéis como luminares en el mundo* Ahora bien, en una casa grande no solamente hay vasos de oro y de plata, sino también de madera y de barro, y unos para honra y otros para deshonra.

Ef. 5:11 I Co. 15:33; 5:6,7,9-11 Fil. 2:15 II Ti. 2:20

DICIEMBRE 18 - Conoceréis la verdad, y la verdad os hará libres.

Donde está el Espíritu del Señor, hay libertad.

La ley del Espíritu de vida en Cristo Jesús te ha libertado de la ley del pecado y de la muerte. * Así que, si el Hijo os hace libres, seréis realmente libres. * Así que, hermanos, no somos hijos de la sierva, sino de la libre.

Sin embargo, sabiendo que el hombre no es justificado por las obras de la ley, sino mediante la fe en Cristo Jesús, también nosotros hemos creído en Cristo Jesús, para que seamos justificados por la fe en Cristo, y no por las obras de la ley; puesto que por las obras de la ley nadie será justificado.

El que mira atentamente a la ley perfecta, la ley de la libertad, y permanece en ella, no habiéndose vuelto un oidor olvidadizo sino un hacedor eficaz, éste será bienaventurado en lo que hace.

Para libertad fue que Cristo nos hizo libres; por tanto, permaneced firmes, y no os sometáis otra vez al yugo de esclavitud.

Jn. 8:32 II Co. 3:17 Ro. 8:2 Jn. 8:36 Gal. 4:31; 2:16 Stg. 1:25 Gal. 5:1

DICIEMBRE 19 - Como pastor apacentará su rebaño, en su brazo recogerá los corderos, y en su seno los llevará; guiará con cuidado a las recién paridas.

Entonces Jesús, llamando junto a sí a sus discípulos, les dijo: Tengo compasión de la multitud, porque hace ya tres días que están conmigo y no tienen qué comer; y no quiero despedirlos sin comer, no sea que desfallezcan en el camino. * No tenemos un sumo sacerdote que no pueda compadecerse de nuestras flaquezas.

Y le traían niños para que los tocara; y los discípulos los reprendieron. Y tomándolos en sus brazos, los bendecía, poniendo las manos sobre ellos. * Me he descarriado como oveja perdida; busca a tu siervo, porque no me olvido de tus mandamientos. * El Hijo del Hombre ha venido a buscar y a salvar lo que se había perdido.

Pues vosotros andabais descarriados como ovejas, pero ahora habéis vuelto al Pastor y Guardián de vuestras almas. * No temas, rebaño pequeño, porque vuestro Padre ha decidido daros el reino. Yo apacentaré mis ovejas y las llevaré a reposar–declara el Señor Dios.

Is. 40:11 Mt. 15:32 Heb. 4:15 Mr. 10:13,16 Sal. 119:176 Lc. 19:10 I P. 2:25 Lc. 12:32 Eze. 34:15

DICIEMBRE 20 - Aunque el Señor hiciera ventanas en los cielos, ¿podría suceder tal cosa.

Tened fe en Dios. * Sin fe es imposible agradar a Dios. Para Dios todo es posible. * ¿Acaso es tan corta mi mano que no puede rescatar, o no tengo poder para librar? Porque mis pensamientos no son vuestros pensamientos, ni vuestros caminos mis caminos–declara el SEÑOR. Porque como los cielos son más altos que la tierra, así mis caminos son más altos que vuestros caminos, y mis pensamientos más que vuestros pensamientos. * Ponedme ahora a prueba en esto–dice el Señor de los ejércitos–si no os abriré las ventanas del cielo, y derramaré para vosotros bendición hasta que sobreabunde. * He aquí, no se ha acortado la mano del Señor para salvar; ni se ha endurecido su oído para oír.

SEÑOR, no hay nadie más que tú para ayudar en la batalla entre el poderoso y los que no tienen fuerza; ayúdanos, oh Señor Dios nuestro, porque en ti nos apoyamos y en tu nombre hemos venido contra esta multitud. Oh SEÑOR, tú eres nuestro Dios; que no prevalezca hombre alguno contra ti. * No confiáramos en nosotros mismos, sino en Dios que resucita a los muertos,

II R. 7:2 Mr. 11:22 Heb. 11:6 Mt. 19:26 Is. 50:2; 55:8,9 Mal. 3:10 Is. 59:1 II Cr. 14:11 II Co. 1:9

DICIEMBRE 21 - Maestro, ¿no te importa que perezcamos?

El Señor es bueno para con todos, y su compasión sobre todas sus obras. * Todo lo que se mueve y tiene vida os será para alimento: todo os lo doy como os di la hierba verde. * Mientras la tierra permanezca, la siembra y la siega, el frío y el calor, el verano y el invierno, el día y la noche, nunca cesarán. * Bueno es el SEÑOR, una fortaleza en el día de la angustia, y conoce a los que en El se refugian.

Y oyó Dios la voz del muchacho que lloraba ; y el ángel de Dios llamó a Agar desde el cielo, y le dijo: ¿Qué tienes, Agar? No temas, porque Dios ha oído la voz del muchacho en donde está. Entonces Dios abrió los ojos de ella, y vio un pozo de agua; y fue y llenó el odre de agua y dio de beber al muchacho. * No os preocupéis, diciendo: "¿Qué comeremos?" o "¿qué beberemos?" o "¿con qué nos vestiremos?" Vuestro Padre celestial sabe que necesitáis todas estas cosas.

Confía...en Dios, el cual nos da abundantemente todas las cosas para que las disfrutemos.

Mr. 4:38 Sal. 145:9 Gen.9:3; 8:22 Nahum 1:7 Gen. 21:17,19 Mt. 6:31,32 I Ti. 6:17

DICIEMBRE 22 - ¿Dónde está la promesa de su venida?

De éstos también profetizó Enoc, en la séptima generación desde Adán, diciendo: He aquí, el Señor vino con muchos millares de sus santos, para ejecutar juicio sobre todos. He aquí, viene con las nubes y todo ojo le verá, aun los que le traspasaron; y todas las tribus de la tierra harán lamentación por El.

Pues el Señor mismo descenderá del cielo con voz de mando, con voz de arcángel y con la trompeta de Dios, y los muertos en Cristo se levantarán primero. Entonces nosotros, los que estemos vivos y que permanezcamos, seremos arrebatados juntamente con ellos en las nubes al encuentro del Señor en el aire, y así estaremos con el Señor siempre.

La gracia de Dios se ha manifestado, trayendo salvación a todos los hombres, enseñándonos, que negando la impiedad y los deseos mundanos, vivamos en este mundo sobria, justa y piadosamente, aguardando la esperanza bienaventurada y la manifestación de la gloria de nuestro gran Dios y Salvador Cristo Jesús.

II P. 3:4 Judas 14,15 Ap. 1:7 I Ts. 4:16, 17 Tito 2:11-13

DICIEMBRE 23 - Dios nos ha dado vida eterna, y esta vida está en su Hijo.

Porque así como el Padre tiene vida en sí mismo, así también le dio al Hijo el tener vida en sí mismo; Porque así como el Padre levanta a los muertos y les da vida, asimismo el Hijo también da vida a los que El quiere.

Jesús le dijo: Yo soy la resurrección y la vida; el que cree en mí, aunque muera, vivirá, y todo el que vive y cree en mí, no morirá jamás. ¿Crees esto?

Yo soy el buen pastor; el buen pastor da su vida por las ovejas. * Por eso el Padre me ama, porque yo doy mi vida para tomarla de nuevo. Nadie me la quita, sino que yo la doy de mi propia voluntad. Tengo autoridad para darla, y tengo autoridad para tomarla de nuevo. Este mandamiento recibí de mi Padre.*Jesús le dijo: Yo soy el camino, y la verdad, y la vida; nadie viene al Padre sino por mí. El que tiene al Hijo tiene la vida, y el que no tiene al Hijo de Dios, no tiene la vida.

Porque habéis muerto, y vuestra vida está escondida con Cristo en Dios. Cuando Cristo, nuestra vida, sea manifestado, entonces vosotros también seréis manifestados con El en gloria.

I Jn. 5:11 Jn. 5:26,21; 11:25,26; 10:11,17,18; 14:6 I Jn. 5:12 Col.3:3,4

DICIEMBRE 24 - Entonces los jefes de los filisteos dijeron: ¿Qué hacen aquí estos hebreos?

Si sois vituperados por el nombre de Cristo, dichosos sois, pues el Espíritu de gloria y de Dios reposa sobre vosotros. Ciertamente, por ellos El es blasfemado, pero por vosotros es glorificado. * Que de ninguna manera sufra alguno de vosotros como homicida, o ladrón, o malhechor, o por entrometido. Por tanto, no permitáis que se hable mal de lo que para vosotros es bueno.

Mantened entre los gentiles una conducta irreprochable, a fin de que en aquello que os calumnian como malhechores, ellos, por razón de vuestras buenas obras, al considerarlas, glorifiquen a Dios en el día de la visitación. * No estéis unidos en yugo desigual con los incrédulos, pues ¿qué asociación tienen la justicia y la iniquidad? ¿O qué comunión la luz con las tinieblas? Porque nosotros somos el templo del Dios vivo, como Dios dijo: Habitaré en ellos, y andaré entre ellos; y seré su Dios, y ellos serán mi pueblo. * Por tanto, salid de en medio de ellos y apartaos, dice el SEÑOR; y no toquéis lo inmundo, y yo os recibiré. * Vosotros sois linaje escogido, real sacerdocio, nación santa, pueblo adquirido para posesión de Dios, a fin de que anunciéis las virtudes de aquel que os llamó de las tinieblas a su luz admirable;

I S. 29:3 I P 4:14,15 Ro. 14:16 I P. 2:12 II Co. 6:14,16,17 I P. 2:9

DICIEMBRE 25 - ¡Gracias a Dios por su don inefable!

Aclamad con júbilo al SEÑOR, toda la tierra. Servid al Señor con alegría; venid ante El con cánticos de júbilo. Entrad por sus puertas con acción de gracias, y a sus atrios con alabanza. Dadle gracias, bendecid su nombre. * Porque un niño nos ha nacido, un hijo nos ha sido dado, y la soberanía reposará sobre sus hombros; y se llamará su nombre Admirable Consejero, Dios Poderoso, Padre Eterno, Príncipe de Paz. * El aumento de su soberanía y de la paz no tendrá fin sobre el trono de David y sobre su reino, para afianzarlo y sostenerlo con el derecho y la justicia desde entonces y para siempre. * El que no eximió ni a su propio Hijo, sino que lo entregó por todos nosotros, ¿cómo no nos concederá también con El todas las cosas?

Todavía le quedaba uno, un hijo amado; y les envió a este último.* Den gracias al Señor por su misericordia y por sus maravillas para con los hijos de los hombres. * Bendice, alma mía, al SEÑOR, y bendiga todo mi ser su santo nombre. * Mi alma engrandece al Señor, y mi espíritu se regocija en Dios mi Salvador.

II Co. 9:15 Sal.100:1,2,4 Is. 9:6,7 Ro. 8:32 Mr. 12:6 Sal.107:21; 103:1 Lc. 1:46,47

DICIEMBRE 26 - El también es poderoso para salvar para siempre a los que por medio de El se acercan a Dios.

Yo soy el camino, y la verdad, y la vida; nadie viene al Padre sino por mí.

Y en ningún otro hay salvación, porque no hay otro nombre bajo el cielo dado a los hombres, en el cual podamos ser salvos.

Mis ovejas oyen mi voz, y yo las conozco y me siguen; y yo les doy vida eterna y jamás perecerán, y nadie las arrebatará de mi mano.

Estando convencido precisamente de esto: que el que comenzó en vosotros la buena obra, la perfeccionará hasta el día de Cristo Jesús.

¿Hay algo demasiado difícil para el SEÑOR? * Y a aquel que es poderoso para guardaros sin caída y para presentaros sin mancha en presencia de su gloria con gran alegría, al único Dios nuestro Salvador, por medio de Jesucristo nuestro Señor, sea gloria, majestad, dominio y autoridad, antes de todo tiempo, y ahora y por todos los siglos. Amén.

Heb. 7:25 Jn. 14:6 Hch. 4:12 Jn. 10:27,28 Fil. 1:6 Gn. 18:14 Jude 24,2

DICIEMBRE 27 - Porque El mismo es nuestra paz.

Dios estaba en Cristo reconciliando al mundo consigo mismo, no tomando en cuenta a los hombres sus transgresiones, y nos ha encomendado a nosotros la palabra de la reconciliación.

Al que no conoció pecado, le hizo pecado por nosotros, para que fuéramos hechos justicia de Dios en El. * Por medio de El reconciliar todas las cosas consigo, habiendo hecho la paz por medio de la sangre de su cruz. Aunque vosotros antes estabais alejados y erais de ánimo hostil, ocupados en malas obras, sin embargo, ahora El os ha reconciliado en su cuerpo de carne, mediante su muerte, a fin de presentaros santos, sin mancha e irreprensibles delante de El.

...habiendo cancelado el documento de deuda que consistía en decretos contra nosotros y que nos era adverso, y lo ha quitado de en medio, clavándolo en la cruz.

...aboliendo en su carne la enemistad, la ley de los mandamientos expresados en ordenanzas, para crear en sí mismo de los dos un nuevo hombre, estableciendo así la paz, La paz os dejo, mi paz os doy; no os la doy como el mundo la da. No se turbe vuestro corazón, ni tenga miedo.

Ef. 2:14 II Co. 5:19,21 Col. 1:20-22; 2:14 Ef. 2:15 Jn. 14:27

DICIEMBRE 28 - Queremos ver a Jesús.

Oh SEÑOR, te hemos esperado; tu nombre y tu memoria son el anhelo del alma. * El Señor está cerca de todos los que le invocan, de todos los que le invocan en verdad. Porque donde están dos o tres reunidos en mi nombre, allí estoy yo en medio de ellos * No os dejaré huérfanos; vendré a vosotros. enseñándoles a guardar todo lo que os he mandado; y he aquí, yo estoy con vosotros todos los días, hasta el fin del mundo. Corramos con paciencia la carrera que tenemos por delante, puestos los ojos en Jesús, el autor y consumador de la fe, quien por el gozo puesto delante de El soportó la cruz, menospreciando la vergüenza, y se ha sentado a la diestra del trono de Dios.

Porque ahora vemos por un espejo, veladamente, pero entonces veremos cara a cara; ahora conozco en parte, pero entonces conoceré plenamente, como he sido conocido.

...teniendo el deseo de partir y estar con Cristo, pues eso es mucho mejor; Amados, ahora somos hijos de Dios y aún no se ha manifestado lo que habremos de ser. Pero sabemos que cuando El se manifieste, seremos semejantes a El porque le veremos como El es. * Y todo el que tiene esta esperanza puesta en El, se purifica, así como El es puro.

Jn. 12:21 Is. 26:8 Sal. 145:18 Mt. 18:20 Jn. 14:18 Mt. 28:20 Heb.12:1,2 I Co. 13:12 Fil.1:23 I Jn. 3:2,3

DICIEMBRE 29 - Acercaos a Dios, y El se acercará a vosotros.

Enoc anduvo con Dios.

¿Andarán dos hombres juntos si no se han puesto de acuerdo? Mas para mí, estar cerca de Dios es mi bien. * El Señor estará con vosotros mientras vosotros estéis con El. Y si le buscáis, se dejará encontrar por vosotros; pero si le abandonáis, os abandonará. Pero en su angustia se volvieron al SEÑOR, Dios de Israel, y le buscaron, y El se dejó encontrar por ellos. Porque yo sé los planes que tengo para vosotros–declara el SEÑOR–planes de bienestar y no de calamidad, para daros un futuro y una esperanza. Me invocaréis, y vendréis a rogarme, y yo os escucharé. Me buscaréis y me encontraréis, cuando me busquéis de todo corazón. * Entonces, hermanos, puesto que tenemos confianza para entrar al Lugar Santísimo por la sangre de Jesús, por un camino nuevo y vivo que El inauguró para nosotros por medio del velo, es decir, su carne, y puesto que tenemos un gran sacerdote sobre la casa de Dios, acerquémonos con corazón sincero, en plena certidumbre de fe.

Stg. 4:8 Gen. 5:24 Am. 3:3 Sal. 73:28 II Cr. 15:2,4 Jer. 29:11-13 Heb. 10:19-22

DICIEMBRE 30 - El guarda los pies de sus santos.

Si decimos que tenemos comunión con El, pero andamos en tinieblas, mentimos y no practicamos la verdad; mas si andamos en la luz, como El está en la luz, tenemos comunión los unos con los otros, y la sangre de Jesús su Hijo nos limpia de todo pecado. El que se ha bañado no necesita lavarse, excepto los pies, pues está todo limpio; y vosotros estáis limpios, pero no todos.

Por el camino de la sabiduría te he conducido, por sendas de rectitud te he guiado. Cuando andes, tus pasos no serán obstruidos, y si corres, no tropezarás. * No entres en la senda de los impíos, ni vayas por el camino de los malvados. Evítalo, no pases por él; apártate de él y pasa adelante.

Miren tus ojos hacia adelante, y fíjese tu mirada en lo que está frente a ti. Fíjate en el sendero de tus pies, y todos tus caminos serán establecidos. No te desvíes a la derecha ni a la izquierda; aparta tu pie del mal. * El Señor me librará de toda obra mala y me traerá a salvo a su reino celestial. A El sea la gloria por los siglos de los siglos. Amén.

I S. 2:9 I Jn. 1:6,7 Jn. 13:10 Pr. 4:11,12,14,15,25-27 II Ti. 4:18

DICIEMBRE 31 - Todavía queda mucha tierra por conquistar.

No que ya lo haya alcanzado o que ya haya llegado a ser perfecto, sino que sigo adelante, a fin de poder alcanzar aquello para lo cual también fui alcanzado por Cristo Jesús. * Por tanto, sed vosotros perfectos como vuestro Padre celestial es perfecto.

Por esta razón también, obrando con toda diligencia, añadid a vuestra fe, virtud, y a la virtud, conocimiento; al conocimiento, dominio propio, al dominio propio, perseverancia, y a la perseverancia, piedad, a la piedad, fraternidad y a la fraternidad, amor. * Y esto pido en oración: que vuestro amor abunde aún más y más en conocimiento verdadero y en todo discernimiento.

Cosas que ojo no vio, ni oído oyó, ni han entrado al corazón del hombre, son las cosas que Dios ha preparado para los que le aman. * Pero Dios nos las reveló por medio del Espíritu, porque el Espíritu todo lo escudriña, aun las profundidades de Dios. * Queda, por tanto, un reposo sagrado para el pueblo de Dios. * Tus ojos contemplarán al Rey en su hermosura, verán una tierra muy lejana.

Jos. 13:1 Fil. 3:12 Mt. 5:48 II P. 1:5-7 Fil. 1:9 I Co. 2:9,10 Heb. 4:9 Is. 33:17

Más libros de la Autora

<u>**Conociendo más a la Persona del Espíritu Santo**</u>

La llenura del Espíritu Santo es una experiencia grandiosa. Todo cambia después de que el Espíritu lleva el timón. Que estas páginas te inspiren para iniciar tu propia búsqueda y que tengas la mayor aventura con nuestro Dios quien no tiene límites.

<u>**El Ayuno**</u>**- una Cita con Dios.**

Si buscas una unción especial para tu ministerio, tal vez el ayuno es la respuesta que necesitas. Aparte del enfoque espiritual también se describen los beneficios físicos, las diferentes maneras de ayunar, cómo romper un ayuno y otra información práctica.

<u>**Perlas de Sabiduría**</u> – Un devocional - 60 días descubriendo verdades en la Palabra de Dios

Las revelaciones de Dios son como perlas de gran valor que están escondidos hasta ser descubiertos. Dios se place en revelarnos Sus secretos. Descubra algunos de estos secretos de gran valor.

Promesas de Dios para Cada Día - Promesas de la Biblia para guiarte en tu necesidad

La Biblia está llena de las promesas y bendiciones de nuestro Padre Dios. Este libro te ayudará a conocerlos y te fortalecerán en tu fe. Las promesas están compilados según el tema.

Ángeles en la Tierra - Historias reales de personas que han tenido experiencias sobrenaturales con un ángel.

Los ángeles son tan reales y la mayoría de las personas han tenido por lo menos una experiencia sobrenatural o inexplicable. Es inspirador leer los muchos testimonios.

Más Libros de Interés

Alabanza y Adoración - Cómo adorar a Dios Según la Biblia

Bases bíblicas para poder adorar a Dios. El propósito del libro es llevar a los lectores a un nivel de relación con Dios más profundo a través de la alabanza y la sincera adoración.

<u>¿Podemos confiar en la Biblia</u>? - Respuestas a las más inquietantes preguntas sobre la Biblia

¿Cómo llegamos a tener definitivamente la Biblia tal cual la poseemos hoy? ¿Es posible que tantos autores no se contradigan entre ellos? ¿Cuántas Biblias hay? ¿Es la Biblia inspirada por Dios?, etc.

<u>Cómo hablar con Dios</u> - Aprendiendo a orar paso a paso

A veces complicamos algo que nuestro Señor quiere que sea sencillo, es por esto que en este libro podrás encontrar detalladamente las respuestas a las preguntas: ¿Cómo debo orar? ¿Qué me garantiza que Dios me va a responder?

<u>Liderazgo Cristiano</u> - Herramientas esenciales para el líder de hoy

Esta carta, junto con 2 Timoteo y Tito pertenecen al grupo llamado "Epístolas pastorales", por ser dirigidas no a una Iglesia en primer lugar, sino a Pastores, a quienes se les recuerdan sus deberes y manera de conducirse como siervos de Dios.

<u>Sanidad para el Alma Herida</u> - Cómo sanar las heridas del corazón y confrontar los traumas para obtener verdadera libertad spiritual

Este es un libro teórico y práctico sobre sanidad interior. Nuestra enseñanza motiva la búsqueda de la sanidad para las mentes y espíritus de las almas sufridas y por qué no, atormentadas.

* 9 7 8 1 6 4 0 8 1 0 1 5 0 *